LEASES

リース会計基準の論理

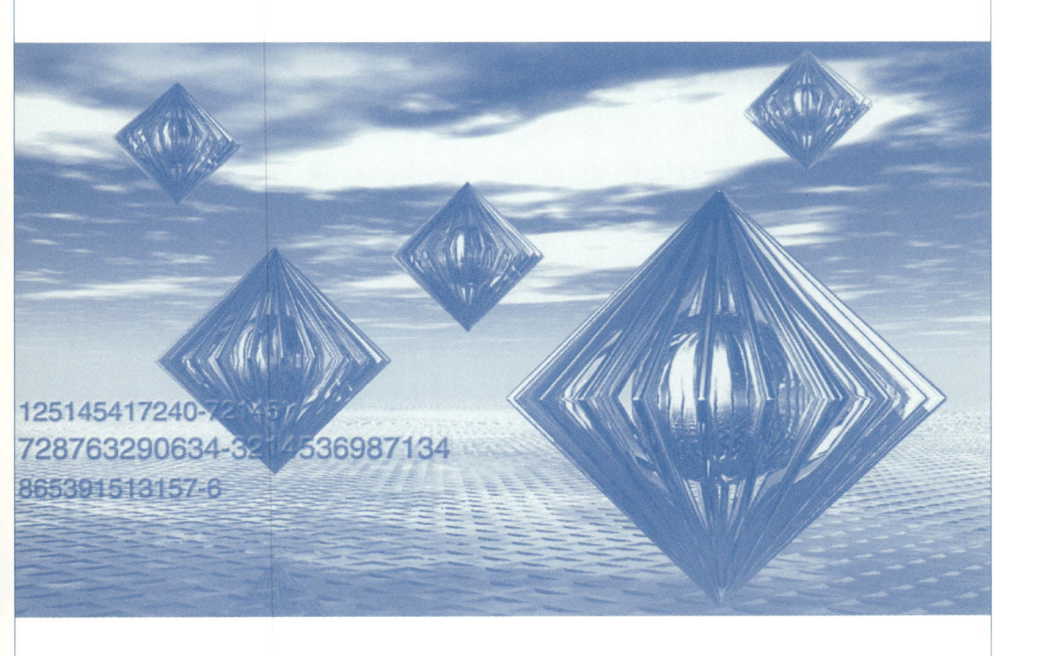

［編著］佐藤信彦
角ヶ谷典幸

税務経理協会

はしがき

　2007年（平成19年）3月30日に『リース取引に関する会計基準』（以下，「改正リース会計基準」という。）および『リース取引に関する会計基準の適用指針』が公表された。本書はこれらを対象として，理論的に分析することを目的としている。前者は，1993年（平成5年）6月17日に企業会計審議会第1部会から公表された『リース取引に係る会計基準』を改正した会計基準であり，後者は，『リース取引に係る会計基準』を受けて，1994年（平成6年）1月18日に日本公認会計士協会会計制度委員会から公表された『リース取引の会計処理及び開示に関する実務指針』を改訂したものである。

　会計基準の設定や改正・改訂においては，立場の異なる様々なメンバーによる議論を経て合意形成がなされる。国内基準であっても国際的基準であっても，この点に大きな相違はない。その議論においては，会計基準設定プロセスへの各種利害関係者の関与が，証券取引の円滑化や投資者の保護などのある種の公益よりも，当該利害関係者またはその母体の利害を優先する形をとることもある。会計基準の政治化といわれる所以である。しかしこのとき，発言者自身またはその母体の利害を優先させるような発言は決して前面には出てこない。

　会計基準の設定についての議論では，逆に，会計理論に照らして合理性をもったように様々な主張が展開される。したがって，そのような議論では我々研究者からすれば全く理解できない『会計理論』なるものが飛び出すことがある。たとえば，リース会計において，「ファイナンス・リース取引であったとしても，所有権移転外ファイナンス・リース取引であれば，会計理論的にはオフバランス処理もありうる。」という主張がASBJのリース会計専門委員会の場でなされたこともあった。実務の観点から重要性基準が適用されてオフバランス処理もありうるということであれば，容認できる発言であるが，「会計理論的には」ということで主張されたのである。

周知のとおり，ファイナンス・リース取引の要件の一つが解約不能である以上，その契約における支払義務は借入金や買掛金と同様に，支払うことができなければ，支払不能，つまり倒産とされてしまうのであり，当該支払義務は負債として適格である。よって，上述の「オフバランス処理もありうる。」というような『会計理論』は，過去ならいざ知らず，現在では寡聞にして知らない。つまり，研究者の立場からは，容認できない発言であった。

　このような議論がなされた結果として改正リース会計基準は確定し公表されたのであるが，会計学者が会計基準設定の議論の場に参加する意味は，そのような無理な意見表明は当然ながら合理的でないということを指摘することにあると感じた次第であった。しかし，議論を傍聴した経験があれば，会計基準にはそのような側面もあると理解することができようが，傍聴の経験がなく，かつ財務会計の理論についての理解が乏しいとすれば，「会計基準は首尾一貫しており，すべて理論的に正しい。」という誤解を招きかねないと危惧された。もちろん，全部が全部会計理論に照らして否定されるようなことはないが，逆に，会計基準における取扱いに実務に対する配慮から簡便的なものが含まれる以上，全部が理論的に正しい取扱いであるということもできないのである。

　以上のように考えると，会計基準において定められた取扱いを基礎づけている考え方，つまり会計理論を明らかにすること，その上で，会計基準において定められた取扱いをある考え方に基づいて説明できる部分と，そうではなく説明できない部分（この部分も，別の考え方によって説明できることがある。）とに区別すること，さらには，そのような取扱いがなぜ合意に至ったのか，その理由を明らかにすることが，真にその会計基準を理解するために必要なことであるといえよう。そのような意識を内心持っていたときに，税務経理協会の新堀氏から改正リース会計基準を理論的に取り扱った著書の執筆依頼があった。しかし，当時の状況では時間的に見て，わたくし単独では執筆することが不可能であるため，編著の形であればという条件で引き受けた。その後，編集作業

はしがき

を進める中で，より高品質の著作にするためには角ヶ谷氏に編集に加わっていただくことが必要であると考え，同氏に相談したところ，快くお引き受け下さり，また，実に的確な判断をもって，本書の完成に寄与されたのであった。とはいえ，本書に何らかの不備・不具合があるとすれば，それはひとえに私の不手際・不勉強によるものであることを付言しておきたい。

なお，専門用語の使い方や参考文献・注の掲げ方については，各章，各論者ごとに最適な使い方・掲げ方があることから，必要最小限の調整を行うのにとどめた。

また，本書は，リース取引の会計処理を会計理論的に見る場合と会計制度的に見る場合とでは何が同じで何が異なるのか，そもそもリース取引の本質・実態はどのように捉えられ，その場合の会計処理はいかにあるべきかといった諸問題を様々な角度から検討することを目的としている。各章の重きの置き方が異なる以上，そこから導出される結論も同一であるとは限らない。したがって，本書では全体を一つの結論に集約させるようなことは避けた。読者諸賢には各章の前提や主張を吟味していただき，最終的に現行の会計制度にはどのような諸問題がいかなる理由で存在しているのかをご理解いただければ，幸いである。

企画当初の本書の本来の目的が達成されたか否かは，読者諸氏の判断を待つより他ないが，本書が，改正リース会計基準に関する読者の理解を深めることに少しでも役に立てば，それは編者として望外の喜びである。

本書を上梓するに当たり，市場環境の悪化した現在の状況において本書の出版を快くお認め下さった税務経理協会の大坪嘉春社長，および執筆の依頼時から気長く原稿の完成をお待ちいただいた同社書籍企画部の新堀博子課長に衷心より感謝申し上げる次第である。

2009年5月

佐藤信彦

担当章一覧

序　章　リース取引に関する会計上の論点
　　　　　　　　　　　　　　　明治大学大学院教授　佐藤信彦

第1章　リース取引の本質と会計処理
　　　　　　　　　　　　　　　　　　　　　　　佐藤信彦

第2章　日本のリース会計基準の分析―レシーの会計―
　　　　　　　　　　　　　西南学院大学准教授　髙橋　聡

第3章　日本のリース会計基準の分析―レサーの会計―
　　　　　　　　　　　　　関西大学大学院准教授　加藤久明

第4章　日本のリース会計基準改正に対する反応
　　　　　　　　　　　　　　　　　　　　　　　加藤久明

第5章　リース会計基準の経済的影響
　　　　　　　　　　　　　　　　　　　　　　　加藤久明

第6章　リース取引の認識を巡る諸問題
　　　　―使用権モデルと総資産モデルの比較考察―
　　　　　　　　　　　　千葉経済大学専任講師　佐藤　恵

第7章　リース取引の測定を巡る諸問題
　　　　　　　　　　　　九州大学大学院准教授　角ヶ谷典幸

第8章　セール・アンド・リースバックの会計
　　　　　　　　　　　　　　　　　　　　　　　髙橋　聡

終　章　リース会計基準の展望
　　　　　　　　　　　　　　　　　　　　　　　角ヶ谷典幸

目　次

はしがき

序章　リース取引に関する会計上の論点

第Ⅰ節　はじめに …………………………………………………… 1

第Ⅱ節　リース会計基準等と会計理論 …………………………… 2

第Ⅲ節　リース会計基準等と会計政策 …………………………… 4

第Ⅳ節　結　び ……………………………………………………… 5

第1章　リース取引の本質と会計処理

第Ⅰ節　はじめに …………………………………………………… 9

第Ⅱ節　リース取引の本質 ………………………………………… 9

　　1　売買取引説の行為内容と取引対象　9

　　2　サービス取引説の行為内容と取引対象　11

第Ⅲ節　リース取引の会計処理 ……………………………………13

　　1　レシーの会計処理　13

　　2　レサーの会計処理　18

　　3　リース・サービス取引説　24

v

第Ⅳ節　結　び ……………………………………………27

第2章　日本のリース会計基準の分析―レシーの会計―

　　　第Ⅰ節　はじめに ……………………………………………31

　　　第Ⅱ節　リース取引の基本事項 ……………………………33

　　　　1　リース取引の分類　33
　　　　2　ファイナンス・リース取引の判定基準　35

　　　第Ⅲ節　リース取引の会計処理 ……………………………38

　　　　1　ファイナンス・リース　38
　　　　2　オペレーティング・リース　41
　　　　3　具体的設例　42
　　　　4　会計基準改正の経緯と評価　44

　　　第Ⅳ節　リース会計の基本問題 ……………………………48

　　　　1　リース取引オンバランス化の論理　48
　　　　2　現行アプローチとニューアプローチ　50

　　　第Ⅴ節　結　び ………………………………………………54

第3章　日本のリース会計基準の分析―レサーの会計―

　　　第Ⅰ節　会計処理の概要 ……………………………………63

第Ⅱ節　日本基準におけるレサーの会計処理 …………………65

 1　リース取引の分類と会計処理　65
 2　ファイナンス・リース取引の具体的な処理方法　67
 3　設例によるレサーの会計処理　68
 4　重要性が乏しい場合の取扱い　74

第Ⅲ節　ＩＡＳ17およびＳＦＡＳ13との比較 …………………75

 1　ＩＡＳ17におけるレサーの会計処理　75
 2　ＳＦＡＳ13におけるレサーの会計処理　76

第Ⅳ節　結　び ……………………………………………………82

第4章　日本のリース会計基準改正に対する反応

第Ⅰ節　『中間報告』をめぐる議論 ………………………………85

 1　『中間報告』の論点整理　85
 2　『中間報告』に対するリース事業協会の反応　90

第Ⅱ節　『試案』をめぐる議論 ……………………………………92

 1　『試案』に対するコメントの分析　92
 2　『試案』に対するリース事業協会の反応　95

第Ⅲ節　『公開草案』をめぐる議論 ………………………………98

 1　『公開草案』に対するコメントの分析　98
 2　『公開草案』に対するリース事業協会の反応　101

第Ⅳ節　結　び ……………………………………………………… 103

第5章　リース会計基準の経済的影響

　　第Ⅰ節　予備的考察 ………………………………………………… 107
　　　　1　短期支払能力　107
　　　　2　長期支払能力　108
　　　　3　投資の健全性　109
　　　　4　資産の効率性　110
　　　　5　収益性　111

　　第Ⅱ節　レシーの財務諸表への影響 ……………………………… 112
　　　　1　設例　112
　　　　2　考察　115

　　第Ⅲ節　レサーの財務諸表への影響 ……………………………… 118
　　　　1　設例　118
　　　　2　考察　123

　　第Ⅳ節　アメリカにおける経済的帰結論の展開 ………………… 125
　　　　1　ＳＦＡＳ13の設定をめぐる議論　125
　　　　2　経済的帰結論の現実性　128

　　第Ⅴ節　結　び ……………………………………………………… 131

目　次

第6章　リース取引の認識を巡る諸問題
―使用権モデルと総資産モデルの比較考察―

第Ⅰ節　はじめに………………………………………………137

第Ⅱ節　リース取引汎オンバランス化の問題………………138

第Ⅲ節　レシー側における使用権モデルと
　　　　総資産モデルの比較考察………………………………139

　1　資産・負債の認識対象の差異　　139
　2　経済事象の識別に関する相違点　　141

第Ⅳ節　レサー側における使用権モデルと
　　　　総資産モデルの比較考察………………………………147

　1　資産・負債の認識対象の差異　　147
　2　経済事象の識別に関する相違点　　148

第Ⅴ節　使用権モデルの限界と総資産モデルの意義 ………151

　1　財務弾力性の概要　　152
　2　使用権モデルの限界と総資産モデルの意義　　155

第Ⅵ節　結　び…………………………………………………156

第7章　リース取引の測定を巡る諸問題

第Ⅰ節　はじめに………………………………………………165

ix

1　各国会計基準　165
　　2　3つのアプローチ　166
　　3　本章の内容　167

第Ⅱ節　4つの会計処理モデル …………………………………168

　　1　（財産）使用権モデル　168
　　2　総資産モデル　169
　　3　未履行契約モデル　170
　　4　現行基準モデル　170

第Ⅲ節　当初認識時の測定 …………………………………………171

　　1　具体的数値例　172
　　2　現行アプローチとニューアプローチの特徴　173

第Ⅳ節　当初認識後の測定―償却手続き― ………………………174

　　1　借手の会計処理　175
　　2　貸手の会計処理　177

第Ⅴ節　当初認識後の測定―減損処理― …………………………179

　　1　借手の減損処理　179
　　2　貸手の減損処理　181

第Ⅵ節　その他の測定問題：
　　　　　残価保証額と維持管理費用相当額等 ………………182

　　1　借手の会計処理　182
　　2　貸手の会計処理　185

第Ⅶ節　結　び ………………………………………………………187

第8章　セール・アンド・リースバックの会計

第Ⅰ節　はじめに……193

第Ⅱ節　独立取引処理法と単一取引処理法……195

  1　セール・アンド・リースバック取引の特徴　195
  2　独立取引処理法　196
  3　単一取引処理法　198

第Ⅲ節　オンバランスの論理と会計制度……199

  1　オンバランスの論理　199
  2　全体・全部期間リースバック取引　200
  3　部分・一部期間リースバック取引　201
  4　制度上の会計処理　202

第Ⅳ節　セール・アンド・リースバック取引の課題……205

  1　オンバランス回避行動　205
  2　ニューアプローチの論理　207
  3　財務構成要素アプローチ　208

第Ⅴ節　結び……210

終章　リース会計基準の展望

第Ⅰ節　オンバランスの論理……217

  1　制度的系譜　218

2　(理論的・) 経済的系譜　219
　　3　ニューアプローチの特徴　220

第Ⅱ節　リース取引の認識時点 ……………………………………221

　　1　「未履行契約」の意味　221
　　2　「当初認識時点」の特定　223
　　3　「未履行契約」の認識が正当化されるケース　225

第Ⅲ節　選択権（オプション）の会計処理 …………………………228

　　1　選択権（オプション）の会計処理　228
　　2　具体的数値例　232

第Ⅳ節　現行アプローチとニューアプローチの比較 ………234

第Ⅴ節　わが国基準の特徴
　　　　　──重要性規定と簡便的方法── ………………………237

第Ⅵ節　原価主義モデル（利息法）から公正価値
　　　　　モデル（公正価値評価法）へ ………………………………240

索　引 ………………………………………………………………………249

序章
リース取引に関する会計上の論点

第Ⅰ節　はじめに

　1993年（平成5年）6月17日に企業会計審議会第1部会から，『リース取引に係る会計基準』が公表され，それを受けて，1994年（平成6年）1月18日に日本公認会計士協会会計制度委員会から『リース取引の会計処理及び開示に関する実務指針』（以下，「リース会計実務指針」という。）が公表されてから，すでに10年以上が経過した。その後，国際的には，解約不能オペレーティング・リース取引までも，オンバランス化しようという動き[1]がある一方で，国内的には，所有権移転外ファイナンス・リース取引であってもオンバランス化する売買処理の適用を原則としているにもかかわらず，一定の注記を条件として所有権移転外ファイナンス・リース取引の賃貸借処理が認められていたため，実務上はこの例外処理のほうが圧倒的に採用され[2]，原則的処理である売買処理を採用する企業はほとんどないという状況への批判から，例外処理を排除しようとする動きが，企業会計基準委員会において展開された。

　2002年（平成14年）に審議が開始され，まず，『所有権移転外ファイナンス・リース取引の会計処理に関する検討の中間報告』が企業会計基準委員会から2004年（平成16年）に公表された。その後，試案『リース取引に関する会計基準（案）』および試案『リース取引に関する会計基準の適用指針（案）』[3]が企業会計基準委員会から2006年（平成18年）7月に，さらに，同年12月に，企業会計基準公開草案第17号『リース取引に関する会計基準（案）』および同適用指針公開草案第21号『リース取引に関する会計基準の適用指針（案）』[4]が公表され，2007年（平成19年）3月30日に『リース取引に関する会計基準』（以下，

「リース会計基準」という。）および『リース取引に関する会計基準の適用指針』（以下，「リース会計適用指針」という。）[5]が公表された。

第Ⅱ節　リース会計基準等と会計理論

　リース会計基準およびリース会計適用指針に限らず，すべての会計基準等は，当該会計基準等の規定間で理論的に首尾一貫しているわけではない。つまり，リース会計基準等の記述のなかには，別の記述と内容的に齟齬のあるものがある。たとえば，リース料総額とリース債務・リース資産の当初認識時における測定額との差額は利息相当額部分として捉えられているにもかかわらず，レサーにおいては，基本的に売上総利益として取り扱われている。本来，売上総利益は，一期間中に販売された商製品等の棚卸資産の仕入原価または製造原価とその販売総額の差額である。しかし，リース会計基準においては，対象物（リース物件）の売買益ではないにもかかわらず，売買益としての売上総利益を構成するのである。つまり，リース取引はいったいどのような取引であるのかという点で，様々な解釈が可能であり，重要な点は，どのような解釈が可能で，それぞれの解釈によるとどのような会計処理をすることになるのかということを確認しておくということである。この点は，第1章で取り扱われている。

　会計理論からみた論点には，リース会計基準に固有の論点ではないが，解約不能契約との関連で，解約不能支払義務のオフバランス化問題もある。たとえば，リース会計基準では，所有権移転外ファイナンス・リース取引についてはオンバランス化するようになったが，解約不能オペレーティング・リース取引におけるリース料支払義務も，ファイナンス・リース取引と同じくその支払を実質的に免れることはできないことを解約不能であることは意味するので，負債として適格であることは明白である。ファイナンス・リース取引のみのオンバランス化を要求するだけでは，解約不能オペレーティング・リース取引にお

けるリース料支払義務はオフバランスのままであり，そのような会計基準に準拠したとしても，貸借対照表には簿外負債が存在するため，当該貸借対照表には不備があるという欠点は解消しない。したがって，理論的には，この解約不能オペレーティング・リース取引におけるリース料支払義務およびリース物件利用権もオンバランスにすべきである[6]。解約不能オペレーティング・リース取引のオンバランス化問題は，第6章で論じられている。

リース資産・リース負債についても，記録するにはその金額を決定しなければならない。リース会計の特徴の1つに，将来キャッシュ・フローの割引現在価値を使用するケースが多いということがある。そこでは，当然，将来キャッシュ・フローの予測と割引率の決定とが重要な論点である。しかし，ここでも，割引現在価値が取得原価とどのような関係にあるのかという点や，割引率の違いが，その意味にどのような違いをもたらすのかという点など，分析すべきことは多い。さらに言えば，利息要素の取扱いについて，割引現在価値による計算が基礎となっているために，時間の経過に伴う割引回数の減少に起因する割引現在価値の増加分は，どのように取り扱うべきかという問題もある。このような一連の論点は，第7章で分析されている。

また，セール・アンド・リースバック取引の取扱いも問題となる。対象物（リース物件）をいったん売却した後で，すぐに当該対象物（リース物件）を対象としたリース契約を結ぶことによって借り戻し，売却前と同様に使用することは，当該対象物（リース物件）の使用に関しては全く従前と同様であって，売却代金分の資金がいったん買手＝レサー側から売手＝レシー側へと移動し，その後，リース期間中に，一定額ずつ分割されて売手＝レシー側から買手＝レサー側へと移動するのであるから，取引実態としては当該対象物（リース物件）を担保とした資金の調達（売手＝レシー側）および運用（買手＝レサー側）とみることができる。リース契約が所有権移転外ファイナンス・リース取引であった場合や，オペレーティング・リース取引であった場合には，議論の余地は残

るが，特に，リース契約が所有権移転ファイナンス・リース取引の形であれば，この指摘は，典型的に当てはまる。しかしながら，リース会計基準では，改正前と同じく，売却とリース契約とが法的には別個の契約に基づいているために，それぞれ独立の売却取引およびリース取引として取り扱われているのである。このように，ある取引が行われた後で，それに付随して必然的に生じるわけではないが，報告企業によって当該取引と関連させて実行された取引とがあるとき，それらを1つに合成して会計処理するか，それとも，それぞれ別個の取引として会計処理するかは，為替予約取引の振当処理と独立処理に通じる論点である。この点も含めて，セール・アンド・リースバック取引は第8章で論じられる。

　以上のとおり，リース会計基準には，まだ様々な問題点が残されているというのがわれわれの意識である。そのような観点から，改正リース会計基準をレシー（借手）とレサー（貸手）の観点から総合的に論じているのが，第2章および第3章である。

第Ⅲ節　リース会計基準等と会計政策

　もともと会計基準設定に限らず，社会的ルールの形成は，ある理論（考え方）と別の理論（考え方）との交渉過程であり，最終合意は，ある種の妥協を含んで形成されるのが通常である。そのため，できるだけ大勢の利害関係者の考えを反映するべく，関係各方面から意見を集約して合意形成するように，様々な手続が整えられている。いわゆるデュー・プロセスである。その過程では，公開草案などに対してコメント・レターが寄せられている。その中には，公開草案に対する利害関係者からの賛否に関する意見が含まれ，その根拠も一応提示されている。そこで，それらのコメント・レターを分析することにより，賛否の状況とその根拠が明らかとなり，利害関係者が会計基準の規定のどこに関心

を持ち，何が意見形成における主要な要因になっているかを明らかにできるのである。この点は，第4章で分析されている。

一方で，リース会計基準の改正プロセスにおいて，その議論の中で，「所有権移転外ファイナンス・リース取引のオンバランス化を決定すると，当該取引は激減する。」という主張もなされた。つまり，会計基準の変更が企業の経済行動に影響を与えるというのである。会計基準の設定において，この点は考慮すべき重要な点である。なぜならば，会計基準の設定や改正・改訂が議論されているとき，会計利益への影響を考慮して，その算定結果を自分の都合の良いように現れる会計方針を会計基準自体の中に取り込むということが，会計基準の政治化であり，ここでいう経済的影響の反映であるからで，その経済的影響は，各利害関係者にとってその会計基準に対する対応を決定する重要な要因になると考えられるからである。この点についての分析は，第5章で取り扱われる。

第Ⅳ節　結　び

会計基準は，当然のことながら会計理論ではないので，すでに述べたとおり，すべての規定が首尾一貫しているということなどありえないし，ましてや，改正・改訂されないと言うこともできるはずがない。現に，今回もリース会計基準は変わったのである。その点で，ある時点で会計基準に盛り込まれた内容を偏向なく分析し，その意味を的確に理解することが最も重要である。それは，会計基準が，ディスクロージャー，つまり企業内容開示制度により支えられている資本市場にとって必要不可欠な社会基盤として存在しているからである。このような問題意識の下で，本書では，重要な論点を紙幅の許す限り取り上げ，できるだけ多面的に分析することを心がけた。

ところで，現在の会計基準を巡る状況においては，国際財務報告基準（IFRS：

International Financial Reporting Standards)への対応を，良くも悪くも意識せざるを得ない。リース会計基準に関しても，IAS17号「リース」の改訂作業において，上述のとおり，解約不能オペレーティング・リース取引のオンバランス化が議論されている。このような動きへの対応には，原則的な取扱いとしては，解約不能オペレーティング・リース取引までオンバランス化することにして，他の国々の会計基準がそこまでに到達していないからという理由で，「経過措置」として解約不能オペレーティング・リース取引のオンバランス化規定の適用を延期するという措置も選択肢として存在していた。所有権移転外ファイナンス・リース取引はオンバランス化し，解約不能オペレーティング・リース取引はオフバランスのままであるという取扱いは結果として同じであるが，その意味は大きく異なる。つまり，これにより，結果は同じであっても，世界最高のリース会計基準を保持している国になることができたのである。会計基準設定の世界戦略としては，このような点も考慮に入れて，多面的に議論を重ねることが必要であろう。

参考文献
企業会計基準委員会『所有権移転外ファイナンス・リース取引の会計処理に関する検討の中間報告』企業会計基準委員会，2004年。
企業会計基準委員会『(試案) リース取引に関する会計基準(案)』企業会計基準委員会，2006年。
企業会計基準委員会『(試案) リース取引に関する会計基準(案)の適用指針(案)』企業会計基準委員会，2006年。
企業会計基準委員会『リース取引に関する会計基準(案)』企業会計基準委員会，2006年。
企業会計基準委員会『リース取引に関する会計基準(案)の適用指針(案)』企業会計基準委員会，2006年。
企業会計基準委員会『リース取引に関する会計基準』企業会計基準委員会，2007年。
企業会計基準委員会『リース取引に関する会計基準の適用指針』企業会計基準委員会，2007年。
小賀坂敦「試案『リース取引に関する会計基準(案)』及び試案『リース取引に関する会計基準の適用指針(案)』について」『JICPAジャーナル』第18巻第9号（2006年9月）。
小賀坂敦(a)「リース会計基準(公開草案)の概要」『会計・監査ジャーナル』19巻3号

（2007年3月）。
小賀坂敦(b)「公開草案『リース取引に関する会計基準(案)』及び『リース取引に関する会計基準の適用指針(案)』の解説」『季刊　会計基準』第16号，企業会計基準委員会（2007年3月）。
小賀坂敦(c)「企業会計基準第13号『リース取引に関する会計基準』等の解説」『季刊　会計基準』17号，企業会計基準委員会（2007年6月）。
小賀坂敦(d)「企業会計基準第13号『リース取引に関する会計基準』等の解説」『企業会計』59巻7号（2007年7月）。
小賀坂敦「リース取引に関する会計基準」『企業会計基準完全詳解』（企業会計基準委員会編著，2008年3月）第7章所収。
加藤久明「リース会計における最近の動向とその展開」『会計』162巻2号（2002年8月）。
佐藤　恵「リース会計における外延的接近と内包的接近─使用権モデルにおける当初認識時点の検討」『商学論集』76巻4号，福島大学（2008年3月）。
税務会計委員会会計グループ「わが国リース取引の特徴と実態─リース会計基準の見直しに関連して─」『リース』2002年9月号，リース事業協会（2002年9月）。
茅根　聡『リース会計』新世社，1998年。
茅根　聡「リース会計基準の行方─G4+1ポジション・ペーパーの提案に焦点を当てて─」『会計』161巻1号（2002年1月）。
茅根　聡「リース会計基準試案の特徴と課題─国際的動向を踏まえて」『企業会計』58巻12号（2006年12月）。
日本公認会計士協会会計制度委員会「リース取引の会計処理及び開示に関する実務指針」日本公認会計士協会，1994年。
菱山　淳「オペレーティング・リースの資本化」『会計学研究』32号，専修大学会計学研究所（2006年3月）。
森川八洲男「リース資本化の二形態─『G4+1』の提案内容（2000年）に言及して─」『会計プログレス』4号，日本会計研究学会（2003年）。
米山正樹「リース契約の会計問題」『経済論集』40巻1号，学習院大学（2003年4月）。
『リース』編集部「リース情報の開示と『賃貸借処理』削除の影響─『リース会計基準見直し』関連特別調査─」『リース』2003年1月号，リース事業協会（2003年1月）。
G4+1, *Special Report: Accounting for Leases: a new approach: recognition by lessees and liabilities arising under lease contracts*, 1996.
G4+1, *Position Paper: Leases: Implementation of a new approach*, 2000.
IASC, IAS No. 17 "Leases," IASC, 1997.

（注）
（1）解約不能オペレーティング・リース取引のオンバランス化については，G4+1

(1996) および G4+1 (2000) において展開されている。これらの文書に関しては，茅根 (2002)，加藤 (2002) および森川 (2003) を参照。なお，リース会計全般に関しては，茅根 (1998) を参照。また，総資産アプローチについては，菱山 (2006) および佐藤恵 (2008) を参照。
（2）この点については，税務会計委員会会計グループ (2002) を参照。
（3）これらの試案の概要については，小賀坂 (2006) および茅根 (2006) を参照。
（4）これらの公開草案の概要については，小賀坂 (2006) を参照。
（5）これらの会計基準等の概要については，小賀坂 (2007a) および小賀坂 (2007b) ならびに小賀坂 (2008) を参照。
（6）これは，用船契約やテイク・オア・ペイ (take-or-pay) 契約など，契約上支払いを免れない部分が存在する契約の当該支払義務も負債として適格ではないのかという点である。

第1章
リース取引の本質と会計処理

第Ⅰ節 はじめに

　会計基準は，対象としている取引について，その本質をどのように捉えるかという点を基軸にして設定される。リース取引についても，その本質をどのように捉えるかによって，会計処理のあり方が変化することになるので，序章で記述したようなリース会計基準の改正が行われる背景には，そのような変化が存在したと推察することができる。そこで，本章は，リース会計基準の改正が行われたことに鑑み，リース取引の本質に関する様々な理解を取り上げ検討し，その本質に照らした会計のあり方，つまり会計処理の分析を行うことを目的とするものである。

第Ⅱ節 リース取引の本質

　リース取引の本質は，その行為の内容と当該取引の対象の観点から分類される。その行為の内容の観点からは，リース取引を売買とする見解とサービスの授受であるとする見解が存在しうるので，それぞれに分けた上で，その取引の対象の分析を行う[1]。

1　売買取引説の行為内容と取引対象

(1) 売買取引説の行為内容

　売買取引説では，リース契約をリース物件に関連した売買契約と見るため，

レサー（貸手）は販売業者として位置付けられるので，リース料の受取りは売買代金の分割回収であり，レシー（借手）は購入者として位置付けられるので，リース料の支払は売買代金の分割返済ということになる。つまり，リース取引の本質は割賦売買と考えられている。この考え方では，リース取引自体が，売買取引であるから，そこでは，金利部分等のみならず，購入価格と販売価格の差である売買益をも含んだ形でのリース料の設定が行われていなければならない。なぜならば，主たる営業活動として売買を行うのであれば，購入市場と販売市場とが独立して存在し，購入市場において成立する価格と販売市場において成立する価格との間に差が存在しなければ，レサーにとって，その売買取引は事業スキームとして成り立ちえないからである。したがって，レサーにとって，リース物件の取得原価と受取リース料の現在価値との間には，通常の売買における販売益相当の開きが存在しなければならない。

これに対して，同じくリース取引を売買取引として捉えながらも，販売益相当額の存在しない形の売買，つまり，単なる譲渡取引と見ることも可能である。逆に言えば，事業活動としての売買ではないものと考えるのである。リース取引におけるリース物件は，メーカー（サプライアー）からリース会社（レサー）へ，さらにリース会社（レサー）からユーザー（レシー）へと2段階にわたって移動しているが，その実態は，メーカー（サプライアー）からユーザー（レシー）への直接的移動であり，リース会社（レサー）を素通りしていることが多い。したがって，リース会社は，レシーのためにメーカーからリース物件を購入した上でその購入代金を支払い，さらに，当該リース物件をレシーに利用させ，その代わりに利用料であるリース料を受け取る。その取引の本質は，当該リース物件の購入資金を単に貸し借りしたにすぎないことになる。

(2) 売買取引説の取引対象

売買取引説において，その売買の対象としては，リース物件の所有権そのものと考える場合と，リース物件の利用権とする考え方の2つがありうる。

第1の所有権売買説では，リース物件は物として考えられている。つまり，

この説では，リース物件は全体が一体のものとして売買の対象となっているので，様々な権利や義務への分割または分解は想定していない。したがって，当該リース物件の譲渡があったか否かについては，リース契約上，所有権移転条項や割安購入選択権などが存在するか否か，つまり，法的に所有権が移転すると合理的に予測できるだけではなく，そのリスクと経済価値のほとんどすべてが移転されたか否かが問題とされる。要するに，借手が，リース物件の所有者と同様のリスクを負担し，かつ経済的便益を享受できるならば，所有権を譲り受けたのと同じことであるとみる考え方に基づいている。その結果，これはリスク・経済価値アプローチとしか結び付き得ない。

これに対して，第2の利用権売買説では，リース物件のうちレサーからレシーへ譲渡されるのは，当該リース物件その物ではなく，その一定期間の利用権であると考えるので，まず，リース物件の経済価値が利用権や処分権（処分義務も含む。）などのいくつかに分解され，さらにそのリース物件の耐用年数全体に占めるリース期間という形で，一定期間が分割されて，レサーからレシーへと譲渡されると考えることになる。したがって，この考え方は，構成要素に分解しての譲渡としてリース取引を解釈することができるため，構成要素アプローチとも結び付きうる考え方である。

2　サービス取引説の行為内容と取引対象

次の，サービスの授受であると見る見解は，以下のとおり，3つに分類される。

(1)　金融サービス説

これは，リース取引を資金の貸借とする考え方である。売買取引説との違いは，特にレサーにおいて，取引の中心的意図がレシーに対する資金の貸付にあるので，当該取引においては通常の商製品売買における販売益部分を含まない形でのリース料設定が行われているということである。また，リース物件の維持管理や通常の保守等のサービス部分は無視されることになる。つまり，レサー

では財務収益としての受取利息のみ、レシーにおいては財務費用としての支払利息のみの発生が想定される。

これに対して、レシーにとっては、購入資金を借り入れて、その後に当該借入資金により購入したと考えようが、掛けで購入したと考えようが、資金提供者がレサーと同一者である状況では、購入代金だけの債務を負担し、その後に当該債務を分割返済するという点で同じであるので、この金融サービス説では、表示科目は別にして、売買取引説との間に相違はない。

(2) 賃貸借サービス説

これは、リース取引を、特定資産であるリース物件の賃貸借と見る見解である。したがって、支払リース料はリース物件賃借料であり、受取リース料はリース物件賃貸料であると考えられる。賃貸借は、貸手が借手に対して、一定期間対象物件を利用できるようにし、その利用に関して、借手は貸手に一定額の利用料を賃借料として支払うものである。そのため、解約不能条件の付された賃貸借契約の場合には、当該物件を一定期間にわたり利用する権利を賃借人は取得し、賃貸人は当該物件を一定期間にわたり賃借人に利用させる義務を負担することになる。つまり、その限りにおいて、すでに述べた利用権売買説と何ら異なるところはない。

なお、従来は賃貸借取引であれば賃貸借処理が適切であり、レシーの側でもオフバランス処理が採用されるべきであるという短絡的な考え方がとられていたようである。しかしながら、リース取引を賃貸借取引と見たからといって、資産または負債に該当する項目が存在しないという結論に直ちに結び付くわけではない。それは資産または負債の定義と認識規準に照らして判断されるべき問題である。特に、解約不能期間がある賃貸借契約の場合に、契約時点で賃借権（物件利用権）を資産として、賃借料支払義務を負債として計上するか否かについては、再検討が必要である。

(3) リース・サービス説

　これは、リース取引をリースという独特のサービスの授受を行う取引であると見る見解である。リース取引が金融的側面を有していることはよく指摘されているが、この見解では、リース取引を金融サービスのみに限定せず、様々な内容のサービスを含む取引であると考えるのである。たとえば、維持管理や通常の保守等はもとより、固定資産税の納付やリース物件の耐用年数が経過した後の引取りおよび処分なども重要なリース・サービスの構成要素であると考えるのである。

　ところで、一般にサービスを授受する取引に関しては、その対価が授受されたときに授受された分だけの収益または費用を計上し、期末に未経過分の整理を行う形の会計処理が実施される。それには問題があるかもしれないという点は、賃貸借サービス説の場合と同様であるが、さらに、すでに述べた各種のサービスに関して解約不能の条件があるサービス授受契約の場合で契約時点において資産（権利）または負債（義務）を計上したとき、割引現在価値によりそれぞれ計上することになるが、時間の経過に基づく割引現在価値の増分をそのときどのように取り扱うかについても、後述のとおり再検討が必要である。

第Ⅲ節　リース取引の会計処理

　ここでは、上述のそれぞれの理解に基づけば、どのようにレシーとレサーの会計処理が異なってくるかを確認する。議論を単純化するために、まず、有形固定資産であるリース物件そのものの貸し借りのみを前提に検討を進め、その後で、上述のリース・サービス説を検討の対象する。

1　レシーの会計処理

　レシーの会計処理を考えるに当たっては、それぞれリース取引の本質と取引対象をどのように考えるかによって、会計処理、特に使用される勘定科目は異

なる。

(1) 売買取引説

①リース物件所有権売買説

この説では，有形固定資産であるリース物件の取得，すなわち購入を掛けで行ったものと考えることになる。したがって，仕訳は次のとおりである。

```
(借) リース物件          ××  (貸) 未 払 金        ××
    (有形固定資産)
```

その後，リース料を支払ったときには，未払金の一部の決済が実施されたものと考え，次の仕訳を行う。

```
(借) 未 払 金            ××  (貸) 現 金 預 金      ××
    支 払 利 息          ××
```

この仕訳は，リース物件の取得時に，購入代金を分割払いしたことによる支払の延期に起因する利息分を除外した現在価値によってリース物件（有形固定資産）および未払金が計上されていることを前提としたものである。我が国では利息分を除外しないままの総額でリース物件（有形固定資産）および未払金を計上することを一般的に行ってきた。その場合には，次のような仕訳となる。

```
(借) 未 払 金            ××  (貸) 現 金 預 金      ××
```

しかしながら，通常，支払期間が長期にわたる債権債務の場合には，支払ないし回収される総額には相当の利息分が含まれているので，当該利息分は除外するのが合理的である。

さらに，決算において，リース物件（有形固定資産）の減価償却を次のとおり行う。

第1章　リース取引の本質と会計処理

| (借) 減価償却費 | ×× | (貸) リース物件
　　　減価償却累計額 | ×× |

②リース物件利用権売買説

　この説では，リース物件を利用する権利の購入を掛けで行ったものと考えることになる。したがって，仕訳は次のとおりリース物件利用権と未払金を計上することになる。

| (借) リース物件利用権 | ×× | (貸) 未　払　金 | ×× |

　その後，リース料を支払ったときには，リース物件所有権説と同様に次の仕訳を行う。

| (借) 未　払　金
　　　支　払　利　息 | ××
×× | (貸) 現　金　預　金 | ×× |

　さらに，決算において，次のとおり利用権を償却する。これは，特許権という無形資産，つまり特許権利用権を購入し利用している場合に行われる償却と同じである。

| (借) リース物件
　　　利用権償却 | ×× | (貸) リース物件利用権 | ×× |

　なお，取引の対象を利用権とみる考え方からは，無形固定資産の購入を行ったと解釈するのが，自然であろう。しかし，取得した資産の内容が利用権であると考えることが，即座に無形固定資産の計上に結び付くかといえば，そうではない。つまり，資産はすべて利用権であるという考え方に立つならば，種々雑多な利用権のうち一部は有形であり，他は無形であるという解釈も成立するからである。

(2) サービス取引説

①金融サービス取引説

この説では，リース物件の取得とともに負担したリース料支払義務の決済のための資金を借り入れたものと考えるので，次の仕訳が行われる。なお，借方科目は，リース取引において取得した資産の本質に応じて，有形固定資産の場合もあれば，無形固定資産の場合もあるので，ここでは，リース資産としておく。購入代金の借入であるから，何らかの資産が購入されたことが前提にあるため，ここではオンバランス処理しか出てくる余地はない。

(借) リース資産	×× (貸) 借入金	××

金融サービスの提供を受ける見返りとしての金銭債務を負担するわけであるから，当該金銭債務は「借入金」である。あるいは，いったん資金を借り入れて，その資金によってリース資産購入代金を支払ったと考えてもよい。つまり，次のような仕訳で表現される2つの取引が行われたと考えるのである。

(借) 現金預金	×× (貸) 借入金	××
(借) リース資産	×× (貸) 現金預金	××

その後，リース料を支払ったときには，次の仕訳を行う。つまり，借入金は，リース料支払の都度，減少し，同時に支払利息の計上が行われる。

(借) 借入金	×× (貸) 現金預金	××
支払利息	××	

さらに，決算において，減価償却を次のとおり行う。つまり，リース資産は，その資産に応じた償却方法によって費用化される。

(借) 減価償却費	×× (貸) リース資産	××
	減価償却累計額	

つまり，レシーにとっては，リース資産計上の際の相手科目が未払金から借

入金に変わる以外は，売買取引説と実質的に変わりない。

②賃借サービス説

　賃借サービス説では，いつでも解約が可能であるような賃借であれば，つまり解約可能リースであれば，賃借処理が適切であると考えられるので，当該リース取引に関しては，何ら資産および負債は認識されることなく，リース料支払時にその支払分だけの費用処理が行われればよい。つまり文字通り単なる賃借として処理される。いわゆる，オフバランス処理である。

　これに対して，賃借サービス説に依拠したとしても，リース取引において資産および負債として適格な項目が存在するのであれば，オンバランス処理が行われなければならない。賃借と考えた場合でも，リース料（この説を忠実に適用すれば，正確には，賃借料）の支払が不可避で確実ならば，その支払義務は借入金などの金銭債務と同様に必ず支払わなければならない性格のものであり，負債として適格である。その場合には，次の仕訳が行われる。

（借）　リース物件賃借権	××	（貸）　賃借料支払義務	××

その後，リース料を支払ったときには，次の仕訳を行う。

（借）　賃借料支払義務 　　　　支　払　利　息	×× ××	（貸）　現　金　預　金	××

さらに，決算において，次のとおり利用権を償却する。

（借）　リ　ー　ス　物　件 　　　　賃　借　権　償　却 　　　　（支払リース料）	××	（貸）　リース物件賃借権	××

　つまり，リース料支払義務は，リース料が支払われる都度，減少され，それとともに支払利息が計上される。また，リース物件賃借権は，賃借権が期間によって定められていると考えられるため時間の経過に応じて，配分される。

(3) 小　括

　以上から，レシーの会計処理に関しては，借方の資産側では，時の経過に応じた償却計算を行い，貸方のリース債務に関しては，リース料の支払に応じて，減少を認識することになる。もちろん，当初認識時の測定は，貨幣の時間価値を考慮した割引現在価値が適用されるのが合理的である。以上の検討から明らかなように，レシーにとっての会計処理の基本的構造は同一である。もっとも，勘定科目は，借方は有形固定資産か，それとも無形固定資産かの違いがあり，貸方は，借入金になるか，それとも未払金になるかの違いがある。しかし，借方はリース資産，貸方はリース債務やリース料支払義務等の勘定科目を使うとすれば，表示区分は別にして，勘定科目については問題にならない。また，特に，リース物件利用権売買説と賃借サービス説は，売買とサービスという別の観点からリース取引をみているにもかかわらず，その実質は同じであると言えよう。

2　レサーの会計処理

　レサーの会計処理を考えるに当たっても，リース取引の本質と取引対象をどう考えるかによって，会計処理，特に使用される勘定科目は異なる。レサーの会計処理も賃貸であるならば賃貸処理が適切であるとする考え方があまりにも短絡的であるという点は，レシーの場合と同様である。しかし，レサーの会計処理に関しては，売買取引説とサービス取引説とでは，議論は全く異なる。なぜならば，主たる営業活動としての売買取引であれば，レサーにとって重要な点は，どれだけの売買損益（通常は，売買益）が生じたかということであるのに対して，サービス取引であれば，売買損益は全く問題にならないからである。そこで，レサーの会計処理は，当該リース取引に売買益部分が存在するならば，売買取引説が妥当であるし，売買益部分がないものは，サービス取引として考えるより他ない。つまり，レサーにとっては，あらゆるリース取引について，以下で述べる会計処理が解釈により可能となるわけではなく，売買益が存在するのか否かを検討した上で，売買益が存在すれば売買取引であるから，当然売

買取引処理を行い，売買益が存在しないならば，なんらかのサービス取引としての処理を行うことになるという形，すなわち，取引の実態が売買か否かにより会計処理の選択をしなければならないのである。

(1) 売買取引説

①リース物件所有権売買説

この説では，有形固定資産[2]であるリース物件それ自体の販売を掛けで行ったものと考えることになる。次の2つの方法を示しておこう。

第1法

(借) 割 賦 売 掛 金	××	(貸) リ ー ス 物 件	××
		（有形固定資産）	
		リース物件売買益	××

第2法

| (借) 割 賦 売 掛 金 | ×× | (貸) 割 賦 売 上 | ×× |
| (借) リ ー ス 物 件 売 上 原 価 | ×× | (貸) リ ー ス 物 件 （有形固定資産） | ×× |

第1法は，商品売買に関する分記法，第2法は，売上原価対立法と同様の処理である。

その後，リース料受取り時には，第1法でも第2法でも，次の仕訳が行われる。

| (借) 現 金 預 金 | ×× | (貸) 割 賦 売 掛 金 | ×× |
| | | 受 取 利 息 | ×× |

なお，割賦販売の簿記処理に関して利息部分を区分する方法と区分しない方法とがある。上記の仕訳は，区分する方法を前提にしているので，リース取引開始日において計上される割賦売掛金の金額は受取利息相当額を除外した現在価値である。受取利息を区分しない方法によれば，リース料の受取総額が付加されることとなるが，このような取扱いはあくまで簡便法である。

また，割賦販売の収益（利益）認識基準の原則である販売基準に拠れば，こ

のように，割賦売掛金の回収に伴い，受取利息が発生するだけである。しかしながら，例外的に容認されている回収基準または回収期限到来基準によるならば，上記の仕訳により計上された販売益のうち未回収分または回収期限未到来分は繰延べられることになる[3]。

②リース物件利用権売買説
　この説では，リース物件を利用する権利の販売を掛で行ったものと考えることになる。
第1法

(借)　割賦売掛金	××	(貸)　リース物件	××
		(無形固定資産)	
		リース物件売買益	××

第2法

(借)　割 賦 売 掛 金	××	(貸)　割 賦 売 上	××
(借)　リ ー ス 物 件	××	(貸)　リ ー ス 物 件	××
売 上 原 価		(無形固定資産)	

　ここでも，有形固定資産売買説と同様に，分記法と売上原価対立法の考え方による仕訳が示されている。なお，リース料受取り時の仕訳は，有形固定資産売買説と全く同様である。また，収益（利益）認識の問題も全く同様である。
　この場合に減額されるリース物件の金額は，理論的にはリース物件の全額ではなく，利用権相当額になる。つまり，リース物件の価値が利用権とそれ以外に分析され，前者のみが譲渡（販売）され，その対価として割賦売掛金が成立したと考えるわけである。

(2)　サービス取引説

①賃貸サービス説
　賃貸サービス説でも，賃貸処理が適切であると考えられるのであれば，リース取引に関しては，特にリース取引関連の資産および負債は認識されることな

く，それらの項目はオフバランスとなり，リース料受取り時に，その受取分だけの収益計上を行う。つまり，次のとおり，単なる賃貸として処理される。

| （借）現　金　預　金 | ×× | （貸）受　取　賃　貸　料 | ×× |

これに対して，賃貸サービス説に立ったとしても，リース取引において資産の増加または減少として適格な項目が生じたと考えられるのであれば，そのように処理されなければならない。その場合には，次の仕訳が行われる。

第1法

| （借）賃貸料請求権 | ×× | （貸）賃貸物件供与義務 | ×× |

第2法

| （借）賃貸料請求権 | ×× | （貸）リ　ー　ス　物　件 | ×× |

　第1法は，リース物件の勘定残高を直接減額することなく，賃貸物件供与義務を負債として計上する。そのため，レサーにおいてリース物件はそのまま賃貸用資産として総額が有形固定資産に計上されているので，減価償却手続きにより費用配分される。これに対して，第2法は，リース物件を直接減額するが，これは，リース物件の全体価値のうちの一部（たとえば，利用価値のみ）が賃貸料請求権という金銭債権に変化したと見ている。そこで，それに伴い，リース物件が賃貸用資産として計上されていた当初の勘定残高のうち譲渡された利用権部分を減少させ，利用権の対価として生じた金銭債権を認識したのである。

　第1法でも第2法でも，リース料請求権については，リース料受取りの都度，減少させるが，当初認識時には割引現在価値で測定されているので，リース料請求権に関して時間の経過により増加した貨幣の時間価値分だけの受取利息が認識されるのが合理的である。つまり，リース料受取り時には，第1法でも第2法でも，次の仕訳が行われる。

| (借) 現 金 預 金 | ×× | (貸) 賃貸料請求権 | ×× |
| | | 受 取 利 息 | ×× |

　また，第2法では，すでに述べたとおりリース物件に関しては減価償却されるが，賃貸物件供与義務がその分だけ履行されたと考えて収益の認識を行うこととなるため，次のとおり，受取賃貸料という収益を賃貸物件供与義務から振り替えて計上することになる。

| (借) 賃貸物件供与義務 | ×× | (貸) 受 取 賃 貸 料 | ×× |

　リース取引開始日において，何らかのサービスを提供する義務を計上した場合には，当該義務が時間の経過とともに貨幣の時間価値部分だけ増加することとなる。しかし，そのときの増加分については，支払利息とするか，受取利息と相殺するか，それとも受取賃貸料とするかが大きな問題である。

　本来，賃貸料請求権とともに賃貸物件供与義務も，時間の経過に伴って割引現在価値は増加する。そのときも，これを支払利息として計上するか否かが問題となる。つまり，もともと現在価値ではない受取利息・支払利息部分も含んだ総額で賃貸料請求権と賃貸物件供与義務の両方を計上していれば，賃貸料請求権の現在価値の増加分としての受取利息は仕訳には現れないはずであり，同様に，賃貸物件供与義務に関連した支払利息も現れないはずである。しかし，リース料の受取りとともに賃貸料請求権は減少するのであり，しかも，入金額には利息部分が含まれているため，賃貸料請求権が現在価値で当初認識されている場合には，必然的に当該差額を受取利息として計上せざるを得ない。しかし，賃貸物件供与義務については，収益に振り替えればよいだけなので，現在価値の増加分を計上した上で増額した賃貸物件供与義務を受取リース・サービス料なる収益に振り替えるか，それとも，賃貸物件供与義務を増額することなく受取賃貸料なる収益に振り替えるかを選択しなければならないのである[4]。

②金融サービス取引説

この説では，リース物件の供与とともに，レシーにリース料支払のための資金を貸し付けたものと考えるので，次の仕訳が行われる。なお，貸方科目は，リース取引においてレシーに引き渡した資産の本質に応じて，有形固定資産の場合もあれば，施設利用権の場合もあるので，ここでは，リース物件としておく。

| （借）貸　付　金 | ×× | （貸）リース物件 | ×× |

金融サービス取引説では，レサーは金融活動を行っているので，計上される収益は，受取利息のみである。したがって，賃貸サービス説の第1法のような考え方はとりえない。この説は，金融的側面の強いリース取引にとって最も妥当な会計処理である。なお，リース料受取り時には，次の仕訳が行われる。

| （借）現　金　預　金 | ×× | （貸）貸　付　金 | ×× |
| | | 受　取　利　息 | ×× |

(3) 小 括

レサーについては，取引の実態が売買なのか否かによる会計処理の選択が行われる。この点は，換言すれば，売買処理が妥当するようなリース取引を行っているレサーは，商業を営んでいると考えられるのに対して，そうでないレサーは，サービス業を営んでいると考えられているのである。この点で，レシーにおいては，リース物件利用権売買説と賃借サービス説は，売買とサービスという別の観点からリース取引をみているにもかかわらず，その実質は同じであると言えたが，レサーにおいては，そのように言うことはできないことが分かる。つまり，売買益が存在する場合にのみ，当該リース物件の利用権の売買と言えるのに対して，存在しなければ，リース取引は賃貸サービスの提供としか考えられないからである。

3 リース・サービス取引説

(1) レシーに関する分析

　リース・サービス取引説では，上述のとおりレシーは，リース・サービスという独特なサービスを享受する権利を取得するとともに，それに対する支払義務を負担する。それぞれが，資産または負債として適格であれば，仕訳は，次のとおりである。

| (借) | リース・サービス
　享　受　権 | ×× | (貸) | リース料支払義務 | ×× |

　その後，リース料を支払ったときには，リース料支払義務が金融サービス取引説と同様に，次の仕訳のとおり，リース料支払の都度，減少し，同時に支払利息の計上が行われる。

| (借) | リース料支払義務
　支　払　利　息 | ××
×× | (貸) | 現　金　預　金 | ×× |

　また，リース・サービス享受権は，リース契約の対象が一定期間という時間により計測されるものと考えられるため，時間の経過とともに減少され，次の仕訳により費用化される。

| (借) | リース・サービス
　享　受　権　償　却 | ×× | (貸) | リース・サービス
　享　受　権 | ×× |

　これに対して，リース・サービスを享受する権利とリース料支払義務とが，資産または負債として適格でないならば，リース開始日であってもオフバランスとなり，リース・サービス享受権およびリース料支払義務は計上されず，リース料支払時に，次の仕訳を行うだけになる。つまり，オペレーティング・リース取引に関する通常の会計処理が行われる。

| (借) 支払リース・サービス料 | ×× | (貸) 現 金 預 金 | ×× |

(2) レサーにおける分析

　レサーは，リース契約締結時に，リース・サービスの提供に伴うサービス料を請求する権利を取得し，それとともに，リース・サービスをリース期間にわたって提供する義務を負うことになる。したがって，賃貸サービス説の第2法のような考え方はとりえない。

| (借) リース料請求権 | ×× | (貸) リース・サービス提供義務 | ×× |

　この方法では，リース料の受取りを，リース請求権の行使に伴う金銭債権の回収とし，さらに，リース期間の経過とともに，リース・サービス提供義務を「リース・サービス収益」に振り替えて，リース物件は有形固定資産（または無形固定資産）として計上しながら，減価償却をしていく。収益としては，受取利息とリース・サービス収益が，費用としては減価償却費が計上される。つまり，リース料受取り時には次の仕訳が行われ，受取利息が収益として計上される。

| (借) 現 金 預 金 | ×× | (貸) リース料請求権
　　　受 取 利 息 | ××
×× |

　また，時間が経過したことに伴い，その期間分のリース・サービスは提供されたことになる。そこで，当該義務が履行されたことから，リース・サービス収益という収益が計上される。

| (借) リース・サービス提供義務 | ×× | (貸) リース・サービス収　　　益 | ×× |

　また，この説でも，リース・サービス料請求権とリース・サービス提供義務とが資産および負債として適格でないならば，それらの項目はオフバランスと

なり，リース料受取り時に，次の仕訳を行うことになる。

| （借）現　金　預　金 | ×× | （貸）受取リース・ | ×× |
| | | 　　　サ　ー　ビ　ス　料 | |

(3) リース・サービスの構成要素

　ところで，上述の仕訳は，リース・サービスを構成する各要素に分解することなく一括して取り扱っている。しかし，レサーが提供し，レシーが享受するリース・サービスは，当然，何種類かのサービスから構成されている。主なものとして，リース物件賃貸借サービスおよび金融サービスが考えられるが，これら以外にも重要性を持ったサービスが含まれていると解されている。

　まず，レシーにおいて，金融サービスは，リース料の支払に際してリース料支払義務の減少とともに計上される支払利息に反映される。これに対して，上記のリース・サービス享受権償却は主として賃借サービスを反映する。しかし，その他の部分も無視できないということであれば，賃借サービスとその他のサービスとに分解して取り扱うことも合理性を持つ。その場合，次のとおり，リース・サービス享受権償却はリース物件賃借費とその他のリース・サービス費用とに分解される。もちろん，その他のサービスとしてまとめたサービス部分に関して，さらに取り出して区分するほどの重要性を持つのであれば，さらに分解して反映させるべきである。

（借）リース物件賃借費	××	（貸）リース・サービス	××
その他のリース・	××	享　　受　　権	
サービス費用			

　レシーの場合と同様に，レサーにおいても，リース・サービスは，当然，何種類かのサービスから構成され，その主なものとして，リース物件賃貸サービスおよび金融サービスが考えられるが，これら以外にも重要性を持ったサービスが含まれていると解されている。金融サービスは，上述の仕訳のとおり，受取利息に反映され，上記のリース・サービス収益は主として賃貸サービスを反映する。しかし，その他の部分も無視できないということであれば，賃貸サー

第1章　リース取引の本質と会計処理

ビスとその他のサービスとに分解して取り扱うことも合理性を持つ。その場合，次のとおり，リース・サービス収益はリース物件賃貸収益とその他のリース・サービス収益とに分解される。もちろん，その他のサービスとしてまとめたサービス部分に関して，さらに取り出して区分するほどの重要性を持つのであれば，さらに分解して反映させるべきである[5]。

（借）リース・サービス　　　××　（貸）リース物件　　　　　××
提　供　義　務　　　　　　　　　賃　貸　収　益
その他のリース・　　××
サ ー ビ ス 収 益

第Ⅳ節　結　　び

　以上の検討の結果，リース会計基準の規定に関連してリース取引を分析する場合に最も重要なことは，レシーとレサーとの間で授受されるリース料の構成要素をどのように捉えるかという点であることが明らかとなった。その点は，まず，あるリース契約において授受されるリース料を構成要素に分解し，次に，分解して把握された構成要素に，それを独立の項目として表示すべきほどの重要性があるか否かを判断し，さらに，重要性が認められた場合に，その構成要素をどのように表現するかという段階を経て分析される。それゆえ，本章の役割は，そのような段階を意識した分析に基づくことによって，リース取引がどのように表現されることになるかを明らかにした点にある。

　本章で見たとおり，リース取引は様々な本質を持った取引として，多様な解釈が可能である。特に，売買取引と見るか，それともサービス取引と見るかは，会計情報として財務諸表に表示されるリース取引の経済実態は大きく異なる結果となる。しかし，重要な点は，表示される情報内容が異なるということにとどまらない。それは結果に過ぎないのであって，重要なことは，リース取引が持っている様々な特徴のうち，どの点に着目して，その本質を捉えるかという点である。つまり，リース会計基準の設定や改正・改訂においては，現在の経

済環境に照らして最も経済実態に適合している捉え方がどれであるかについて，常に議論が重ねられることが必要である。

参考文献

加藤久明「リース会計における最近の動向とその展開」『会計』162巻2号（2002年8月）。

加藤久明「日本のリース会計基準の概要と問題点」『大阪経大論集』55巻4号（2004年11月）。

加藤久明「リース会計基準の「試案」と業界の反応」『企業会計』58巻12号（2002年12月）。

企業会計基準委員会『所有権移転外ファイナンス・リース取引の会計処理に関する検討の中間報告』企業会計基準委員会，2004年。

佐藤信彦「リース取引オンバランス化の論理―レシーの会計を中心にして―」『JICPAジャーナル』第15巻第10号（2003年10月）。

佐藤信彦「利息費用とリース取引の会計」『季刊 会計基準』第17号（2007年6月）。

佐藤信彦『財務諸表論の要点整理（第9版）』中央経済社，2009年。

税務会計委員会会計グループ「わが国リース取引の特徴と実態―リース会計基準の見直しに関連して―」『リース』2002年9月号，2-19頁。

茅根 聡『リース会計』新世社，1998年。

茅根 聡「リース会計基準の行方―G4+1ポジション・ペーパーの提案に焦点を当てて―」『会計』161巻1号（2002年1月）。

茅根 聡「リース会計基準試案の特徴と課題―国際的動向を踏まえて―」『企業会計』58巻12号（2002年12月）。

日本公認会計士協会会計制度委員会「リース取引の会計処理及び開示に関する実務指針」日本公認会計士協会，1994年。

森川八洲男「リース資本化の二形態―『G4+1』の提案内容（2000年）に言及して―」『会計プログレス』第4号，日本会計研究学会，2003年。

米山正樹「リース契約の会計問題」『学習院大学 経済論集』第40巻第1号（2003年4月）。

『リース』編集部「リース情報の開示と『賃貸借処理』削除の影響―『リース会計基準見直し』関連特別調査―」『リース』2003年1月号，2-20頁。

G4+1, *Special Report: Accounting for Leases: a new approach: recognition by lessees and liabilities arising under lease contracts*, 1996.

G4+1, *Position Paper: Leases: Implementation of a new approach*, 2000.

IASC, IAS No. 17 "Leases," IASC, 1997.

第1章　リース取引の本質と会計処理

（注）
（1）本章は，佐藤（2007）を加筆修正したものである。なお，借手の側におけるリース取引の本質に関しては，佐藤（2003）においても検討がなされている。
（2）リース事業を営む会社にとっては，販売，すなわち主たる営業活動において売買する目的で保有する財であるから，本来は「商品」ということになる。
（3）ただし，その場合に，どれだけの金額が未実現利益として繰り延べられるべきであるかについては，定額法的に配分する方法，売上原価率が一定になるように配分する方法など，いくつかの考え方がある。この点に関しては，佐藤（2009）72-76頁を参照。
（4）利息費用の会計処理については，佐藤（2007）を参照。なお，わが国の会計基準で，利息を他の主たる収益費用項目に含めて処理しているものとして退職給付会計基準がある。退職給付会計基準における退職給付費用の計算は，基本的には，次の計算式のとおり，勤務費用に利息費用を加算し，さらに期待運用収益相当額を控除する形で行われる。つまり，利息費用は利息収益とともに退職給付費用の中に含められているのである。

$$退職給付費用＝勤務費用＋利息費用－期待運用収益相当額$$

（5）リース料は次のとおり各種の構成要素に分解される。なお，LB＝リース物件のことである。

$$リース料＝\frac{\boxed{LBの取得価額} - \boxed{LBの残存価額} + \boxed{金利} + \boxed{固定資産税} + \boxed{損害保険料} + \boxed{その他の費用} + \boxed{リース会社の利益}}{期間}$$

なお，改正リース会計基準31項には，(3)として「(3) 借手が資産の使用に必要なコスト（リース物件の取得価額，金利相当額，維持管理費用相当額，役務提供相当額など）を，通常，契約期間にわたる定額のキャッシュ・フローとして確定する。」との記述があるが，この記述からも，リース料は様々な要素から構成されていることが一般に認識されていることが分かるであろう。

さて，このように分解できるということを前提にすれば，構成要素のうち，金利が大部分を占めるのであれば金融サービス説をとることに合理性が認められるであろうし，固定資産税，損害保険料その他の費用の支払代行がメインとなるのであれば，その部分を区分して，別個の収益として取り扱うことに合理性が認められるであろう。

第2章
日本のリース会計基準の分析
―レシーの会計―

第I節　はじめに

　リース取引とは，特定の物件の所有者たる貸手（lessors；レサー）が，当該物件の借手（lessees；レシー）に対し，合意された期間（lease term；リース期間）にわたりこれを使用収益する権利を与え，借手は，合意された使用料（lease payments；リース料）を貸手に支払う取引をいう（ASBJ［2007a］，第4項）。当該取引は，企業の資金調達機会の拡大や陳腐化リスクからの回避，減価償却による節税効果等，多くのメリットがあったため，これまで様々なかたちで展開され，企業の設備調達手段のひとつとして急速に普及してきた（茅根［1998］，6-10頁，および加藤［2007］，26-35頁）。

　1993年6月に企業会計審議会から公表された「リース取引に係る会計基準に関する意見書」（以下，「旧基準」という。）では，「実質優先思考（substance over form）」を基礎に，ファイナンス・リース取引に売買処理を要求しながら，リース物件の法的所有権（ownership）が貸手に残る所有権移転外ファイナンス・リースには，当該物件に対する実質的な支配（control）が借手に移転する場合でも，賃貸借処理を容認する例外処理が存在した[1]。

　「旧基準」は，(1)リース産業の著しい成長を受け，リースが企業の設備調達手段として社会的認知を高めるなか，物件的・物量的開示を要求する関係諸法の規定では，企業の経済的実態を反映しないこと，(2)会計基準の国際的調和化の観点から，日本企業の開示の不透明性に対する海外の批判に応えるには，国際水準に達した会計基準の形成が必要であること，から制度化されたものであ

り，例外処理は，リース業界やリース利用企業に配慮して容認されたものである（茅根［2003］，73-75頁，およびASBJ［2007a］，第28項；第30項）。ところが，当該例外処理規定は，「オンバランス回避行動」あるいは「オフバランスシート・ファイナンシング（off-balance-sheet financing）」に関連する問題を加速させ，グローバル・スタンダードとの整合性からも問題視されてきた。

2007年3月に企業会計基準委員会が公表した企業会計基準第13号「リース取引に関する会計基準」（以下，「基準」という。）は，次の問題意識から，「国際的な会計基準間のコンバージェンスに寄与」すべく，所有権移転外ファイナンス・リースの例外処理を廃止し，売買処理に会計基準を統一しようとしたものである（ASBJ［2007a］，第9項；第31項；第34項）。

(1) 会計上の情報開示の観点からは，ファイナンス・リース取引については，借手において資産及び負債を認識する必要性がある。特に，いわゆるレンタルと異なり，使用の有無にかかわらず借手はリース料の支払義務を負い，キャッシュ・フローは固定されているため，借手は債務を計上すべきである。
(2) 本来，代替的な処理が認められるのは，異なった経済的実態に異なる会計処理を適用することで，事実をより適切に伝えられる場合であるが，例外処理がほぼすべてを占める現状は，会計基準の趣旨を否定するような特異な状況であり，早急に是正される必要がある。

それでは，今回の「基準」は，借手の会計処理に対して如何なる意味をもつのであろうか。以下では，借手の側面からリース取引の会計処理を検討することにしたい。

第Ⅱ節　リース取引の基本事項

1　リース取引の分類

　リース契約の内容は，当事者間取引を基礎とするため，様々なかたちをとり得るが，販売会社（メーカー），借手（ユーザー）および貸手（リース会社）の当事者は，概ね図表1のような関係で成立するものと解される。

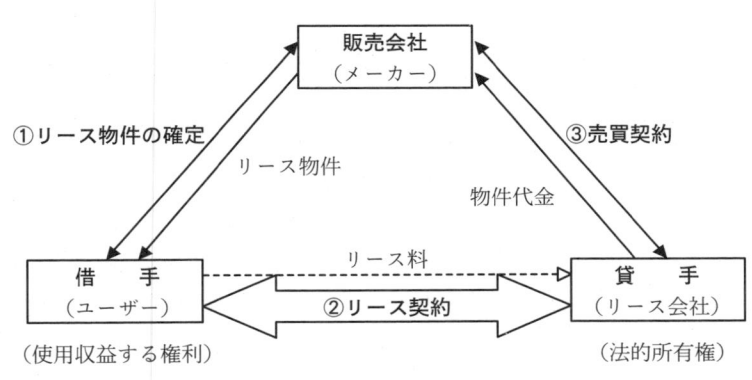

図表1　リース取引の契約関係

①リース物件の確定
リース物件
③売買契約
物件代金
販売会社（メーカー）
借手（ユーザー）
貸手（リース会社）
リース料
②リース契約
（使用収益する権利）
（法的所有権）

（出典：角ヶ谷［2008］，90頁より作成）

　「旧基準」公表前までは，リース取引に係る物件的・物量的開示を要求する法律（商法計算書類規則や証券取引法の企業内容等の開示に関する取扱通達）から，リース物件は，貸手の貸借対照表にのみオンバランスされ，借手のそれにはオフバランスとされてきた。しかし，取引の法的形式よりも経済的実質を優先する実質優先思考を重視した「旧基準」の公表以降，所有にともなうリスクと経済価値が実質的に移転するファイナンス・リース取引には，原則として，売買処理が要請されるようになっている[2]。

　「基準」は，上記実質優先思考に基づき，リース取引を，大きく「ファイナ

ンス・リース（finance lease）」と「オペレーティング・リース（operating lease）」に分類する[3]。そして，「リース契約に基づくリース期間の中途において当該契約を解除することができないリース取引又はこれに準ずるリース取引で，借手が，当該契約に基づき使用する物件（…リース物件…）からもたらされる経済的利益を実質的に享受することができ，かつ，当該リース物件の使用に伴って生じるコストを実質的に負担することになるリース取引」をファイナンス・リース，それ以外をオペレーティング・リースと定義する（ASBJ [2007a]，第5-6項）。

ファイナンス・リースに関する上記定義は，「解約不能（non-cancellable）」および「フルペイアウト（full-payout）」の2要件を充たすことを要求するものである。ここで，解約不能の要件とは，契約上解約不能なリース取引のほか，「法的形式上は解約可能であるとしても，解約に際し，相当の違約金（…規定損害金…）を支払わなければならない等の理由から，事実上解約不能と認められるリース取引」を意味し，また，フルペイアウトの要件とは，「当該リース物件を自己所有するならば得られると期待されるほとんどすべての経済的利益を享受することをいい，…当該リース物件の取得価額相当額，維持管理等の費用，陳腐化によるリスク等のほとんどすべてのコストを負担する」リース取引を意味している（ASBJ [2007a]，第36項，およびASBJ [2007b]，第5-7項；第92-93項）。

それゆえ，「基準」は，所有権の移転の有無にかかわらず，資産の所有にともなうリスクと経済価値を実質的にすべて移転する，すなわち，リース物件が所有資産と同等の経済的効果を有するリースをファイナンス・リース，それ以外をオペレーティング・リースと分類する国際基準と実質的な差異はないが，解約不能の要件を明示している点において，些か分類を異にする（SFAS 13, par. 60; IAS 17, pars. 4, 8）。

また，「基準」は，リース契約の諸条件から，次の諸点を考慮して，所有権移転外ファイナンス・リースを区分し（ASBJ [2007a]，第38項，およびASBJ [2007b]，第101項），ファイナンス・リース取引を所有権移転ファイナ

ンス・リースと所有権移転外ファイナンス・リースとに細分するが（ASBJ［2007a］，第8項），このような分類は，国際基準には存在しない。

① 経済的にはリース物件の売買及び融資と類似の性格を有する一方で，法的には賃貸借の性格を有し，また，役務提供が組み込まれる場合が多く，複合的な性格を有する点
② リース物件の耐用年数とリース期間は異なる場合が多く，また，リース物件の返還が行われるため，物件そのものの売買というよりは，使用する権利の売買の性格を有する点
③ 借手が資産の使用に必要なコスト（リース物件の取得価額，金利相当額，維持管理費用相当額，役務提供相当額など）を，通常，契約期間にわたる定額のキャッシュ・フローとして確定する点

2　ファイナンス・リース取引の判定基準

「基準」は，解約不能・フルペイアウトの2要件を充たすものをファイナンス・リースと規定する。そして，その具体的な判定基準は，適用指針で次のように示される。

まず，リース取引がファイナンス・リースであるか否かは「その経済的実質に基づいて」判断するが，次の①または②のいずれかに該当する場合にファイナンス・リースと判定する（ASBJ［2007b］，第9項）[4]。

①現在価値基準
　　解約不能のリース期間中のリース料総額の現在価値が，当該リース物件を借手が現金で購入するものと仮定した場合の合理的見積金額（見積現金購入価額）の概ね90パーセント以上であること
②経済的耐用年数基準
　　解約不能のリース期間が，当該リース物件の経済的耐用年数の概ね75パーセント以上であること（ただし，リース物件の特性，経済的耐用年数の長

さ，リース物件の中古市場の存在等を勘案すると，上記①の判定結果が90パーセントを大きく下回ることが明らかな場合を除く）

次に，ファイナンス・リースと判定されたもののうち，次の③から⑤のいずれかに該当する取引を所有権移転ファイナンス・リース，それ以外を所有権移転外ファイナンス・リースに細分する（ASBJ［2007b］，第10項；第97項）。

③所有権移転条項規準
　　リース契約上，リース期間終了後又はリース期間の中途で，リース物件の所有権が借手に移転することとされているリース取引

④割安購入選択権規準
　　リース契約上，借手に対して，リース期間終了後又はリース期間の中途で，名目的価額又はその行使時点のリース物件の価額に比して著しく有利な価額で買い取る権利が与えられており，その行使が確実に予想されるリース取引

⑤特別仕様物件規準
　　リース物件が，借手の用途等にあわせて特別の仕様により製作又は建設されたものであって，当該リース物件の返還後，貸手が第三者に再びリース又は売却することが困難であるため，その使用可能期間を通じて借手によってのみ使用されることが明らかなリース取引

当該判定基準は，基本的に，「旧基準」の実務指針を踏襲したものである。しかし，実務指針では，上記③から⑤の所有権移転ファイナンス・リースを例示した後，それ以外のリース取引で上記①または②のいずれかを充たすものを所有権移転外ファイナンス・リースとするのに対し，適用指針では，まず，上記①・②をファイナンス・リースの判定基準とするように変更されている（図表2）。

図表2　リース取引の分類と判定基準

2要件による分類（「基準」）	判定基準（「適用指針」）	
あり 　解約不能要件 　フルペイアウト要件 　　所有にともなうリスクと 　　経済価値の実質的移転	現在価値基準 経済的耐用年数基準	所有権移転外ファイナンス・リース
	所有権移転条項規準 割安購入選択権規準 特別仕様物件規準	所有権移転ファイナンス・リース
なし		オペレーティング・リース

　一方，SFAS 13およびIAS 17は，ファイナンス・リース取引を次のように例示する（SFAS 13, par. 7; IAS 17, par. 10）[5]。

(a)リース期間終了までにリース物件の所有権が借手に移転するリース〔所有権移転条項付リース〕

(b)借手にリース物件の割安購入選択権があり，リース開始日に当該選択権行使が合理的に確実視されるリース〔割安購入選択権付リース〕

(c)所有権の移転がなくても，リース期間がリース物件の経済的耐用年数の大部分を占めるリース（米国基準では経済的耐用年数の75パーセント以上を要求）〔経済的耐用年数基準を充たすリース〕

(d)リース開始日に，最低リース料総額の現在価値が実質的にそのリース物件の公正価値と一致するリース（米国基準では現在価値の90パーセント以上を要求）〔現在価値基準を充たすリース〕

(e)借手のみがリース物件に大きな変更を加えることなく利用できるリース〔特別仕様物件のリース〕

　なお，借手が現在価値の算定に用いる割引率は，貸手の計算利子率を知り得る場合は当該利率，知り得ない場合は借手の追加借入に適用されると合理的に見積もられる利率とし，現在価値基準に基づいてファイナンス・リースか否かを判定する（SFAS 13, par. 7; IAS 17, par. 20; ASBJ [2007b]，第17項；第95項）。ただし，日本基準では，現在価値基準の判定の際，リース物件の維持管理費用相当額（固定資産税，保険料等の諸費用）をリース料総額から控除

するのが原則であるとしながら，契約書等で維持管理費用相当額が明示されない場合やリース物件の取得価額相当額に比較して重要性が乏しい場合が少なくないことを理由として，当該金額がリース料に占める割合に重要性が乏しい場合は，これをリース料総額から控除しないことができるとしている（ASBJ [2007b]，第14項）。

第Ⅲ節 リース取引の会計処理

1 ファイナンス・リース

「基準」は，借手のファイナンス・リースについて，「リース取引開始日に，通常の売買取引に係る方法に準じた会計処理により，リース物件とこれに係る債務をリース資産及びリース債務として計上する」ことを規定する（ASBJ [2007a]，第10項）[6]。そして，「リース資産及びリース債務の計上額を算定するにあたっては，原則として，リース契約締結時に合意されたリース料総額からこれに含まれている利息相当額の合理的な見積額を控除する方法による」とする。そのため，「基準」では，「リース取引開始日におけるリース料総額とリース資産（リース債務）の計上価額の差額」とされる「全リース期間の利息相当額の総額」を，リース取引開始後のリース期間にわたり利息法で配分することが要請されることになる（ASBJ [2007a]，第11項，および ASBJ [2007b]，第23-24項；第38-39項）[7]。

この場合，借手のリース物件は自己の固定資産（リース資産）として，また支払債務はリース債務として認識されるが，リース資産・リース債務の計上額は，次の会計処理に依拠している（ASBJ [2007b]，第21-22項；第36-37項）。

所有権移転外ファイナンス・リース取引
① 借手において当該リース物件の貸手の購入価額等が明らかな場合は，リー

ス料総額（残価保証がある場合は，残価保証額を含む。）を貸手の計算利子率（貸手の計算利子率を知り得る場合）もしくは借手の追加借入に適用されると合理的に見積もられる利率（貸手の計算利子率を知り得ない場合）で割り引いた現在価値と貸手の購入価額等とのいずれか低い額による。
② 貸手の購入価額が明らかでない場合は，上記①に掲げる現在価値と見積現金購入価額とのいずれか低い価額による。

所有権移転ファイナンス・リース取引
① 借手において当該リース物件の貸手の購入価額等が明らかな場合は，当該価額による。
② 貸手の購入価額が明らかでない場合は，リース料総額（残価保証がある場合は，残価保証額を含む。）を貸手の計算利子率（貸手の計算利子率を知り得る場合）もしくは借手の追加借入に適用されると合理的に見積もられる利率（貸手の計算利子率を知り得ない場合）で割り引いた現在価値と見積現金購入価額とのいずれか低い価額による。なお，割安購入選択権がある場合には，リース料総額にその行使価額を含める。

　当該会計処理は，リース期間開始日に，リース開始日に決定されたリース物件の公正価値または最低リース料総額のいずれか低い金額でリース資産・リース債務を計上する国際基準と基本的に同じである（SFAS 13, par. 10; IAS 17, par. 20）。これは，リース物件の取得が「フルペイアウト」とするのであれば，資産所有にともなうリスクと経済価値はすべて借手に移転され，実質的な資産購入と同等であるとみなされるとする考えに依拠するもので，法的実質の観点から，所有権も実質的に移転したとみなされる場合には，リース物件を購入し，その支払債務を負担するのと同じ処理をすべきとする認識にたつものである。
　しかし，(1)日本基準は，貸借対照表計上額をリース物件の貸手の購入価額等が明らかか否かで判断するのに対し，国際基準は，日本基準のいうリース物件の貸手の購入価額等が明らかでない場合の会計処理のみとする点，(2)国際基準

は，リース契約の交渉や締結から発生する直接付随費用を「当初直接費用」とし，リース資産の価額に含めることを要求するが，日本基準は，その具体的な取扱いの明示がない点，で両基準は相違する (SFAS 13, par. 10; IAS 17, pars. 4, 20; ASBJ [2007a]，第10項，および ASBJ [2007b]，第21-22項；第36-37項)。

また，「基準」は，原則として，利息相当額の総額に利息法を用いることで各期の支払利息を算定する[8]。それゆえ，この場合には，支払リース料がリース債務の元本返済と支払利息のそれぞれで処理されるため，国際基準と実質的な差異はないと解される (SFAS 13, par. 12; IAS 17, pars. 25-26; ASBJ [2007a]，第11項，および ASBJ [2007b]，第21項；第23-24項；第36項；第38-39項)。

ところが，所有権移転外ファイナンス・リースで重要性が乏しいと認められる場合には，「リース資産及びリース債務は，リース料総額で計上」されるため，「支払利息は計上されず」，支払リース料がリース債務の返済として処理される結果，リース資産およびリース債務は未経過リース料残高で計上されることになる (ASBJ [2007b]，第23-24項；第31項)。したがって，この場合には，(1)リース料総額から利息相当額の合理的な見積額を控除しない「利子込み法」と，(2)利息相当額の総額をリース期間中の各期に配分する定額法とを採用する会計処理が適用されることになり，リース取引開始後の各期で支払うリース料は，支払利息としてではなく，減価償却費としてのみ計上される簡便な会計処理が可能になるものと解される[9]。

なお，「基準」では，ファイナンス・リースについて，リース物件は，リース資産もしくは有形・無形固定資産の各科目に，また，リース債務は，流動もしくは固定負債に含めるかたちで貸借対照表に表示し，リース資産の「内容（主な資産の種類等）及び減価償却の方法を注記する」ことが要請されるが，リース資産総額に重要性が乏しい場合には，当該注記を要しないと規定する (ASBJ [2007a]，第16-17項；第19項；第42-43項，および ASBJ [2007b]，第71項)。

「旧基準」は，重要な会計方針として「リース取引の処理方法」を開示した後，売買処理の場合には「固定資産の減価償却の方法」を，また，賃貸借処理の場合には「売買処理した場合と同等の情報」を注記するだけであったので，「基準」により，表示・開示の両側面で改善がはかられたと思われる。

しかし，たとえば，国際会計基準では，ファイナンス・リースに関連し，IFRS 第 7 号「金融商品：開示」を適用した上で，リース料総額期末残高やその現在価値との差異調整，当期変動リース料，重要なリース契約条項の説明等の詳細な事項の開示がなされるが（SFAS 13, par. 16; IAS 17, par. 31），それにあわせた日本基準は，企業会計基準適用指針第19号「金融商品の時価等の開示に関する適用指針」で，「ファイナンス・リース取引により認識されたリース債権又はリース債務は，金融資産又は金融負債であり，時価開示の対象になる」とし，「原則として，金融商品に関する貸借対照表の科目ごとに，貸借対照表計上額，貸借対照表日における時価及びその差額並びに当該時価の算定方法を注記する」ことを要請するだけである（ASBJ［2007b］，第31-33項，および ASBJ［2008］，第 4 項；第24項；第37項）[10]。

2　オペレーティング・リース

「基準」は，借手のオペレーティング・リースについて，「通常の賃貸借取引に係る方法に準じて会計処理を行う」ことを規定する（ASBJ［2007a］，第15項）。そして，「オペレーティング・リース取引のうち解約不能のものに係る未経過リース料は，貸借対照表日後 1 年以内のリース期間に係るものと，貸借対照表日後 1 年を超えるリース期間に係るものとに区分して注記する」ことを要請する。「基準」では，「リース期間の一部分の期間について契約解除をできないこととされているものも解約不能のリース取引として取り扱い，その場合には，当該リース期間の一部分に係る未経過リース料を注記する」ことを要求する。ただし，(1)個々のリース物件のリース料総額が少額なリース，(2)リース期間が 1 年以内のリース，(3)契約上数か月程度の事前予告をもって解約できるリース契約で，その予告した解約日以降のリース料の支払を要しない事前解約予告

期間に係る部分のリース料，(4)企業の事業内容に照らして重要性が乏しいリース取引で，リース契約1件当たりのリース料総額が300万円以下のリース取引については，当該注記を要しない（ASBJ［2007a］，第22項，および ASBJ［2007b］，第74-75項）。

　これに対し，たとえば，国際会計基準では，オペレーティング・リースに関し，リース料をリース期間にわたり定額法で費用計上することを要請するが，他の規則的な方法が借手の便益の時間的パターンをあらわす場合には，その方法を認めるほか（IAS 17, par. 33），IFRS第7号「金融商品：開示」を適用した上で，当期の支払最低リース料，支払変動リース料，および支払サブ・リース料や重要なリース契約条項の説明等の詳細な事項の開示を要求する（SFAS 13, par. 16; IAS 17, par. 35）。

3　具体的設例

設例[11]

【前提条件】

① 会計期間は，4月1日から3月31日までの1年である。
② リース取引開始日　×1年4月1日
③ 所有権移転条項・割安購入選択権　なし
④ リース物件は特別仕様ではない。
⑤ 解約不能なリース期間　5年
⑥ 借手の見積現金購入価額　48,000千円
　（貸手のリース物件の購入価額はこれに等しいが，借手は当該価額を知り得ない。）
⑦ リース料　12,000千円（支払は毎期末）
⑧ リース物件（機械装置）の経済的耐用年数　8年
⑨ 借手の減価償却方法　定額法
⑩ 借手の追加借入利子率　年9％（借手は貸手の計算利子率を知り得ない。）

前提条件より，借手は貸手の計算利子率を知り得ないため（⑥），追加借入利子率を用いると（⑩），現在価値は，$12,000(1+0.09)^{-1}+12,000(1+0.09)^{-2}+12,000(1+0.09)^{-3}+12,000(1+0.09)^{-4}+12,000(1+0.09)^{-5} \fallingdotseq 46,676$千円となる。現在価値基準は現在価値46,676千円／見積現金購入価額48,000千円≒97%≧90%，経済的耐用年数基準はリース期間5年／経済的耐用年数8年＝62.5%＜75%となる。したがって，当該リース取引は，現在価値基準からファイナンス・リースに該当し，③・④より所有権移転ファイナンス・リースには該当しないため，所有権移転外ファイナンス・リースに該当する。

所有権移転外ファイナンス・リースに該当する場合には，重要性が乏しいと認められる場合を除き，売買処理によらなければならない。借手は，公正価値評価額（貸手の購入価額または借手の見積現金購入価額）と現在価値とを比較し，いずれか低い方の価額で貸借対照表に計上するため，貸借対照表価額は46,676千円となる。なお，リース債務の返済スケジュールは図表3のようになる。

図表3　借手のリース債務返済のスケジュール

（単位：千円）

	①期首元本	各期のリース料（12,000）		期末元本 (＝①－③)
		②利息分（＝①×9%）	③元本分（＝12,000－②）	
×1年度	46,676	4,201	7,799	38,877
×2年度	38,877	3,499	8,501	30,376
×3年度	30,376	2,734	9,266	21,110
×4年度	21,110	1,900	10,100	11,010
×5年度	11,010	990	11,010	0
合計	•••••	13,324	46,676	•••••

（ASBJ［2007b］，［設例1］，および角ヶ谷［2008］，97頁より作成）

以上より，借手の仕訳は次のようになる（単位：千円）。

［×1年4月1日（取引開始日）］

（借）　機　械　装　置	46,676	（貸）　リ　ー　ス　債　務	46,676

[×2年3月31日（決算日）]

（借）	リース債務	7,799	（貸）	現　　金	12,000
	支払利息	4,201			
（借）	リース債務	8,501	（貸）	未払リース債務	8,501

　　　　ワンイヤールールによる流動資産（未払リース債務）への振替

（借）	減価償却費	9,335	（貸）	減価償却累計額	9,335

　　減価償却費9,335.2千円＝46,676千円÷5年。
　　なお，所有権移転外ファイナンス・リースは，リース期間を耐用年数とし，残存価額をゼロとする減価償却を行う。

以後，各決算日に同様の会計処理を行う。

なお，「基準」では，所有権移転外ファイナンス・リースでも重要性が乏しいリース契約の場合には，賃貸借処理が認められる（ASBJ［2007b］，第35項）。この場合の仕訳は次のようになる（単位：千円）。

[×1年4月1日（取引開始日）]

　　　　　　　　　　　　　仕訳なし

[×2年3月31日（決算日）]

（借）	支払リース料	12,000	（貸）	現　　金	12,000

以後，各決算日に同様の会計処理を行う。

4　会計基準改正の経緯と評価

　「旧基準」では，所有権移転外ファイナンス・リースの例外処理（賃貸借処理）が国際基準と決定的な差異をなし，これまで，当該例外処理を容認することの可否が問題とされてきた。「基準」の主眼はその例外処理の廃止にあり，今回，すべてのファイナンス・リースが原則処理（売買処理）に統一されたことを受け，日本基準は，国際基準との平仄がはかられるようになったとされて

第2章 日本のリース会計基準の分析—レシーの会計—

いる[12]。

ところが、国際会計基準とのコンバージェンスというだけで売買処理のみを制度とするのは、本来、リース市場の拡大という経済的背景や国際会計基準の導入（国際的調和化）への対応の名のもとで「旧基準」を設定する際、原則処理だけではなく、例外処理も容認した経緯をふまえると、矛盾を感じる点もある。

事実、リース会計専門委員会は、当初より例外処理を廃止する方向で検討を進めたようであるが、その作業は産業界の強硬な反対等から難航し、図表4に示すような、リース取引の例外処理を廃止すべき意見と存続すべき意見の両方

図表4　例外処理に対する取扱い

例外処理を廃止すべきとの意見	例外処理を存続すべきとの意見
1　リース取引の経済的実質 　　フルペイアウトのリース契約に基づくリース取引については、資産を割賦売買する場合と同様の経済的実質を有するため、両者は同様の会計処理を行うべきである。	1　日本のリース取引の特質 　　我が国の所有権移転外ファイナンス・リースは、資金を融通する金融ではなく物を融通する「物融」であり、諸外国のファイナンス・リースと異なり賃貸借性が強く、単なる割賦売買や金融ではない。
2　原則処理と例外処理の関係 　　現状では、リース会計基準で原則法と例外法を定めていながら、ほぼ例外法のみが適用される状況になっている。例外処理の横行は、売買処理を定めた会計基準の趣旨を否定する特異な状況であり、早急に是正される必要がある。	（存続すべきとの意見4参照）
3　財務諸表の比較可能性 　　原則処理・例外処理のいずれを選択するかで会計処理が全く異なるため、財務諸表の比較可能性が損なわれている。特に、借手においては、実質的な資産の取得とそれにともなう資金調達が会計的に表現されないことにより、ROAを重視した企業が会社の基幹設備に所有権移転外ファイナンス・リースを利用した場合、固定資産比率、自己資本比率等に大きな影響が生じている。	2　財務諸表の比較可能性 　　賃貸借処理を選択した場合には、売買処理と同等の情報が注記されるため、十分な情報開示がなされている。アナリスト等から情報開示に支障があるとの意見はあまり聞かれず、借手に原則処理を適用した場合には、米国のように形骸化した数値基準をすり抜けることでオンバランス回避行為が起こり得ることを考えれば、情報開示が後退する可能性があり、変更する実益が乏しい。

（該当なし）	3　税務との関係 　　法人税法では，リース取引を資産の賃貸借と位置づけ，一定の要件に該当した場合に売買又は金融として扱うこととしているため，会計が所有権移転外ファイナンス・リースを売買処理に統一した場合，確定決算主義を採用する我が国では，税務でも賃貸借性が否定され，売買処理となる可能性があり，（税務上の取扱いが会計と異なる場合に申告調整が認められるか不明で，認められたとしても事務負担が大きくなることを考えると）リース事業の基盤が損なわれるばかりか，リースという設備投資手段が失われかねない。
（廃止すべきとの意見2参照）	4　現状において会計基準を変更する必要性の有無 　　賃貸借処理が会計基準に取り入れられ，その方法が実務に広く採用されてきたことは，実務慣行として認知されている証左であり，状況や取引に変化がない以上，現状で会計基準を変更する理由はない。
4　国際的な会計基準との関係 　　現在，国際会計基準及び米国会計基準では，リスクと経済価値のほとんどすべてが借手に移転するリース取引に売買処理を行うため，現状の国内基準のままでは，国際的な比較可能性が確保できない。また，IASBが，すべてのリース取引を，使用権の割賦取得とその対価の支払義務というかたちで，それぞれ資産と負債に計上しようとしていることを踏まえれば，原則処理自体が採用されていない我が国の現状はIASBの議論を待つまでもなく改善する必要がある。	5　国際的な会計基準との関係 　　賃貸借処理が広く採用される我が国の処理が，国際的な会計基準と差異があるとしても，我が国の取引実態を反映したものであり，IASBが形骸化の弊害をなくすことを目的に検討している現状で，我が国が欠陥のある会計基準への整合性を図るのは適切ではなく，将来IASBの議論が完了し，仮に日本が対応するとした場合，システムへの二重投資が不可避になることを考えれば，今，会計基準を変更する理由とはならない。

（該当なし）	6　適用範囲の問題 　借手がファイナンス・リースを利用するメリットの一つは，小規模な機器を利用する上での事務処理の簡便性にあるが，所有権移転外ファイナンス・リースを売買処理に統一すると，事務処理の簡便性，コストの把握及び予算管理の容易さ，簡便な税務会計実務といった借手のメリットも失われるため，取引そのものに影響を与える可能性がある。

（出典：ASBJ［2004］，および加藤［2007］，134-138頁をもとに加筆・修正）

を中間報告としてとりまとめた後，一時，作業を中断している[13]。

　しかし，リース会計に関する合意形成を中断せざるを得なかった「基準」が，再び，例外処理を廃止する方向に大きく動いたのは，財務省公表の税制改正，すなわち，『平成19年度税制改正の大綱』（2006年12月19日）および『平成19年度税制改正の要綱』（2007年1月19日）によるところが大きいと思われる。

　当該税制改正は，次の「リース取引関連税制」にあるように，所有権移転外ファイナンス・リース取引の処理を従来の賃貸借処理から売買処理に改正し，会計上と税務上の取扱いを，理論上，統一している点に特徴がある。

① 　所有権移転外ファイナンス・リース取引は，売買取引とみなす。
② 　所有権移転外ファイナンス・リース取引の賃借人のリース資産の償却方法は，リース期間定額法とする。なお，賃借人が賃借料として経理した場合においてもこれを償却費として取り扱う。

　それゆえ，当該改正では，原則処理と例外処理のいずれを選択するかにより，財務比率や利益の質に大きな差異を生じること，および本体情報における財務諸表の比較可能性を損なう虞があることを問題視し，例外処理の廃止に賛成する立場の論者が，財務諸表の表示に関する国際的な統合をはかろうとする場合に批判され続けてきた制度的制約が解消されることになる。また，それは，法

人税法規定に基づく賃貸借処理が広く採用される現状に鑑み，例外処理の廃止に反対する立場の論者が，廃止による弊害を説く際に主張し続けた法的根拠がなくなることも意味している(14)。当該税制改正を受け，企業会計基準委員会では，会計基準の設定における例外処理廃止論の意見が調整されることになり，最大の懸案事項の解決をみることが可能になった結果，本来の趣旨にしたがって，今回の「基準」を公表するに至ったと考える(15)。

第Ⅳ節　リース会計の基本問題

1　リース取引オンバランス化の論理

「基準」は，国際基準と同様に，リース取引の会計処理に「リスク・経済価値アプローチ（risks and rewards approach）」を採用する。当該アプローチは，リースにともなう資産または負債のリスクと経済価値のほとんどすべてが実質的に他者へ移転した段階で，当該資産または負債の消滅を認識し，貸借対照表から除くアプローチをいい，資産の所有にともなうリスクと経済価値が実質的に移転するリースをファイナンス・リース，それ以外をオペレーティング・リースと規定する。そして，それは，当該資産に内包するリスクと経済価値が1つの単位として不可分のものであるという考え方に依拠している。

そのため，当該アプローチで対象となった資産または負債は，取引の対象となった資産の所有にともなうリスクと経済価値の実質的にすべてが移転したか否かが決定的に重要となり，当該資産の消滅の認識か，認識の継続かは，すべて"all or nothing"の会計処理でなされることを要求する。また，当該アプローチでは，資産の認識・消滅の認識（認識中止）の検討に際し，経済的実質だけではなく，（法的）所有（権）に付随するリスクと経済価値の実質的移転，すなわち，法的実質（法的所有権の実質）を分類の基礎におくフルペイアウトの要件が重要な概念となる（角ヶ谷［2008］，91頁）(16)。

第2章　日本のリース会計基準の分析―レシーの会計―

　この場合，借手は，原則として，(1)現在価値基準，(2)(1)を前提とする経済的耐用年数基準，(3)所有権移転条項規準，(4)割安購入選択権規準，のいずれかに該当すれば，ファイナンス・リースとして分類し，リース取引開始日に，リース資産・リース債務をオンバランスする[17]。

　従来のリース資産のオンバランスは，割賦購入資産に貸借対照表能力が認められている以上，リース資産に対しても貸借対照表能力が認められて然るべきであるとする「割賦購入取引との整合性」に基づいて正当化されていた（ARB 38, par. 6; APB 5, par. 9; 角ヶ谷［2008］，109-110頁）。当該論理は，たしかに，上記(3)・(4)の場合には，所有権の移転をもって，割賦購入との経済的同質性をみてとれる。ところが，上記(1)・(2)の場合には，最終的な所有権の移転がなされないことも考慮する必要があり，割賦購入取引との整合性をもってオンバランスするのには無理がある。そのため，日本基準をはじめとして，国際基準では，現在，「実質優先思考」を論拠として，ファイナンス・リース取引と割賦購入取引との経済的実質性を強調し，資本化処理，すなわち，負債計上をともなう資産化処理を要求している（APB 7, pars. 7-8, 18; SFAS 13, par. 60; IAS 17, pars. 3, 5-6; 角ヶ谷［2008］，109-110頁）。

　しかし，現行アプローチに基づくリース会計基準では，擬制合成リースと呼ばれるシンセティック・リース（synthetic lease; リースとローンの合成取引）のように，借手サイドで，会計上はオペレーティング・リースとしてオフバランスし，税務上は売買取引・金融取引としてオンバランスする処理を可能にする取引が存在する。当該取引の存在は，リース利用企業による資本化回避行動の誘因となり得，資本化の判定に恣意性が介入する余地を生むため，実質的にファイナンス・リースでありながら，オペレーティング・リースとして処理される状況が存在することになる。それゆえ，リース会計基準の形骸化は，財務諸表の比較可能性や透明性の確保という観点から問題視され，オペレーティング・リースの経済的影響を看過できない状況になっている（茅根［2002］，14頁）。

　もっとも，企業における資産の価値と市場におけるその評価額とが等価値と

なる完全かつ完備な市場 (perfect and complete markets) が存在するとした場合，私的情報 (private information) の存在による情報の非対称性 (information asymmetry) の問題は存在しなくなり，現時点で形成されるあらゆる期待は，市場において，将来，確実に実現されることになる (Beaver [1998], pp. 38-40)。そのため，当該市場では，リースに関する情報がオフバランスとされようとも，注記でオンバランスに相当する情報（資産情報・負債情報・損益情報・処理基準）が開示されるのであれば，情報の有用性に差異はないとされている (Imhoff, Lipe and Wright [1991], pp. 51-63; 茅根 [2003], 74頁)。

しかし，不完全または不完備という，より現実的な設定のもとでは，完全・完備市場の特徴を必ずしも備えていないことになり，市場は，資産または負債に関するすべての属性を把握できないことになる (Beaver [1998], p. 68)。それゆえ，当該市場で注記による情報開示をした場合，オペレーティング・リースに関する情報は，特定の年限に制限された情報であるため，負債額の見積りをなす際に不確実であるばかりか (Imhoff, Lipe and Wright [1995], pp. 70-81)，開示されるオペレーティング・リースの負債額には信頼性が乏しい場合が存在する虞があり (Libby, Nelson and Hunton [2006], pp. 533-560)，負債比率の上昇による弊害を懸念する企業がオペレーティング・リースを採用し，オフバランスを選択する場合には (EL-Gazzar, Lilien and Pastena [1986], pp. 217-237; Imhoff and Thomas [1988], pp. 277-310)，当該情報では，オンバランスの情報の有用性とのあいだに差異を生じることになる（菱山 [2007], 50-51頁)。したがって，この場合には，財務諸表本体にオンバランスされる情報の方が，市場が把握することのできない資産および負債に関する情報を提供する点で，その存在意義を有するものと思われる。

2 現行アプローチとニューアプローチ

既述のように，資産の認識・消滅の認識（認識中止）に関して，リスク・経済価値アプローチを採用する「基準」では，(1)リース物件の取得形態が割賦購

第2章　日本のリース会計基準の分析―レシーの会計―

入資産と同質であることと，(2)リース物件の経済的効果が自己所有資産のそれと同様の期待ができることから，リース物件そのもの（タンジブルズ）自体のリース資産としての認識を判定する。そのため，現行アプローチでは，経済的実質が類似した取引でも，現在価値基準や経済的耐用年数基準の数値テストのような絶対的な線引き（absolute thresholds）基準を用いて，ファイナンス・リースとオペレーティング・リースとが裁量的に判定される，"all or nothing"型の会計処理を要請する状況にある（McGregor [1996], pp. 3-4, 9-13; Nailor and Lennard [2000], pars. 1.3, 1.5-1.6, 1.13.）。

これに対し，リースに関する権利・義務を開示することを前提とするニューアプローチの基本的なスタンスは，現行アプローチの形骸化要因（会計基準の弊害）を払拭し，財務諸表の比較可能性や透明性を確保することであり，リスク・経済価値アプローチを排除することを目的とする。そして，それは，オンバランス回避行動の温床とされたリース取引を分類する際の判定基準が廃止され，（1年を超える）解約不能のリース取引がすべてオンバランスされることを意味している（McGregor [1996], pp. 17, 19）。その結果，ニューアプローチでは，リース契約に基づくリース物件の財産使用権（the right to use property; リース物件を排他的に使用収益する権利）の確定的移転のみが問題とされることになる（角ヶ谷 [2008], 110-111頁）。

そもそもリース契約で，借手が取得する経済価値は，リース物件を使用収益する権利であり，リース物件そのものの法的所有権ではない（図表1参照）。当該関係に鑑みれば，すべてのリース契約は，現行アプローチの「モノ」自体ではなく，ニューアプローチの「サービス」としての財産使用権に焦点をあて，資産としての認識・認識中止を判断する方が適当であると考える。また，ファイナンス・リース取引を実質的な割賦購入取引とみなし，物件自体のオンバランスを要求する現行アプローチとは異なり，将来の経済的便益にアクセスするための価値の高い権利（財産使用権）という単一の尺度から，すべてのリース取引のオン・オフを決定するニューアプローチは，オンバランス回避行動を是正するとともに，首尾一貫したアプローチを採用するため，財務諸表の比較可

能性や透明性を改善し,情報の有用性を高める効果がある(森川[2003],5-8頁)。

　ニューアプローチは,国際的合意を得た概念フレームワークにおける資産・負債の定義および認識規準との整合性を重視する[18]。そして,それは,リース契約から生じる重要な権利・義務を資産・負債として計上する資産・負債アプローチ(asset and liability approach)の適用を意味し(McGregor [1996], pp. 15-16; Nailor and Lennard [2000], pars. 1.8, 1.14),次の①から③を根拠にして,リース資産・リース負債の資産性・負債性を認めようとするものである[19]。

① 資産の定義における重要な鍵概念は,特定の企業による経済的便益の「支配」であり,所有権という法的強制力が根拠とされるが,解約不能なリース契約のような契約その他の方法による場合には,リース期間の使用権で将来の経済的便益をもたらす資源の支配は可能である。
② 負債の定義における重要な鍵概念は,経済的便益の流出をともなう「現在の義務(present obligation)」であるが,その義務は法的拘束力のある契約から生じるため,解約不能なリース契約が締結される場合には,リース期間の支払義務が現在化する。
③ 上記①および②から生じる権利・義務の金額は,契約の存在により公正価値または割引現在価値による測定が可能な場合,信頼し得る測定が可能となる。

　ニューアプローチは,現行アプローチのフルペイアウト要件を撤廃し,解約不能要件のみを基礎とする財産使用権に基づく会計処理に統一しようとするものである。そして,それは,割賦購入との類似性という曖昧な規準でリース取引を分類するのではなく,財産使用権というインタンジブルズがリースを構成する範囲を基礎にリースの権利・義務をオンバランス化することを可能にする(McGregor [1996], pp. 16-19; Nailor and Lennard [2000], pars. 1.12, 2.5,

3.4, 3.10)。その結果，すべてのリース取引が，原則として，リース契約時の権利・義務の信頼し得る公正価値（割引現在価値）で測定され，オンバランスされることとなる（Nailor and Lennard ［2000］, pars. 3.2-3.15, 3C, 3D, 4A; 茅根 ［2002］, 15-21頁）。

さらに，ニューアプローチは，財務構成要素アプローチ（financial components approach）を前提とする。当該アプローチは，リースにともなう資産および負債を構成要素に分解し，各構成要素の支配が他者に移転した段階で，当該構成要素の消滅を認識し，貸借対照表から除くとともに，留保される構成要素はその存続を貸借対照表で認識するものである。そして，対象となった資産または負債の認識・認識中止は，時間に基づく分割や，性質に基づく分解を受けた後の各部分（構成要素）が移転したか否かで検討される（佐藤 ［2004］, 44頁）。

それゆえ，ニューアプローチでは，リース契約の各構成要素（財産使用権，更新・解約・購入選択権，偶発リース料など）に対する支配が移転したか否かが問題となり（角ヶ谷 ［2008］, 111-112頁），分離把握された各構成要素が，借手と貸手のいずれに帰属するかを決定したうえで認識・測定の対象とすることが可能となる（茅根 ［2004］, 64頁）。たとえば，更新選択権や購入選択権について，その権利行使が合理的に確実視できる場合に限り，借手が更新期間のリース料と購入選択権の行使価額をリース資産・負債に含めて一括計上することを要求する現行アプローチに比べ，ニューアプローチでは，更新選択権や購入選択権が重要な価値を有しており，かつ，信頼性をもって測定し得る場合，借手はリース資産として計上されている使用権とは分離し，独立した別の資産（金融商品）の取引として認識することになる（Nailor and Lennard ［2000］, pars. 4.10, 4D; 茅根 ［2002］, 21頁）。以上をまとめたものが図表5である。

図表 5　リース会計の論点

	判定基準	過去のアプローチ	現行アプローチ	ニューアプローチ
所有権移転ファイナンス・リース	所有権移転条項規準 割安購入選択権規準	割賦購入との整合性 [所有権の移転]	実質優先思考 [所有に伴うリスクと経済価値の実質的移転] —所有権の実質的移転—	財産使用権 [将来の経済的便益の獲得可能性] —解約不能要件—
所有権移転外ファイナンス・リース	現在価値基準 経済的耐用年数基準			
解約不能オペレーティング・リース	解約不能か否か			
資産概念の中心		所有	実質的所有	支配
資産の認識・中止の考え方 (「実質」の意味内容)		リスク・経済価値アプローチ (経済的実質＋法的実質)		財務構成要素アプローチ (経済的実質のみ)

(出典：角ヶ谷［2008］，111頁より作成)

第 V 節　結　　び

　2007年に公表された「基準」は，「旧基準」で容認された所有権移転外ファイナンス・リースの例外処理を廃止し，すべてのファイナンス・リースについて，通常の売買取引に係る方法に準じた会計処理（原則処理）を要請する点に特徴をもつ。これは，例外処理を容認した日本特有の会計処理が国際的に問題視されてきたことに起因するものである。そのため，本「基準」を受け，日本基準は，国際基準との差異を，ある程度，解消する見込みとなったが，ニューアプローチの存在は，近い将来，我が国「基準」にさらなる修正を要請する契機となると思われる。

　ニューアプローチでは，リース取引を資本化する論理に資産・負債アプローチが採用される。そのため，リース物件そのもの（タンジブルズ）に着目し，資産側からリース資産を評価（「原価評価＋減損処理」）する現行アプローチに比べ，リース契約の権利・義務（contractual rights and obligations）に着目し，解約不能なリース料（将来キャッシュ・アウトフロー）をもとに，負債側から金融商品としてのリース契約を評価（「公正価値評価」）しようとする点で，従来とは異なる方法が適用される。ゆえに，当該アプローチは，経済的便

益を中核とした資産・負債概念に基づき，すべてのリース取引を画一的に資本化処理するアプローチであるといえ，オンバランス回避行動を排除するとともに，財務情報の目的適合性，表示の誠実性，比較可能性に資するという点で効果を有するものである。また，当該アプローチは，リース料がリース物件を排他的に使用収益する権利である財産使用権の取得に対する対価と捉えるとするならば，実質的な割賦購入取引ではなくとも，それを構成する範囲において権利・義務の貸借対照表能力は認められ，リース契約のオンバランス化は妥当性を有すると考える。

したがって，このような認識にしたがえば，我が国の「基準」は，ある程度の国際的な平仄ははかれたものの，国際的なリース会計基準の見直しが今後加速した場合，国際的な会計基準統合（コンバージェンス）の流れとは大きく乖離する可能性があり，我が国リース会計基準は更なる改正が必要となると思われる。

参考文献

Accounting Principles Board, APB Opinion No. 5, *Reporting of Leases in Financial Statements of Lessee*, 1964.

Accounting Principles Board, APB Opinion No. 7, *Accounting for Leases in Financial Statements of Lessors*, 1966.

American Institute of Accountants, ARB No. 38, *Disclosure of Long-Term Leases in Financial Statements of Lessees*, 1948.

Beaver, W. H., *Financial Reporting: An Accounting Revolution*, 3rd ed., Prentice-Hall, Inc., 1998.

EL-Gazzar, S. E., Lilien, S., and Pastena, V., Accounting for Lease for Lessees, *Journal of Accounting and Ecomonics*, Vol. 8, No. 3, 1986, pp. 217-237.

FASB, Statement of Financial Accounting Standards (SFAS), No.13, *Accounting for Leases*, 1976.

FASB, Statement of Financial Accounting Standards (SFAS), No.28, *Accounting for Sales with Leasebacks*, 1979.

FASB, Statement of Financial Accounting Standards (SFAS), No.98, *Accounting for Leases*, 1988.

FASB, Preliminary Views, *Conceptual Framework for Financial Reporting:*

Objective of Financial Reporting and Qualitative Characteristics of Decision-Useful Financial Reporting Information, 2006.

FASB, Exposure Draft, *Conceptual Framework for Financial Reporting: The Objective of Financial Reporting and Qualitative Characteristics and Constraints of Decision-Useful Financial Reporting Information*, 2008.

FASB, Discussion Paper, *Preliminary Views on Financial Statement Presentation*, 2008.

IASB, *IASB Working Group on Lease Accounting*, 2007.

IASC, International Accounting Standards (IAS), No. 17, *Leases*, 1982 (revised 2003).

IASC, *Framework for the Preparation and Presentation of Financial Statements*, 1989.

Imhoff, E. A., Lipe, R. C., and Wright, D. W., Operating Leases: Impact of Constructive Capitalization, *Accounting Horizons*, Vol. 5, No. 1, 1991, pp. 51-63.

Imhoff, E. A., Lipe, R. C., and Wright, D. W., Is Footnote Disclosure an Adequate Alternative to Financial Statement Regulation?, *Journal of Financial Statement Analysis*, Vol. 1, No. 1, 1995, pp. 70-81.

Imhoff, E. A., and Thomas, J. K., Economic Consequence of Accounting Standards: The Lease Disclosure Rule Change, *Journal of Accounting and Economics*, Vol. 10, No. 4, 1988, pp. 277-310.

Kieso, D. E., Weygandt, J. J., and Warfield, T. D., *Intermediate Accounting*, eleventh edition, Wiley, 2004.

Libby, R., Nelson, M. W., and Hunton, J. E., Recognition v. Disclosure, Auditor Tolerance for Misstatement, and the Reliability of Stock-Compensation and Lease Information, *Journal of Accounting Research*, Vol. 44, No. 3, 2006, pp. 533-560.

McGregor, W., G4+1 Special Report, *Accounting for Leases: A New Approach, Recognition by Lesses of Assets and Liabilities arising under Lease Contracts*, Financial Accounting Foundation, 1996.

Nailor, H. and Lennard, A., G4+1 Position Paper, *Leases: Implementation of a New Approach*, International accounting Standards Committee Foundation, 2000.

加藤久明『現代リース会計論』中央経済社，2007年。

企業会計基準委員会（ASBJ）「所有権移転外ファイナンス・リース取引の会計処理に関する検討の中間報告」2004年3月24日。

第2章　日本のリース会計基準の分析―レシーの会計―

企業会計基準委員会（ASBJ）企業会計基準第13号「リース取引に関する会計基準」2007年3月30日（2007a）。
企業会計基準委員会（ASBJ）企業会計基準適用指針第16号「リース取引に関する会計基準の適用指針」2007年3月30日（2007b）。
企業会計基準委員会（ASBJ）企業会計基準適用指針第19号「金融商品の時価等の開示に関する適用指針」2008年3月10日。
企業会計審議会「リース取引に係る会計基準に関する意見書」1993年6月17日。
古賀智敏『価値創造の会計学』税務経理協会，2000年。
古賀智敏『「著作権保護コンテンツ」知的資産の会計―マネジメントと測定・開示のインターラクション―』東洋経済新報社，2005年。
財務省『平成19年度税制改正の大綱』2006年12月19日。
財務省『平成19年度税制改正の要綱』2007年1月19日。
佐藤信彦「セール・アンド・リースバック取引―リスク移転とオフバランス化」『企業会計』中央経済社，第56巻第8号，2004年，41-48頁。
鈴木一水「リース資産・負債の会計」『国際会計基準と日本の会計実務―比較分析／仕訳・計算例／決算整理―［新版］』（神戸大学IFRSプロジェクト・あずさ監査法人IFRSプロジェクト編，同文舘出版，2005年）137-159頁。
茅根　聡『リース会計』新世社，1998年。
茅根　聡「リース会計基準の行方―G4＋1ポジション・ペーパーの提案に焦点を当てて―」『會計』森山書店，第161巻第1号，2002年，12-27頁。
茅根　聡「わが国リース会計基準の改定問題をめぐって」『會計』森山書店，第163巻第4号，2003年，72-84頁。
茅根　聡「リースのオンバランス化をめぐる新展開―わが国の改訂論議と国際的動向に焦点を当てて―」『JICPAジャーナル』日本公認会計士協会，第16巻第5号，2004年，59-65頁。
茅根　聡「米国におけるリースのオフバランスシート問題の展開―SEC勧告とFASBの対応を中心に―」『會計』森山書店，第170巻第6号，2006年，59-74頁。
角ヶ谷典幸「リース会計」『大学院学生と学部卒業論文テーマ設定のための財務会計論・簿記論入門［第2版］』（新田忠誓編，白桃書房，2004年）第7章。
角ヶ谷典幸「リース会計基準と会計諸概念の変容」『経済学研究』九州大学経済学会，第71巻第5・6号，2005年，59-68頁。
角ヶ谷典幸「リース」『スタンダードテキスト財務会計論Ⅱ〈応用論点編〉［第2版］』（河﨑照行・齋藤真哉・佐藤信彦・柴健次・高須教夫・松本敏史編，中央経済社，2008年）第4章。
森川八洲男「リース資本化の二形態―「G4＋1」の提案内容（2000年）に言及して―」『会計プログレス』日本会計研究学会，第4号，2003年，1-10頁。

菱山　淳「リース契約オンバランス化の必要性と課題－とくに借り手の財務諸表における認識問題に焦点をあてて－」『會計』森山書店，第172巻第5号，2007年，48-60頁。

（注）
（1）「旧基準」で所有権移転外ファイナンス・リース取引に例外処理をなす場合には，注記において，売買処理をなした場合に相当する情報（資産情報・負債情報・損益情報・処理基準）の開示が要請される。
（2）厳密には，法的実質（legal substance; 法的所有権の実質）を逸脱しない範囲内で経済的実質が最大限重視されてきたと解されるため，全てのリース取引がオンバランスされるわけではなく，取引の実質が「購入（＋ファイナンス）」とみなされる場合に限り，売買処理が要請されてきたと考える。
（3）米国では，ファイナンス・リースを「キャピタル・リース（capital lease）」という（SFAS 13, par. 6）。
（4）適用指針は，ファイナンス・リースの判定基準に現在価値基準と経済的耐用年数基準をあげる際，具体的な数値基準をそれぞれ「概ね90パーセント以上」と「概ね75パーセント以上」と規定する（ASBJ［2007b］，第9項）。当該数値は，実務指針を踏襲するが，「概ね」とされたのは，「現在価値基準の判定に見積りの要素が多いため」で，この数値を厳格に要求する米国基準が形骸化し，オンバランス回避行為の弊害が認識されていることを考慮した結果，「例えば，それぞれの数値が88パーセント又は73パーセントといった場合でも実質的にフルペイアウトと考えられる場合には，ファイナンス・リース取引と判定される」ためである（ASBJ［2007b］，第93-96項）。
（5）米国基準では，キャピタル・リースを(a)から(d)で例示するが，改訂されたIAS 17では，(a)から(e)に加え，さらに，次の3つをファイナンス・リースとして例示する（IAS 17, par. 11）。
(f)借手がリース契約を解約できる場合には，解約に関連する貸手の損失が借手によって負担されるリース
(g)残存リース物件の公正価値変動による利息または損失が借手に帰属するリース
(h)借手が市場の賃借料相場よりかなり低い賃借料で再リース契約を結べるリース
（6）ただし，「基準」は，その適用指針で「個々のリース資産に重要性が乏しいと認められる場合は，オペレーティング・リース取引の会計処理に準じて，通常の賃貸借取引に係る方法に準じて会計処理を行うことができる」とも規定している（ASBJ［2007b］，第34-35項；第45-46項）。
　なお，「基準」で「リース取引開始日」とは，「借手が，リース物件を使用収益する権利を行使することができることとなった日」をいう（ASBJ［2007a］，第7項）。これに対して，国際基準は，契約日または当事者がリースの主要条項に関する義務

第2章　日本のリース会計基準の分析―レシーの会計―

を確約した日のいずれか早い日を「リース開始日」，借手がリース物件の使用権を取得した日（米国基準では「リース開始日」の例外）を「リース期間開始日」としてより具体的に定義する（SFAS 13, par. 5; IAS 17, par. 4）。

　そのため，「基準」は，リースの分類や貸借対照表に計上される取得価額相当額を算定する基準日であるリース開始日とリース資産・負債およびリースによる損益の認識を開始するリース期間開始日とを明確に区別することが重要であると考える国際会計基準に対し（IAS 17, par. 4），リース開始日およびリース期間開始日の両方を意味し得るリース取引開始日を定義することで，明確な区別を避けているとも考えられる（ASBJ［2007a］，第37項）。

(7) 利息法とは，各期の支払利息相当額をリース債務の未返済元本残高に一定の利率を乗じて算定する方法である。利息法の利率は，リース料総額の現在価値が，リース取引開始日におけるリース資産（リース債務）の計上価額と等しくなる利率として求められる（ASBJ［2007b］，第24項）。

　なお，「基準」がリース資産・リース債務の計上額に利息相当額を含めないことを要請するのは，当該利息相当額を含めるとした場合，同一リース物件でもリース期間の設定次第で計上額が変化するためであり，当該期間設定を裁量に任せると，これを利用した会計操作の虞を完全には否定できないためと解される。

(8) ただし，日本基準では，所有権移転外ファイナンス・リースに限り，未経過リース料の金額の重要性が乏しい場合は，利息相当額を控除しない方法も認められている（ASBJ［2007b］，第31-33項）。

　なお，所有権移転外ファイナンス・リース取引で，リース資産総額に重要性が乏しいと認められる場合とは，

(1)　重要性が乏しい減価償却資産について，購入時に費用処理する方法が採用されている場合で，リース料総額が当該基準額以下のリース取引，

(2)　リース期間が1年以内のリース取引，

(3)　企業の事業内容に照らして重要性の乏しいリース取引で，リース契約1件あたりのリース料総額が300万円以下のリース取引，

のように，オペレーティング・リース取引の会計処理，すなわち，通常の賃貸借取引に係る方法に準じて会計処理される個々のリース資産に重要性が乏しいと認められるリース資産や，利息相当額を利息法により各期に配分しているリース資産を除き，未経過リース料の期末残高が，当該期末残高，有形固定資産及び無形固定資産の期末残高（所有権移転外ファイナンス・リース取引に係る期末残高は除く）の合計額に占める割合が10％未満である場合を指している（ASBJ［2007b］，第31-35項）。

(9) なお，日本基準におけるファイナンス・リース取引の減価償却が，所有権移転の有無で相違することについて，具体的には，次のように説明されるものと考える。

　所有権移転ファイナンス・リースは，リース物件の取得と同様の取引とみなせる

ため，当該リース資産の減価償却費は，「自己所有の固定資産に適用する減価償却方法と同一の方法により算定する」とする一方で，所有権移転外ファイナンス・リースのそれは，リース物件の取得とは異なりリース物件を使用できる期間がリース期間に限定される特徴があるため，「原則として，リース期間を耐用年数とし，残存価額をゼロとして算定する」方法を採用する（ASBJ［2007a］，第12項；第38-39項，および ASBJ［2007b］，第27-29項；第42項；第112-113項）。

これに対し，国際基準は，原則として，リース物件の減価償却費について自己所有の固定資産と同様の減価償却方法を適用することを要請するため，日本基準の所有権移転ファイナンス・リースは同様の会計処理をなすものと考えられるが，リース期間終了時までに借手への所有権移転に合理的確実性がないリースについては，国際会計基準では，償却年数をリース期間または耐用年数のいずれか短い期間，残存価額をゼロとして減価償却費を計算する全額償却を求め（IAS 17, par. 27），米国基準では，償却期間をリース期間，残存価額を残価保証額として減価償却費を計算する要償却額の償却を要求するため（SFAS 13, par. 11），日本基準の所有権移転外ファイナンス・リースの会計処理に類似する方法も考慮するものと考える。

(10) なお，ASBJ［2008］は，リース取引開始日が会計基準適用初年度開始前のリースについても「リース会計基準及びリース会計適用指針に定める方法により会計処理する」ことを要請し，リース資産・リース債務を時価開示の対象とするが，借手はリース会計基準適用初年度の前年度末における未経過リース料残高をリース債務に計上できるものとされることから，貸借対照表計上額となるリース債務には利息相当額が含まれるため，「貸借対照表計上額と貸借対照表日における時価との間に重要な差額がある場合には，その旨を示すことが適当である」とされている（ASBJ［2007b］，第78項，および ASBJ［2008］，第25項）。

(11) ［設例］は，ASBJ［2007b］の［設例１］を必要最小限の条件のみに簡略化したものである。

(12) なお，「基準」への改正は，会計処理・財務諸表に次のような影響を及ぼすと思われる。

(1) 従来オフバランス（注記）とされてきたリース資産・リース債務のオンバランス化を受け，総資産額が増加する結果，総資産利益率の減少等，経営指標が悪化する。

(2) 「旧基準」では，リース料総額をリース期間で除した一定額をリース料として費用計上することが認められたが，「基準」では，リース料を減価償却費と支払利息に分割する「利息法」が原則となるため，リース取引開始直後の支払利息が高くなる。

(3) リース料が減価償却費と支払利息に分割されるため，「旧基準」では，販売費及び一般管理費として認識してきたものが，「基準」では，元本相当分は減価償

却費(営業費用)、利息相当分は支払利息(営業外費用)に計上され、営業利益および経常利益に影響を与える。

(13) 中間報告公表時、法人税法は、リース取引を資産の賃貸借と位置づけ、一定の要件に該当した場合に売買又は金融として取り扱うこととされていた。そのため、中間報告の内容が制度化され、仮に、リース事業が売買処理に統一されるとした場合、確定決算主義の観点から、税務面でのリースのメリットが失われ、リース事業の基盤が損なわれるばかりか、リースという設備投資手段が失われかねないことが指摘されている。したがって、このような認識にしたがうと、中間報告公表時は、例外処理を存続すべきとする意見への調整がはかれない限り、「基準」としての合意形成が困難な状況にあったことが容易に想像できると思われる(ASBJ [2004])。

(14) なお、例外処理の廃止に反対する立場の論者は、例外処理をなす場合でも、「旧基準」にしたがうのであれば、本体情報と注記情報を含めた財務諸表で十分な情報開示がなされているため、ディスクロージャーの観点からは比較可能性が損なわれているとはいいがたいとし、取引実態を反映している日本基準をコンバージェンス名目で変更することの方がかえってディスクロージャーの後退を招く等の主張もしている。

(15) 本税制改正の後、改正された法人税法では、「資産の賃貸借」で、「当該賃貸借に係る契約が、賃貸借期間の中途においてその解除をすることができないものであること又はこれに準ずるものであること」(解約不能要件)、および「当該賃貸借に係る賃借人が当該賃貸借に係る資産からもたらされる経済的な利益を実質的に享受することができ、かつ、当該資産の使用に伴って生ずる費用を実質的に負担すべきこととされているものであること」」(フルペイアウト要件)の二要件を充たすものをリース取引(≒ファイナンス・リース取引)と定義することを法律内で規定するとともに(法人税法第64条の2第3項)、所有権移転外リース取引(≒所有権移転外ファイナンス・リース取引)の定義が新たに設けられている(法人税法施行令第48条の2第5項)。そして、法人税法でも、「基準」と同様、「リース取引を行った場合には、そのリース取引の目的となる資産(…「リース資産」…)の賃貸人から賃借人への引渡しの時に当該リース資産の売買があったものとして」取り扱う処理をなすことが要請される(法人税法第64条の2第1項)。ただし、ファイナンス・リースの判定基準として「フルペイアウト」の要件を用いる際、「基準」は、現在価値基準・経済的耐用年数基準のいずれかに該当することを求めるが、法人税法では、解約不能リース期間中の支払リース料の合計額が資産の取得価額の概ね90%を超える場合とされるため、経済的耐用年数基準はないものと解される(法人税法施行令第131条の2第2項)。

(16) 現行アプローチで、経済的実質だけではなく、法的実質が考慮され、法的実質を逸脱しない範囲内で経済的実質が重視されていると解されるのはそのためである。

(17) なお，特別仕様物件規準に関する説明は，米国規準に存在しないため省略する。
(18) 資産・負債の定義および認識規準は，IASC の概念フレームワークでは，以下のように規定される。

資産・負債の定義（IASC [1989], par. 49 (a) (b)）
(a) 資産とは，過去の事象の結果として特定の企業が支配し，かつ，将来の経済的便益が当該企業に流入すると期待される資源である。
(b) 負債とは，過去の事象から発生した特定の企業の現在の義務であり，これを履行するためには，経済的便益を有する資源が当該企業から流出すると予想されるものである。

認識規準（IASC [1989], par. 83）
① 当該項目に関する経済的便益が企業に流入するか，または流出する可能性が高い。
② 当該項目が原価または価値を有しており，信頼性をもって測定することができる。

(19) この場合，借手は，リース物件の引渡後に，リース期間中にわたるリース物件を瑕疵なく使用収益する権利を得るため，具体的な認識の契機となるのは，借手がリース物件の引渡しを受けた時点となる（Nailor and Lennard [2000], par. 2.5）。そして，貸借対照表上に計上されるリース資産は，リース物件の基礎をなす所有権としてではなく，物件の使用権として，また，リース債務は，当該権利の対価であるリース料の支払義務としてそれぞれ計上されることになる（Nailor and Lennard [2000], pars. 2.14-2.17, 3.6, 3.9）。

なお，リース物件の認識については，未履行契約および契約会計が問題とされるが，契約の締結から完了までを，完全未履行（wholly executory）段階，部分履行（partially executory）段階，完全履行（fully executed）段階に分けるとした場合（茅根 [1998], 172-174頁），契約時点をもってリース開始時点とする考え（完全未履行段階）をもとにリース物件の認識をなす主張は（SFAS 13, par. 5b; IAS 17, par. 3; McGregor [1996], p. 15），いわゆる「契約会計」につながりかねないため，伝統的な会計諸概念をふまえるならば問題視されるべきである。そのため，現在では，リース資産は，その引渡時点（部分履行段階）を待って認識すべきであるとし，リース契約による引渡（履行）行為をもって未履行契約とは異なることを強調する当該主張が支配的となっている（Nailor and Lennard [2000], pars. 3-4）。

第3章
日本のリース会計基準の分析
―レサーの会計―

第Ⅰ節　会計処理の概要

　リース取引の会計処理には，売買処理と賃貸借処理がある。当事者双方の会計処理が対称的であることを前提とすると，レシーが「買った」として処理するならば，レサーも「売った」として処理し，あるいは，レシーが「借りた」として処理するならば，レサーも「貸した」として処理するのが基本となる[1]。双方の会計処理を概略的に示すと，図表1のようになる。

図表1　レシーとレサーの会計処理の概要

①売買処理の場合

タイミング	レシーの会計処理				レサーの会計処理			
物件購入日	仕訳なし				固定資産	××	金銭債務	××
リース取引開始日	固定資産	××	金銭債務	××	金銭債権	××	固定資産	××
リース料受払日	金銭債務	××	現金預金	××	現金預金	××	金銭債権	××
	金融費用	××					金融収益	××
決算日	減価償却費	××	減価償却累計額	××	仕訳なし			

②賃貸借処理の場合

タイミング	レシーの会計処理				レサーの会計処理			
物件購入日	仕訳なし				固定資産	××	金銭債務	××
リース取引開始日	仕訳なし				仕訳なし			
リース料受払日	賃借料	××	現金預金	××	現金預金	××	賃貸料	××
決算日	仕訳なし				減価償却費	××	減価償却累計額	××

売買処理を行うにせよ，賃貸借処理を行うにせよ，リース取引を行うにあたって，レサーは自らが所有している物件をレシーに貸し出すのであるから，リース取引開始日以前に固定資産の取得を認識しているはずである。リース取引の会計処理は，レサーがその固定資産をレシーに貸し出したときからはじまる。

　売買処理が行われるのは，リース取引の経済的実質が分割払いによる売買（割賦売買）とみなされる場合である。この場合，リース取引の法的形式は「貸した，借りた」の関係であっても，その経済的実質は「売ったも同然，買ったも同然」と理解されるから，リース取引開始日にレサーは固定資産の消滅を認識し，レシーはその取得を認識する。このとき，レシーはリース料を支払う義務を金銭債務として認識するが，それはレサー側ではリース料を受け取る権利となるから，レシーの金銭債務に対応してレサーは金銭債権を認識する。

　レシー側で金銭債務が認識されると，その後のリース料の支払は，金銭債務の返済としての意味をもつから，リース料の支払額は元本の返済部分と利息（金融費用）の支払部分に分解して処理される。それに対応して，レサー側では，リース料の受取額が元本の回収部分と利息（金融収益）の受取部分に分解して処理される。また，レシーは，固定資産の取得を認識しているから，決算日にその減価償却を行うことになるが，一方のレサーは，固定資産の消滅を認識しているから，減価償却を行う余地はない。

　これに対して，賃貸借処理が行われるのは，リース取引の経済的実質が売買ではなく，賃貸借の法的形式と一致するとみなされる場合である。賃貸借の法的形式は，双務契約であり継続的契約であるから，レシーとレサーは互いに義務を有しており，しかも，その義務は契約期間が終了するまで継続する。レシーの義務は，レサーに対してリース料を支払うことであり，レサーの義務は，レシーに対してリース物件を平穏に使用収益させることである。リース物件の所有権もレサーに帰属している。したがって，レシーは物件使用の対価としてリース料を支払うのであり，その支払ったリース料は，会計上，一定の契約に従い継続して役務の提供を受けることから生じる費用と理解されることから，賃貸借処理が行われるのである。

リース取引を賃貸借処理する場合，レサーは，リース取引開始日に固定資産の消滅を認識することはない。リース物件はレシーの手許に置かれて利用に供されるが，経済的実質が法的形式と一致しているのであれば，それは「貸した，借りた」の関係であって，「売った，買った」の関係ではないからである。そうすると，レシーによるリース料の支払は，物件使用の対価としての意味をもつから，リース料の支払額は上述のように費用として認識される。それに対応して，レサー側では，リース料の受取額が収益として認識される。また，決算日になると，固定資産の認識を継続しているレサーが減価償却を行うことになるから，レシーがそれを行う余地はない。

第 II 節　日本基準におけるレサーの会計処理

1　リース取引の分類と会計処理

日本基準（企業会計基準第13号，企業会計基準適用指針第16号）におけるレサーの会計処理は，リース取引の分類によって異なる。すなわち，リース取引は，ファイナンス・リース取引（以下，「FL」という。）とオペレーティング・リース取引（以下，「OL」という。）に大分類され，FL は売買処理を行い，OL は賃貸借処理を行う。FL はさらに，所有権移転 FL と所有権移転外 FL に小分類されるが，いずれの場合も売買処理を行う点に変わりはない[2]。これについては，レシーとレサーで統一されている。リース取引の分類と会計処理の方法をまとめると，図表2のようになる。

図表2　リース取引の分類と会計処理の方法

```
                ┌─ 所有権移転 FL ──┐
        ┌─ FL ─┤                  ├─ 売買処理
リース取引 ─┤      └─ 所有権移転外 FL ─┘
        └─ OL ─────────────────── 賃貸借処理（解約不能な場合は要注記）
```

このように，リース取引はFLとOLのどちらに分類されるのかによって，会計処理の方法が異なる。したがって，会計処理の決め手は，FLとOLを区別するルールにあると理解してよい。そのルールについても，レシーとレサーで統一されている。すなわち，ノンキャンセラブル要件とフルペイアウト要件を同時に満たすリース取引はFL，それ以外のリース取引はOLに分類される。

　ノンキャンセラブル要件は，リース料総額の受払いが確実に予定されるというものである。例えば，リース取引の中途解約が認められない場合，あるいは，中途解約は認められるが，それに伴ってレシーによる残リース料相当額の支払が予定されている場合である（企業会計基準適用指針第16号，5-6項）。フルペイアウト要件は，レシーがリース物件からもたらされる経済的利益を実質的に享受することができ，かつ，リース物件の使用に伴って生じるコストを実質的に負担することになるというものである（企業会計基準適用指針第16号，5項，7項）。これは具体的には，図表3の5つの基準により判定される（企業会計基準適用指針第16号，9-10項）。

図表3　フルペイアウト要件の判断基準

現在価値基準	リース料総額の現在価値がリース物件の見積現金購入価額の概ね90％以上である
耐用年数基準	リース期間がリース物件の耐用年数の概ね75％以上である
所有権移転基準	リース物件の所有権がレシーに自動的に移転する
割安購入選択権基準	レシーがリース物件を著しく有利な価額で買い取る権利（以下，「割安購入選択権」という）を有しており，その権利行使が確実である
特別仕様基準	リース物件がレシーの特別仕様になっており，第三者の使用が困難である

　FLとOLの判定は，ノンキャンセラブル要件とフルペイアウト要件の同時充足により行われるが，所有権移転FLと所有権移転外FLの判定は，フルペイアウト要件のどの基準に該当するのかによって行われる。すなわち，ノンキャンセラブル要件を満たし，かつ，現在価値基準または耐用年数基準に該当すればフルペイアウト要件を満たすとされ，まずはそれがFLとなる。そして，そ

第3章 日本のリース会計基準の分析―レサーの会計―

のFLが所有権移転基準，割安購入選択権基準，特別仕様基準のいずれかに該当する場合は所有権移転FL，それ以外の場合は所有権移転外FLに分類される（企業会計基準適用指針第16号，9-10項）。

2 ファイナンス・リース取引の具体的な処理方法

FLは原則として売買処理されることになるが，その場合のレサーの具体的な処理方法として，日本基準では，①リース取引開始日に売上高と売上原価を計上する方法（第1法），②リース料受取時に売上高と売上原価を計上する方法（第2法），③売上高を計上せずに利息相当額を各期へ配分する方法（第3法），という3つの方法を規定している（企業会計基準適用指針第16号，51項，61項）。第1法は，主として製造業，棚卸業等を営む企業が製品又は商品を販売する手段としてリース取引を利用する場合を想定したものである。第2法は，従来行われてきた割賦販売の会計処理を想定したものである。また，第3法は，金融取引としての性格が強いリース取引を想定したものである（企業会計基準適用指針第16号，122項）。いずれの方法を採用しても，各期の利息相当額は同額であり，各期の利益も同額となる。

第1法は，リース取引開始日にリース期間分の売上高と売上原価を全額計上して，その差額である利息相当額の総額をいったん利益として計上した後で，次期以降に配分されるべき利益を繰り延べ，次期以降の各期において当該期間に配分されるべき利益を戻し入れていくという処理方法である。これは，いわゆる割賦販売の未実現利益控除法として知られている処理方法である。第2法は，リース料の受取額をリース物件の売上高として計上し，当該金額から各期に配分される利息相当額を差し引いた額（元本回収額）をリース物件の売上原価として計上する方法である。第2法は，リース料を受け取る都度，当該期間分の売上高と売上原価のみを計上するという点で，第1法と異なる。それに対して，第3法は，第2法の売上高と売上原価を相殺して純損益のみを計上する方法である。第3法は，上述のようにリース取引の販売面よりも金融面を強調する処理方法であり，その純益は受取利息（金融収益）として計上される[3]。

いずれの処理方法においても，利息相当額の総額は，レサーの計算利子率を用いて利息法により期間配分される（企業会計基準適用指針第16号，53項）。利息法は，未回収の元本に対して一定の利率で利息を計上していく方法である。レサーの計算利子率は，レサーがリース料を算定するときに考慮した利益率であるが，計算上は，リース料総額と見積残存価額の合計額の現在価値が，リース物件の購入価額等と等しくなるような利率とされる（企業会計基準適用指針第16号，17項）。

なお，FLの未回収元本について，所有権移転FLの場合は「リース債権」，所有権移転外FLの場合は「リース投資資産」として計上される（企業会計基準第13号，13項）。その理由として，日本基準では，「所有権移転ファイナンス・リース取引の場合は，貸手は，借手からのリース料と割安購入選択権の行使価額で回収するが，所有権移転外ファイナンス・リース取引の場合はリース料と見積残存価額の価値により回収を図る点で差異がある。この差異を踏まえ，所有権移転ファイナンス・リース取引で生じる資産はリース債権に計上し，所有権移転外ファイナンス・リース取引で生じる資産はリース投資資産に計上することとした。この場合のリース投資資産は，将来のリース料を収受する権利と見積残存価額から構成される複合的な資産である」（企業会計基準第13号，40項）としている。なお，リース債権は金融商品と考えられ，また，リース投資資産のうち将来のリース料を収受する権利に係る部分については，金融商品的な性格を有すると考えられるので，これらについては，貸倒見積高の算定等において金融商品会計基準の定めに従うものとされている（企業会計基準第13号，41項）。

3　設例によるレサーの会計処理

レサーの会計処理を具体的に示すと，以下のようになる。

第3章　日本のリース会計基準の分析―レサーの会計―

設例1　所有権移転ＦＬの場合

【前提条件】

① リース期間とリース料について
- リース期間は，01年4月1日から5年間（解約不能）。
- リース料は，総額4,250万円（年間850万円を後払い）。

② リース物件について
- レサーの購入価額は，3,680万円（購入日は01年4月1日，現金で一括払い，レシーに対する販売価額と等しい）。
- レサーの見積残存価額は，ゼロ。
- リース物件の耐用年数は，8年。

③ その他の注意事項
- 所有権移転基準を満たす。
- 決算日は3月31日（年1回）とする。

【リース取引の分類】

このリース取引は解約不能であり，所有権移転基準を満たすから，所有権移転FLに分類される。

【計算利子率の計算】

リース料総額の現在価値 $=850\times(1+r)^{-1}+\cdots\cdots+850\times(1+r)^{-5}$ 　　　両者が等しくなる
レサーの購入価額$=3,680$ 　　　割引率 $r=5\%$

【利息法のスケジュール表】

（単位：万円）

日　付	受取額	利息分（5%）	元本分	未回収残高
01/4/01				3,680
02/3/31	850	184	666	3,014
03/3/31	850	151	699	2,315
04/3/31	850	116	734	1,581
05/3/31	850	79	771	810
06/3/31	850	40	810	0
合　計	4,250	570	3,680	――

【売買処理・第1法:リース取引開始日に売上高と売上原価を計上する方法】

日 付	借 方 科 目	金額(万円)	貸 方 科 目	金額(万円)
01/4/01	固 定 資 産 リ ー ス 債 権 売 上 原 価	3,680 4,250 3,680	現 金 預 金 売 上 高 固 定 資 産	3,680 4,250 3,680
02/3/31	現 金 預 金 繰延リース利益繰入	850 386	リ ー ス 債 権 繰延リース利益	850 386
03/3/31	現 金 預 金 繰延リース利益	850 151	リ ー ス 債 権 繰延リース利益戻入	850 151

繰延リース利益はリース債権と相殺して表示する。

以後の各期も同様な会計処理を行う。

【売買処理・第2法:リース料受取時に売上高と売上原価を計上する方法】

日 付	借 方 科 目	金額(万円)	貸 方 科 目	金額(万円)
01/4/01	固 定 資 産 リ ー ス 債 権	3,680 3,680	現 金 預 金 固 定 資 産	3,680 3,680
02/3/31	現 金 預 金 売 上 原 価	850 666	売 上 高 リ ー ス 債 権	850 666
03/3/31	現 金 預 金 売 上 原 価	850 699	売 上 高 リ ー ス 債 権	850 699

以後の各期も同様な会計処理を行う。

【売買処理・第3法:売上高を計上せずに利息相当額を各期へ配分する方法】

日 付	借 方 科 目	金額(万円)	貸 方 科 目	金額(万円)
01/4/01	固 定 資 産 リ ー ス 債 権	3,680 3,680	現 金 預 金 固 定 資 産	3,680 3,680
02/3/31	現 金 預 金	850	リ ー ス 債 権 受 取 利 息	666 184
03/3/31	現 金 預 金	850	リ ー ス 債 権 受 取 利 息	699 151

以後の各期も同様な会計処理を行う。

設例2　所有権移転外ＦＬの場合

【前提条件】

①リース期間とリース料について
・設例1と同じ。

②リース物件について
・設例1と同じ。

③その他の注意事項
・所有権移転基準，割安購入選択権基準，特別仕様基準を満たさない。
・決算日は3月31日（年1回）とする。

【リース取引の分類】

①耐用年数基準の判定

リース期間5年／耐用年数8年＝62.5％≦75％より，この基準を満たさない。

②現在価値基準の判定

レサーは計算利子率を割引率として現在価値の計算を行う。

・リース料総額の現在価値＝$850 \times (1+r)^{-1} + \cdots\cdots + 850 \times (1+r)^{-5}$ 　両者が等しくなる
・レサーの購入価額＝3,680 　割引率 $r = 5\%$

よって，リース料総額の現在価値＝$850 \times (1+0.05)^{-1} + \cdots\cdots + 850 \times (1+0.05)^{-5} = 3,680$

現在価値3,680／購入価額3,680＝100％≧90％より，この基準を満たす。

③以上の結果，このリース取引は解約不能であり，耐用年数基準または現在価値基準のみを満たすから，所有権移転外FLに分類される。

【利息法のスケジュール表】

設例1と同じ。

【売買処理・第1法:リース取引開始日に売上高と売上原価を計上する方法】

日付	借方科目	金額(万円)	貸方科目	金額(万円)
01/4/01	固定資産 リース投資資産 売上原価	3,680 4,250 3,680	現金預金 売上高 固定資産	3,680 4,250 3,680
02/3/31	現金預金 繰延リース利益繰入	850 386	リース投資資産 繰延リース利益	850 386
03/3/31	現金預金 繰延リース利益	850 151	リース投資資産 繰延リース利益戻入	850 151

繰延リース利益はリース投資資産と相殺して表示する。

以後の各期も同様な会計処理を行う。

【売買処理・第2法:リース料受取時に売上高と売上原価を計上する方法】

日付	借方科目	金額(万円)	貸方科目	金額(万円)
01/4/01	固定資産 リース投資資産	3,680 3,680	現金預金 固定資産	3,680 3,680
02/3/31	現金預金 売上原価	850 666	売上高 リース投資資産	850 666
03/3/31	現金預金 売上原価	850 699	売上高 リース投資資産	850 699

以後の各期も同様な会計処理を行う。

【売買処理・第3法:売上高を計上せずに利息相当額を各期へ配分する方法】

日付	借方科目	金額(万円)	貸方科目	金額(万円)
01/4/01	固定資産 リース投資資産	3,680 3,680	現金預金 固定資産	3,680 3,680
02/3/31	現金預金	850	リース投資資産 受取利息	666 184
03/3/31	現金預金	850	リース投資資産 受取利息	699 151

以後の各期も同様な会計処理を行う。

設例1と設例2は,レサーの購入価額とレシーに対する販売価額が一致して

いる場合であるが，レサーがリース物件を自社で製造している場合には，購入価額ではなく製造原価を用いることになるので，製造原価と販売価額が一致しないことがある。そのような場合について，日本基準では，その差額をリース物件の販売益として取り扱い，原則として利息相当額とは区分して処理するとしている。よって，販売益は販売基準または割賦基準で期間配分され（企業会計基準適用指針第16号，56項），利息相当額は利息法で期間配分されるというように，販売益と利息相当額で配分パターンが異なることになる。設例2をもとに，この処理方法が適用されるケースを示せば，設例3のようになる。なお，設例3では，便宜上，第2法による会計処理のみを示すことにする。

設例3　レサーの製作価額又は現金購入価額とレシーに対する現金販売価額に差がある場合

【前提条件】

①リース期間とリース料について

・設例2と同じ。

②リース物件について

・レサーの購入価額は，3,000万円（購入日は01年4月1日，現金で一括払い）。

・レシーに対する販売価額は，3,680万円。

・レサーの見積残存価額は，ゼロ。

・リース物件の耐用年数は，8年。

③その他の注意事項

・設例2と同じ。

【リース取引の分類】

設例2と同じ。

【利息法のスケジュール表】

設例2と同じ。

【売買処理・第2法，販売基準】

日付	借方科目	金額（万円）	貸方科目	金額（万円）
01/4/01	固定資産 リース投資資産	3,000 3,680	現金預金 固定資産 販売益	3,000 3,000 680
02/3/31	現金預金 売上原価	850 666	売上高 リース投資資産	850 666
03/3/31	現金預金 売上原価	850 699	売上高 リース投資資産	850 699

以後の各期も同様な会計処理を行う。

【売買処理・第2法，割賦基準】

日付	借方科目	金額（万円）	貸方科目	金額（万円）
01/4/01	固定資産 リース投資資産	3,000 3,680	現金預金 固定資産 繰延販売利益	3,000 3,000 680
02/3/31	現金預金 売上原価 繰延販売利益	850 666 136	売上高 リース投資資産 販売益	850 666 136
03/3/31	現金預金 売上原価 繰延販売利益	850 699 136	売上高 リース投資資産 販売益	850 699 136

繰延販売利益は負債として繰り延べ，リース代金回収の都度，収益に振り替える[4]。

以後の各期も同様な会計処理を行う。

4　重要性が乏しい場合の取扱い

　利息相当額の総額は，利息法を適用して各期に配分するのが原則である。しかし，リース取引の重要性が乏しいと認められる場合，レサーは，それを定額法で各期に配分することができる。この場合の重要性の判断は，図表4の算式によって判定される（企業会計基準適用指針第16号，60項）。なお，連結財務諸表においては，連結上の数値を基礎として判定を行うことができる。その判

定結果が個別上の数値を基礎とした判定結果と異なる場合は，連結修正仕訳で修正を行うことになる。

図表4　レサーとしてのリース取引に重要性が乏しいと認められる場合

$$\frac{未経過リース料の期末残高＋見積残存価額の期末残高}{未経過リース料の期末残高＋見積残存価額の期末残高＋営業債権の期末残高} < 10\%$$

所有権移転FLの場合は，これに関する規定がないことから，上記の簡便的な取扱いは，所有権移転外FLの場合に限って認められると解される。また，レサーがリース取引を主たる事業としている場合は，この取扱いを適用することはできない。

第Ⅲ節　IAS17およびSFAS13との比較

1　IAS17におけるレサーの会計処理

IAS17は，リース取引が解約不能であることを前提として，図表5のいずれかを満たすリース取引をFL，それ以外のリース取引をOLに分類している（IAS17, par.10）[5]。

図表5　IAS17におけるリース・オンバランス化の判断基準

所有権移転基準	リース物件の所有権がレシーに自動的に移転する
割安購入選択権基準	レシーが割安購入選択権を有しており，その権利行使が確実である
耐用年数基準	リース期間がリース物件の耐用年数の大部分を占めている
現在価値基準	リース料総額の現在価値がリース物件の公正価値と概ね一致する
特別仕様基準	リース物件がレシーの特別仕様になっており，第三者の使用が困難である

FL は売買処理，OL は賃貸借処理を行う。売買処理を行う場合，レサーは，リース取引に対する正味の投資額（net investment in the lease：以下，「NI」という。）を金銭債権（receivable）として計上する（IAS17, par.36）。NI は，リース料総額と見積残存価額の合計額，すなわちリース取引に対する総投資額（gross investment in the lease：以下，「GI」という。）を現在価値に割り引いた金額であり，そのときに適用する割引率は，レサーの計算利子率（interest rate implicit in the lease），すなわち GI の現在価値がリース物件の公正価値と等しくなるような利率である（IAS17, par.4）。そうすると，GI と NI の差額は利息相当額の総額にあたるが，これについては，未回収の NI に対して一定の利率で期間配分するとされているから（IAS17, par.39），利息法が想定されていることになる。

　具体的な会計処理について，IAS17では例示がなされていないが，上述の取扱いを日本基準と照らし合わせてみると，NI は第 2 法または第 3 法，GI は第 1 法でレサーの金銭債権を計算するのと同じである。しかし，IAS17は，GI でレサーの金銭債権を計上することを規定しておらず，また，未実現利益を繰り延べるという処理方法も示されていないことから，第 2 法または第 3 法で処理するのが IAS17の取扱いと整合する。さらにいえば，リース料の受取額は，回収した元本とその金融収益（finance income）に分解して処理するとされているから（IAS17, par.37），リース取引の金融面を強調して受取利息を計上する処理が念頭におかれているものと解される。このことから，IAS17の取扱いと整合性が高いのは，日本基準の第 3 法であるといえよう。

2　SFAS13におけるレサーの会計処理

　SFAS13は，リース取引が解約不能であることを前提として，図表 6 のいずれかを満たすリース取引を売買処理すべきであるとしている（SFAS13, par. 7）。

図表6　ＳＦＡＳ13におけるリース・オンバランス化の判断基準（レシー・レサー共通）

所有権移転基準	リース物件の所有権がレシーに自動的に移転する
割安購入選択権基準	レシーが割安購入選択権を有しており，その権利行使が確実である
耐用年数基準	リース期間がリース物件の耐用年数の75％以上である
現在価値基準	リース料総額の現在価値がリース物件の公正価値の90％以上である

　この基準を満たすリース取引は，レシー側でキャピタル・リース（以下，「CL」という。）に分類され，それ以外のリース取引はOLに分類される。CLは売買処理し，OLは賃貸借処理を行う。CLは，IAS17や日本基準のFLと名称は異なるが，その判断基準に大きな違いはなく，ともに売買処理しなければならないという点で，実質的に同じであると見てよい。

　しかしながら，CLはレシー側の分類であって，レサー側にはそれとは異なる分類が用意されている。すなわち，レシーのCLに対応するものは，レサー側で販売型リース（sales-type leases：以下，「STL」という。），または，純粋金融型リース（direct financing leases：以下，「DFL」という。）と呼ばれる。しかも，図表6の基準を満たしたからといって，即座にそのリース取引がSTLまたはDFLに分類されるわけではない。図表6の基準を満たし，かつ，図表7の基準を同時に満たす場合に，レサーはSTLまたはDFLに分類して売買処理を行い，そうでない場合はOLに分類して賃貸借処理を行うとされている（SFAS13, par.8）。

図表7　ＳＦＡＳ13におけるリース・オンバランス化の判断基準（レサーのみ）

債権回収の確実性	リース料総額の回収可能性を合理的に予測できる
追加費用の回避性	レサーが負担すべき将来の費用について重要な不確実性が存在しない

　図表7の基準は，レサーの収益認識に係わるものである。すなわち，リース取引を売買処理する場合，レサー側では特に収益の認識が問題となることから，レシーの信用リスクが高くてリース料総額の回収可能性を確実視できないか，あるいは，レサーが契約上の義務を完全に履行していないとしたら，通常の売

買取引と同じレベルで収益が実現しているとはいえない。図表7の基準がレサーに対してのみ適用されるのは，リース物件の所有に伴うリスクと便益が全部移転していることを，収益の認識基準と関連づけて判断するためである（Kieso, et al.［2004］，p.1100）。

　なお，STLとDFLの主な違いは，レサーに製造業者または販売業者としての損益が発生するか否かにある。すなわち，STLは，製造業者または販売業者たるレサーが，自社の製品を販売するための手段としてリース取引を行った場合に生じる。そうでない場合，レサーは，第三者から物件を購入してリースし，レシーから受け取ったリース料を購入代金の返済原資とすることになる。そのようなリース取引は，金融としての性質が強いことから，DFLに分類される。

　具体的な処理方法について，STLとDFLの売買処理は，GIをリース債権として計上し，NIとの差額を未実現利益（unearned income）として繰り延べ，リース料を受け取る都度，リース債権の回収仕訳と繰延利益の実現仕訳を行うという点で共通している。ただし，STLは棚卸資産の売買として処理されるのに対して，DFLは固定資産の売買として処理される点に違いがある。

　STLとDFLの会計処理を具体的に示すと，設例4と設例5のようになる。

設例4　ＳＴＬの場合
【前提条件】
　①リース期間とリース料について
　　・リース期間は，01年4月1日から5年間（解約不能）。
　　・リース料は，総額4,250ドル（年間850ドルを後払い）。
　②リース物件について
　　・レサーの製造原価は，3,000ドル（完成日は01年4月1日，公正価値は3,680ドル）。
　　・レサーの見積残存価額は，ゼロ。
　　・リース物件の耐用年数は，8年。

第3章　日本のリース会計基準の分析―レサーの会計―

③その他の注意事項
　・所有権移転基準，割安購入選択権基準を満たさない。
　・債権回収の確実性，追加費用の回避性を満たす。
　・決算日は3月31日（年1回）とする。

【リース取引の分類】
　①耐用年数基準の判定
　　リース期間5年／耐用年数8年＝62.5%≦75%より，この基準を満たさない。
　②現在価値基準の判定
　　レサーは計算利子率を割引率として現在価値の計算を行う。
・リース料総額の現在価値＝$850×(1+r)^{-1}+……+850×(1+r)^{-5}$ ⎫ 両者が等しくなる
・リース物件の公正価値＝3,680 ⎭ 割引率r＝5%

　　よって，リース料総額の現在価値＝$850×(1+0.05)^{-1}+……+850×(1+0.05)^{-5}$＝3,680

　　現在価値3,680／公正価値3,680＝100%≧90%より，この基準を満たす。
　③以上の結果，このリース取引は解約不能であり，現在価値基準を満たす。さらに，債権回収の確実性と追加費用の回避性を満たしているから，STLまたはDFLに分類される。
　④STLまたはDFLは売買処理することになるが，売買処理することで売却益680（公正価値3,680－製造原価3,000）が発生するから，このリース取引はSTLに分類される。

【利息法のスケジュール表】　　　　　　　　　　　　　　（単位：ドル）

日　付	受取額	利息分（5％）	元本分	未回収残高
01/4/01				3,680
02/3/31	850	184	666	3,014
03/3/31	850	151	699	2,315
04/3/31	850	116	734	1,581
05/3/31	850	79	771	810
06/3/31	850	40	810	0
合　計	4,250	570	3,680	──

【売買処理】

日　付	借方科目	金額（ドル）	貸方科目	金額（ドル）
01/4/01	棚　卸　資　産 リ　ー　ス　債　権 売　上　原　価	3,000 4,250 3,000	仕　　掛　　品 売　　上　　高 繰　延　利　益 棚　卸　資　産	3,000 3,680 570 3,000
02/3/31	現　金　預　金 繰　延　利　益	850 184	リ　ー　ス　債　権 実　現　利　益	850 184
03/3/31	現　金　預　金 繰　延　利　益	850 151	リ　ー　ス　債　権 実　現　利　益	850 151

以後の各期も同様な会計処理を行う。

設例5　ＤＦＬの場合

【前提条件】

① リース期間とリース料について
- 設例4と同じ。

② リース物件について
- レサーの購入価額は，3,680ドル（購入日は01年4月1日，現金で一括払い，公正価値と等しい。）。
- レサーの見積残存価額は，ゼロ。

第3章　日本のリース会計基準の分析―レサーの会計―

　　・リース物件の耐用年数は，8年。
　③その他の注意事項
　　・設例4と同じ。
【リース取引の分類】
　①耐用年数基準の判定
　　・設例4と同じ。
　②現在価値基準の判定
　　・設例4と同じ。
　③以上の結果，このリース取引は解約不能であり，現在価値基準を満たす。さらに，債権回収の確実性と追加費用の回避性を満たしているから，STLまたはDFLに分類される。
　④STLまたはDFLは売買処理することになるが，売却損益は発生しない（公正価値3,680－帳簿価額3,680＝ゼロ）から，このリース取引はDFLに分類される。
【利息法のスケジュール表】
　設例4と同じ。
【売買処理】

日　付	借方科目	金額（ドル）	貸方科目	金額（ドル）
01/4/01	固　定　資　産 リ　ー　ス　債　権	3,680 4,250	現　金　預　金 固　定　資　産 繰　延　利　益	3,680 3,680 570
02/3/31	現　金　預　金 繰　延　利　益	850 184	リ　ー　ス　債　権 実　現　利　益	850 184
03/3/31	現　金　預　金 繰　延　利　益	850 151	リ　ー　ス　債　権 実　現　利　益	850 151

以後の各期も同様な会計処理を行う。

　この設例から分かるように，SFAS13によるレサーの売買処理は，利息相当額の総額をいったん繰り延べてから，リース期間にわたって配分することを基

本としている。したがって，これを日本基準の取扱いと照らし合わせてみると，SFAS13の取扱いと整合性が高いのは，日本基準の第1法であるといえよう。ただし，繰延利益の戻入先である実現利益（earned income）の具体的な科目名について，アメリカにおける多くのテキストでは受取利息（interest revenue）を用いており，リース取引の金融面を強調する処理が念頭におかれているものと解される。なお，STLに分類されるリース取引は，日本基準の「レサーの製作価額又は現金購入価額とレシーに対する現金販売価額に差がある場合」（設例3）に該当するものである。

第Ⅳ節　結　び

　本章では，レサーの会計処理に注目して，日本基準（企業会計基準第13号，企業会計基準適用指針第16号）の取扱いを明らかにすると共に，アメリカ基準（SFAS13）や国際会計基準（IAS17）の取扱いとの比較検討を行った。本章の主な内容をまとめておくと，以下のようになる。

　リース取引の会計処理は，取引の法的形式ではなく経済的実質に基づいて決められる。すなわち，リース取引の経済的実質が「物件の売買」である場合は売買処理，そうでなければ，リース取引の経済的実質は法的形式である「物件の賃貸借」と一致しているとみなして賃貸借処理する。この考え方によれば，当然のことながら，リース取引と売買取引が同質性をもつための条件を明らかにしなければならない。それがFLの判定ルールである。具体的に，日本基準ではノンキャンセラブル要件とフルペイアウト要件を示しているが，これに関しては，SFAS13やIAS17と実質的に調和が図られているといってよい。

　リース取引を売買処理する場合，レサーの具体的な処理方法として，日本基準では，①リース取引開始日に売上高と売上原価を計上する方法（第1法），②リース料受取時に売上高と売上原価を計上する方法（第2法），③売上高を計上せずに利息相当額を各期へ配分する方法（第3法），という3つの方法が

あるとしている。第1法は，初年度に売上高と売上原価を全額計上し，利益を繰り延べてリース期間の各期に配分していく方法である。第2法は，売上高と売上原価をリース期間の各期に配分していく方法である。第3法は，売上高と売上原価を相殺して純益を受取利息として計上する方法である。これをSFAS13とIAS17の取扱いと照らし合わせてみると，第1法はSFAS13の処理方法，第3法はIAS17の処理方法と整合性が高い。ただし，SFAS13も，リース取引の金融面を強調する処理が念頭におかれていると解される点で，IAS17と共通の考え方をもつものであるといえる。

なお，日本基準には，「レサーの製作価額又は現金購入価額とレシーに対する現金販売価額に差がある場合」の取扱いが規定されている。このタイプのリース取引は，SFAS13のSTLと同様であることが確認された。

参考文献

Financial Accounting Standards Board (FASB), *Statement of Financial Accounting Standards* (*SFAS*), *No.13, Accounting for Leases*, November 1976（日本公認会計士協会国際委員会訳『米国FASB財務会計基準書リース会計・セグメント会計他』同文舘出版，1985年）.

International Accounting Standards Committee (IASC), *International Accounting Standards* (*IAS*), *No.17, Leases,* March 1982 (revised December 2005).

Kieso, D.E., J.J.Weygandt, and T.D.Warfield, *Intermediate Accounting, 11th ed.,* John Wiley & Sons, 2004.

石井泰次・小賀坂敦・小宮山賢・佐藤信彦，座談会「リース会計基準等の設定経緯と考え方」『企業会計』59（7），中央経済社，2007年7月，18-36頁。

企業会計基準委員会，企業会計基準第13号「リース取引に関する会計基準」2007年3月30日。

企業会計基準委員会，企業会計基準適用指針第16号「リース取引に関する会計基準の適用指針」2007年3月30日。

企業会計審議会，意見書「リース取引に係る会計基準に関する意見書」1993年6月17日。

日本公認会計士協会・会計制度委員会，実務指針「リース取引の会計処理及び開示に関する実務指針」1994年1月18日。

(注)
（1）ここでいう会計処理の対称性は，当事者双方の会計処理で「売った，買った」，「貸した，借りた」の関係が保たれていることであって，具体的な処理方法について対称的であることを要求するものではない。例えば，売手が使用目的で取得した物財を売却すれば固定資産の売却となるが，買手がそれを売買目的で取得すれば棚卸資産の取得となる。会計処理の対称性は，これが非対称であることを問題とするものではない。
（2）所有権移転外 FL について，旧基準（意見書［1993］，実務指針［1994］）では，売買処理した場合と同程度の注記を行うことを条件として，賃貸借処理することが例外的に認められていたが，旧基準の改定により，この取扱いは廃止されている。
（3）これについては，むしろ，第1法と第2法で「売上総利益として計算される部分が実は利息の性格を持っている」（座談会［2007］，28頁，佐藤発言）ことの方に問題があるともいえる。適用指針でそのような会計処理が規定されたことについて，佐藤信彦氏（リース会計専門委員会専門委員，明治大学大学院教授）は，割賦販売の会計処理と整合性をもたせることが，いわば「最大の制約」となっていたため，「そうした制約の下で集約された結論」であると述べている（同，28-29頁，佐藤発言）。
（4）ただし，繰延販売利益に負債性はなく，その意味では，リース債権またはリース投資資産の控除的評価勘定として理解するのが適当であろう。
（5）なお，以下のような状況も，単独でまたは組合せにより，リース取引を FL に分類する指標になりうる（IAS17, par.11）。
　　①レシーが解約に伴うレサーの損失を負担することでリース取引を解約できる。
　　②レシーに残存価額の変動から生じる利得または損失が帰属する。
　　③レシーがリース料の市場相場よりも著しく低い価額でリース取引を継続できる。

第4章
日本のリース会計基準改正に対する反応

第 I 節　『中間報告』をめぐる議論

1　『中間報告』の論点整理

　2007年3月30日，ASBJは，それまでのリース会計基準（意見書［1993］，実務指針［1994］：以下，「旧基準」という。）を改定して，新しいリース会計基準（企業会計基準第13号，企業会計基準適用指針第16号：以下，「新基準」という。）を発表した。新基準は，原則として，2008年4月1日（四半期財務諸表の場合は2009年4月1日）以後開始する連結会計年度及び事業年度から適用される。

　この新基準が完成するまでに様々な紆余曲折があった。ことの発端は，2001年11月，ASBJのテーマ協議会が，短期的に対応すべきテーマの中でも比較的優先順位の高いグループとして，リース取引の会計処理を取り上げたことにある。問題とされたのは，ファイナンス・リース取引（以下，「FL」という。）のうち，所有権移転外FLについて，国際的な会計基準では売買処理のみが規定されているにも係わらず，旧基準では原則法（売買処理）と例外法（賃貸借処理＋注記）が認められていることであった（テーマ協議会［2001］，2頁）。所有権移転外FLが例外法で処理されると，売買処理と同程度の情報が注記されるものの，財務諸表本体の資産・負債や利益の金額は，オペレーティング・リース取引（以下，「OL」という。）として処理したのと同じ結果になるからである。

これを受けて，2002年7月，ASBJはリース会計専門委員会を組織した。リース会計専門委員会は，会計基準の国際的統一（以下，「コンバージェンス」という。）の観点から例外法を廃止する方向で検討を進めたが，産業界から強力な反発を受けて作業は難航した。そこで，2004年3月，これまでの検討状況をまとめた『中間報告』（中間報告［2004］）を発表し，産業界に対して1年を目途に解決策を提示するよう要請して，作業を一時凍結した。

　この『中間報告』には，例外法を廃止すべきとの意見（以下，「廃止論」という。）と，例外法を存続すべきとの意見（以下，「存続論」という。）が記されている（中間報告［2004］，3(1)(2)）。リース会計専門委員会は廃止論，産業界は存続論の立場にあると見てよい。両者の見解を要約すると，図表1のようになる。

図表1　例外法の廃止論と存続論

	例外法を廃止すべきとの意見（廃止論）	例外法を存続すべきとの意見（存続論）
論点(1)　リースの性質と会計処理	FLは，資産の割賦売買と同様の経済的実質を有するため，両者は同様の会計処理を行うべきである。そのため，旧基準では，FLは原則として売買処理することとされている。 仮に資産の割賦売買との類似性をおいても，FLでは，レシーは，使用の有無にかかわらずリース料の支払義務を負い，キャッシュ・フローも固定されているから，レシーはその債務と見合いの資産を計上すべきである。	日本の所有権移転外FLは，金融ではなく「物融」であり，諸外国のFLと異なり賃貸借性が強く，単なる割賦売買や金融ではない。 以下の点からも，諸外国と経済実態が異なるため，売買処理を採用することは適切ではなく，賃貸借処理が日本のリースの実態に最も適合する。 ①レサーは，次に示すように所有者としての責任・義務を負っているから，それを反映した会計処理とすべきである。 　　リース期間中……減価償却計算，固定資産税の申告・納付などを行う。 　　リース終了後……物件の返還を受ける。再リース・売却を行わない場合は，廃棄コストを負う。 ②アメリカでは，リース料は物件代金と金利で構成されるが，日本では，リース料は物件の使用料であり，複合的な

第4章 日本のリース会計基準改正に対する反応

		サービスの対価であるため，構成要素（物件代金回収，支払利息，維持管理費用，レサーの利益など）に分割して会計処理を行うこと自体，意味がない。
論点(2) 原則法と例外法の関係	旧基準では原則法と例外法を認めているが，現状では，ほぼ例外法のみが採用されている。これは，売買処理を原則とする会計基準の趣旨を否定するような特異な状況であり，早急に是正される必要がある。	
論点(3) 財務諸表の比較可能性	原則法と例外法のどちらを選択するかによって，財務諸表本体への影響は全く異なる。 現状では，ほぼ例外法のみが採用されているため，所有権移転外FLと資産の割賦売買で異なる処理となり，財務諸表の比較可能性が損なわれている。特に，レシー側では，実質的な資産の取得とそれに伴う資金調達が会計的に表現されないことにより，固定資産比率や自己資本比率等に大きな影響が生じている。	例外法を選択した場合は，原則法と同等の情報が注記されるため，十分な情報開示がなされている。 アナリスト等から情報開示に支障があるとの意見はあまり聞かれず，会計基準を変更する実益が乏しい。 例外法を廃止すると，アメリカでみられるようにオンバランス回避行為（後述，論点(4)を参照）が起こると予想され，逆に開示が後退する可能性がある。
論点(4) 国際的な会計基準との関係	現在，国際リース会計基準とアメリカのリース会計基準では，ほとんどすべての経済的便益とリスクがレシーに移転する場合に売買処理を行う。これらの基準に照らした場合，日本の所有権移転外FLは売買処理になるため，現状の賃貸借処理では，国際的な比較可能性が確保されない。 IASBでは，G4+1の議論をベースに，使用権の割賦取得とその対価の支払義務を，それぞれ資産と負債に計上すること，すなわち，FLのみならず，OLについてもオンバランス化するこ	現状の日本の処理（ほぼ例外法のみが採用されていること）が国際的な会計基準と差異があるとしても，それは日本の取引実態を反映したものであり，会計基準を変更する理由にならない。 国際的に広く用いられているアメリカのリース会計基準は，数値テスト（現在価値基準の90％，耐用年数基準の75％）を用いることにより，形骸化している（オンバランス回避行為）。IASBにおける今後の検討は，その形骸化の弊害をなくすことが1つの目的とされているから，現状でそのような欠陥の

		とを検討しようとしている。その議論は，原則法でもなおカバーできないものに対処しようとするものである。原則法自体が採用されていない日本の現状は，IASBの議論を待つまでもなく，改善される必要がある。	ある会計基準に整合性を図るのは適切ではない。 いま国際的な会計基準と整合性を図り，IASBが検討を終えた後で再び整合性を図るとなれば，システムの二重投資が不可避になる。
論点（5）	税務との関係		法人税法は，税務上のリース取引（会計上の所有権移転外FLに相当する）を資産の賃貸借と位置づけ，一定の要件を満たした場合に，売買または金融として扱うこととしている。日本のリース事業は，この法人税法の取扱いを基礎に展開されている。 確定決算主義のもとでは，会計上で所有権移転外FLを売買処理に統一すると，以下の問題が生じる。 ①税務においても賃貸借性が否定され，売買処理となる可能性がある。その場合，リース事業の基盤が損なわれるおそれが大きい。リースは，現状の会計処理及び税務処理を前提に組成されているため，取引そのものが成り立たなくなるおそれがある。ひいては，リースという設備投資手段が失われかねない。 ②レサー側では次の問題が生じる。（会計上の取扱いに倣って）税務上も売買処理とされた場合，賃貸借処理の時よりも課税所得が先行して計上される。（会計上の取扱いとは異なり）税務上は賃貸借処理とされた場合，会計上で減価償却費が計上されないから，税務上も減価償却費相当額の損金算入が認められないおそれもある。 ③税務上の取扱いが会計上の取扱いと異なる場合，申告調整が認められる

第4章　日本のリース会計基準改正に対する反応

		か不明である。それが認められた場合でも、事務負担は大きなものとなる可能性がある。
論点（6）現状において会計基準を変更する必要性		以下の点において、現状で会計基準を変更する理由はない。 ①所有権移転外FLは、旧基準の設定以前から賃貸借取引として根付いている。旧基準の設定当時も、その理解のもとに例外法が認められている。 ②例外法が会計基準に採り入れられ、その方法が実務に広く採用されてきたことは、賃貸借処理が実務慣行として認知されている証左である。 ③旧基準の設定後も上述の状況に全く変化はなく、また、所有権移転外FL自体にも何ら変化はない。
論点（7）適用範囲の問題		レシーがFLを利用するメリットの1つは、パソコンなど小規模な機器を利用する上での事務処理の簡便性にある。日本のFLは、事務用機器など比較的少額のものが多く、中小企業の利用が多いという特徴がある。 所有権移転外FLを売買処理に統一すると、レシーのメリット（事務処理の簡便性、コストの把握及び予算管理の容易さ、簡便な税務会計実務など）が失われるため、取引そのものに影響を与える可能性がある。

（注）各論点において『中間報告』で意見が記されていない場合は、空白のままにしてある。
（出所）加藤［2007］，134－138頁を一部修正。

2 『中間報告』に対するリース事業協会の反応

『中間報告』を受けて、リース事業協会は、2005年3月に『検討状況の報告』（リース事業協会［2005］）を発表し、ASBJに対するレスポンスとした。図表1の論点別に『検討状況の報告』の内容を要約すると、以下のようになる（加藤［2007］、143-146頁）。

論点（1）について、『中間報告』の廃止論は、リース取引と割賦購入の類似性やキャッシュ・フローの固定性に注目して、ノンキャンセラブル・フルペイアウトのリース取引の経済的実質を「売買」とみなしている。これに対して、『検討状況の報告』では、ノンキャンセラブル・フルペイアウトであるか否かに係わらず、リース取引の経済的実質は、「『賃貸借』を中核としサービスやファイナンスなどの要素をも包含した複合取引と考えるべきもの」（リース事業協会［2005］、3頁）であるとの立場をとっている。内容的には、日本のリース取引の特殊性や諸外国との異質性を強調し、それゆえにリース取引の賃貸借処理を主張するものであり、『中間報告』の存続論と基本的に同じであると見てよい。

論点（2）について、『中間報告』の廃止論は、旧基準の趣旨が骨抜きにされており、規範性に欠ける点を問題視している。これに対して、『検討状況の報告』では、旧基準は、「各企業がリース取引について売買取引に近い取引であるのか、あるいは賃貸借取引に近い取引であるのかを選択することができる」（リース事業協会［2005］、3頁）と述べている。同じく、「経済的実質、取引実態及び取引当事者の意図からみて、売買取引・賃貸借取引のいずれに該当するのかの判断及び処理方法の選択を企業に委ねるものである」（リース事業協会［2005］、4頁）とも述べている。このことから、『検討状況の報告』では、所有権移転外FLは売買処理が「原則」、賃貸借処理が「例外」という位置づけではなく、両者はあくまでも並列的な選択適用の関係にあると受け止めていることが分かる。

論点（3）と論点（6）について、『中間報告』の廃止論は、原則法と例外法で財務比率や利益の質が大きく異なるという観点から、本体情報における財

務諸表の比較可能性を重視している。これに対して，『検討状況の報告』では，『中間報告』の存続論と同じく，旧基準には問題がないとしている。すなわち，「現行『リース会計基準』は，公正妥当な会計慣行として実務に定着しており」（リース事業協会［2005］，4頁），また，例外法を採用しても，「詳細な注記表示により投資家・株主等ステークホルダーにとって有用な会計情報が十分に提供されている」（リース事業協会［2005］，6頁）から，「開示，透明性の観点から特段の問題点の指摘はない」（リース事業協会［2005］，4頁）。よって，「現行『リース会計基準』の有用性は十分に評価されているといえる」（リース事業協会［2005］，4頁）から，「『賃貸借処理』が認められている現行『リース会計基準』を継続することについて，借手，貸手のいずれの側においても新たな問題は生じない」（リース事業協会［2005］，4-5頁）としている。このことから，『検討状況の報告』では，本体情報と注記情報を含めた財務諸表の比較可能性を重視していることが分かる。

　論点（4）について，『中間報告』の廃止論は，国際リース会計基準（IAS17）の改定作業に遅れをとらないために，まずは現状でコンバージェンスを達成しておく必要があるとの認識に立っている。これに対して，『検討状況の報告』では，日本の確定決算主義と同じような状況にあるドイツやフランスの対応を取り上げている。そして，「EU有力国のリースの取扱いについては，ローマ法にその根源を持つ法体系の下，法的な所有権者にこそ会計上の資産計上とその減価償却が認められ，リース取引の本質は明確に賃貸借取引と位置づけられている。したがって，EUでは，統一市場の形成という政治的大潮流を背景に苦肉の策として，政治的判断で上場会社の連結決算のみIFRSs適用が実施されたものの，その採否は国によって区々であり，少なくとも国内基準では，従来どおり，リースの賃貸借としてのメリット・利便性が，引き続き，産業界に提供されている」（リース事業協会［2005］，6頁）と述べている。そこで，『検討状況の報告』では，個別財務諸表と連結財務諸表を切り離して，連結ベースでコンバージェンスを考えることを提案している（リース事業協会［2005］，9-10頁）。

論点（5）と論点（7）について，『中間報告』の廃止論は，何の言及もしておらず，特に会計と税務の関係については，これを切り離して考えている。これに対して，『検討状況の報告』では，『中間報告』の存続論と同じく，企業の「リース離れ」を防ぐために，例外法の存続とそれによる会計と税務の一貫性を強調している（リース事業協会［2005］，4-5頁）。つまり，確定決算主義の観点から，税務面におけるリース取引のメリットの喪失と，それに伴う事業の縮小を懸念しているのである。そして，結論的に，「現行『リース会計基準』が採用する方法（売買処理または賃貸借処理が選択できる）を存続，維持させることがわが国のリース取引に係る会計基準として最も望ましいものと考えるのが，当協会の基本的立場である」（リース事業協会［2005］，4頁）と述べている。

第II節　『試案』をめぐる議論

1　『試案』に対するコメントの分析

　『検討状況の報告』を受けて，ASBJ・リース会計専門委員会は審議を再開したが，例外法の廃止は変わらず，2006年7月5日に『試案』（基準試案［2006］，指針試案［2006］）を発表した。通常，ASBJによる会計基準等の改定案は，公開草案という形で発表されるが，この『試案』は，「その適用が税制と密接に関連するため，関係省庁をはじめ関係者間で税制上の取扱いが検討されるものと想定されます。このため，本試案は，通常の公開草案とは異なり会計基準及び適用指針に関する適用時期を定めずに公表するものであり，今後の状況を踏まえ適用時期を定める」（試案に対するコメントの募集［2006］，1頁）とするものであった[1]。コメントの募集期間は，8月25日までの約2ヵ月とされている。

　その後，ASBJは，2006年9月19日の第113回会議・審議事項（6）におい

て,『試案』に対して合計151通のコメントが寄せられたことを明らかにしている。その内訳は,団体等115社（上場会社24社,非上場会社79社,団体等12社,左記のうちリース会社は21社）,個人36名であった（第113回会議・審議事項（6）［2006］,1頁）。また,同・審議事項（6）では,コメントの内容を「賃貸借に準じた処理の削除に関する事項」と「試案に対する個別項目に対する主なコメント」に分けて,前者をASBJの検討事項,後者をリース会計専門委員会の検討事項としている。前者をもとに,例外法の廃止に反対するコメントと,それについて検討された対応案を要約すると,図表2のようになる[(2)]。

図表2　例外法の廃止に反対するコメントとその対応案

	主な反対のコメントの内容	対応案
論点（1）実質は賃貸借である	日本の所有権移転外FLは,諸外国と異なり,賃貸借を中核としサービスやファイナンスなどの要素を包含した複合的な取引である。 売買処理と賃貸借処理を選択できる旧基準は,日本のリース取引の経済的実態を的確に表すことができる。 例外法を適用したときの注記は売買処理相当であるが,それが適切に評価されていない。	旧基準は,売買処理を原則法としており,今回の見直しは,例外法の廃止に関するものである。 所有権移転外FLの複合的な性格は,売買処理の具体的な方法の中で反映している。
論点（2）法的側面の重視	売買取引に準じて処理するのではなく,法的側面を重視して処理すべきである。 レシーは,リース物件の所有権を有しておらず,賃借人としての権利・義務しか享受・負担していない。	会計は経済実態を反映するものであり,必ずしも法形式を直接的に反映した処理にはならない。
論点（3）十分な注記がある	注記を行って賃貸借処理することが一般に公正妥当な処理として永らく定着している。 注記内容は売買処理相当であり,透明性が高いものであるから,国際的にも問題がない。	委員会の問題意識は,注記があることではなく,重要な債務が貸借対照表に計上されていないことにある。

論点（4）	事務負担の増加	利息法は煩雑な会計処理である。 会計処理と税務処理が異なると，業務量が増加する。 ユーザーにとっては，オフバランス化でROA向上による財務内容の良化，経理処理の簡素化がリースを利用する要因に含まれるが，それらのメリットが失われる。保険・固定資産税・保守等の煩雑な業務をアウトソーシングするというメリットも失われる。	売買処理による事務負担の増加は，リース取引に重要性のない会社，少額リース資産，初年度の取扱いなどで配慮している。
論点（5）	取引に与える影響	リース取引が少なくなると，レサーの売上が減少し，経済に影響を与えかねない。特に，中小企業向けの案件が減少することを危惧する。 リース取引が減少すると，産業廃棄物処理事業や損害保険事業など，関連するビジネスにも影響を与える。	会計上の適切性の観点から判断する。
論点（6）	国際基準との関係	EUの同等性評価において，旧基準はIAS17と同等であるとされている。 IASBとFASBは，共同プロジェクトを立ち上げて現行基準の見直しに着手している。『試案』を基準化しても，短期間のうちに再検討及び改定されることになる。	EUの同等性評価は，追加開示を要求しなくても同等の情報を入手できるというものであるから，会計基準のコンバージェンスとは別次元の問題である。 IASBの今後の議論に参画し，意見発信を行っていくために，最低限の対応を図っておく必要がある。また，IASBの議論は難しいテーマであり，結論が出るまでに数年かかると予想されるので，それを待つのは適当でない。

（出所）第113回会議・審議事項（6）[2006]，2－4頁をもとに筆者作成。

2 『試案』に対するリース事業協会の反応

『試案』に対して，リース事業協会は，2006年8月25日付けでコメント（リース事業協会［2006］）を発表し，ASBJに提出している。リース事業協会のコメントは，その他のコメントと一緒に図表2に含まれているが，ここでは，前節と同様に，例外法の廃止に関するリース事業協会のコメントを要約しておくことにしよう。リース事業協会の主な主張点は，次の4点である。

（1）日本のリース取引の実態と旧基準の有用性に鑑み，例外法を廃止する必然性はない。
（2）旧基準の改定について，説得力のある理由が示されておらず，改定の合理性が見出せない。
（3）仮に『試案』を基準化するとしても，所有権移転外FLについて現行リース税制の賃貸借扱いを維持することが絶対条件である。
（4）会計基準が日本の会計制度全般に影響を及ぼすことを勘案して，関係者が幅広く参画して議論を継続すべきである。

主張点（1）について，リース事業協会は次の3点を理由としている。すなわち，第一に，リース取引と売買取引の異質性である。これについて，リース事業協会は，①レサーにリース物件の所有権が帰属していること，②レサーがリース期間中の減価償却計算，固定資産税の申告・納付を行うこと，③リース終了後に再リースが行われること，④リース物件の返還を受けて売却した場合の処分損益がレサーに帰属すること，⑤売却できなかった場合はレサーが廃棄物処理を行うことを挙げている。そして，リース終了時に所有権がレシーに移転するのが通常である諸外国のリース取引とは全く実態が異なるとしている（リース事業協会［2006］，4頁）。

第二に，リース取引の利便性が失われることである。これについて，リース事業協会は，『検討状況の報告』と同じく，日本の所有権移転外FLを「『賃貸

借』を中核とし，サービスやファイナンスなどの要素をも包含した複合取引と考えるべきもの」(リース事業協会［2006］，4頁)であるとした上で，事務管理の省力化やコスト把握の容易性などが日本のリース取引の特徴であり，それらの利便性は現行の税制・会計制度を基盤として成り立っているとしている(リース事業協会［2006］，4頁)。

　第三に，旧基準の有用性である。これについて，リース事業協会は，旧基準における所有権移転外FLの会計処理は，売買取引に近いのか(売買処理)，賃貸借取引に近いのか(賃貸借処理)を当事者の判断において選択することができるものであり，複合取引である日本の所有権移転外FLの経済的実質を的確に表すことができる会計基準であるとした上で，実務上，賃貸借処理が大半を占めることは，「特異な状況」ではなく，当事者の判断を反映した結果であるとしている。そして，EUの同等性評価において，旧基準がIAS17と同等であるとの評価を得ていることから，旧基準の有用性は国際的にも十分に評価されているとしている(リース事業協会［2006］，4-5頁)。

　主張点(2)について，リース事業協会は6点の理由を掲げているが，主張点(1)との重複を避けて要約すれば，次の2点にまとめることができる。すなわち，第一に，例外法の廃止について十分な協議が行われていないことである。これについて，リース事業協会は，例外法の適用が大半を占める状況は，例外法を廃止することの難しさを示すものであり，それゆえに審議に4年を要したのであるが，その間においてもなお，例外法の廃止は関係者の間で合意が得られたものではないとしている。その上で，旧基準の改定に伴う会社法や税法への影響を考慮に入れ，また，国際的な動向や実務慣行も踏まえて検討すべきであるとしている(リース事業協会［2006］，6頁)。

　第二に，IASBは長年にわたってIAS17の全面的な見直しを進めており，最近になってFASBとの共同プロジェクトが立ち上がったことで，その改定が現実味を帯びてきたことである[3]。これについて，IASBとFASBの議論は，資産の使用権に注目するものであり，現在のリスク・経済価値アプローチとは全く異なる角度から検討が進められていることから[4]，リース事業協会は，コ

第4章 日本のリース会計基準改正に対する反応

ンバージェンスが議論の前提である以上，『試案』を基準化しても，短期間のうちに再検討して再改定することになるであろうから，そうなれば実務が混乱するのは必至であるとしている。そこで，現時点で旧基準を改定し，現状のIAS17に合わせるのは延期して，継続的な協議を行うよう提案している（リース事業協会［2006］，6-8頁）。

以上のことから，リース事業協会は，旧基準を改定することの必然性と合理性を見い出すことができないとしながらも，仮に『試案』を基準化するとした場合の条件を提示している。それが主張点（3）と主張点（4）である。

主張点（3）について，リース事業協会は，リース税制は所有権移転外FLの賃貸借処理を認めているが，それが『試案』に合わせて売買処理するように改められた場合，「リース取引はもはや名目なものとなる。即ち，貸手としては，割賦売買取引と同様に資産の所有権保持を選択する理由はなくなり，リースという設備調達手段を企業に提供することを断念せざるを得なくなる。一方，借手側には，購入資産とリース資産の区分管理といった煩雑な事務が増加することなどから，設備調達手段としてリースの選択を敬遠するという動きが生ずることとなる」（リース事業協会［2006］，10頁）とし，「その結果，民間設備投資の1割を担うリースによる設備調達手段が失われ，日本経済に甚大な影響を及ぼすこととなる」（リース事業協会［2006］，10頁）としている。そのため，『試案』の基準化は，リース税制の賃貸借扱いが維持されることが絶対条件であり，それが関係者の共通認識であるから，これが満たされない場合は，『試案』の基準化を見送って内容の再検討を行うべきであるとしている（リース事業協会［2006］，10頁）。

主張点（4）について，リース事業協会は，旧基準の改定が税法に影響をもたらすことのほか，会社計算規則や中小企業会計指針にも重要な影響が及ぶとしている。具体的には，「株式会社の会計は，一般に公正妥当と認められる企業会計の慣行に従うものとする」（会社法431条）から，旧基準の改定は，「上場会社等の証券取引法適用会社のみならず，会社法適用会社にも影響を及ぼす可能性が高い。その意味でも慎重な対応が必要となる」（リース事業協会［2006］，

12頁）としている。さらに，『試案』の売買処理は，「推定値での取得価額又はリース料総額を資産として計上することになる。この場合，会社全体の資産が過大評価され，配当可能限度額算定に影響を及ぼす」（リース事業協会［2006］，12頁）という問題を指摘している。また，「中小企業会計指針においても，拠り所はASBJが作成する会計基準である」（リース事業協会［2006］，10頁）ことから，中小企業の実務負担に配慮して，「基準試案及び適用指針試案の中に，『本基準は中小企業に適用しない』旨を明記して，中小企業会計指針において，所有権移転外ファイナンス・リース取引については現行の会計慣行（賃貸借処理）を適用し得る定めを盛り込む必要がある」（リース事業協会［2006］，10-11頁）としている。このように，「リース会計の議論は，単なる個別の会計議論の枠にとどまらない課題である」（リース事業協会［2006］，12頁）ことから，「リース会計の課題の解決のためには，関係者が幅広く参画して，引き続き慎重に議論すべきである」（リース事業協会［2006］，12頁）としている。

第Ⅲ節　『公開草案』をめぐる議論

1　『公開草案』に対するコメントの分析

2006年12月27日，ASBJは『公開草案』（企業会計基準公開草案第17号，企業会計基準適用指針公開草案第21号）を発表した。『公開草案』は，『試案』の内容を大きく変更するものではなく，主に『試案』で定めのなかった適用時期について問うものであったため，コメントの募集期間は『試案』のときよりも短く，翌年1月29日までの約1ヵ月とされた。

その後，ASBJは，2007年2月20日の第123回会議・審議事項（1）-1において，『公開草案』に対して合計67通のコメントが寄せられたことを明らかにしている。その内訳は，団体等53社（うちリース会社は38社），個人14名であった（第123回会議・審議事項（1）-1［2007］，1頁）。同・審議事項（1）-

第 4 章　日本のリース会計基準改正に対する反応

1をもとに，例外法の廃止に関するコメントと，それについて検討された対応案を要約すると，図表 3 のようになる[5]。

図表 3　例外法の廃止に関するコメントとその対応案

		コメントの内容	対応案
論点(1)	議論の進め方	『試案』に対するコメントのほとんどが，旧基準の見直しに反対する意見であったが，その後の審議の説明もなく，『試案』と同じ内容のものが『公開草案』とされたことは遺憾である。 審議時間は短く，実質的な審議が行われた形跡がない。不透明な決定・公開プロセスである。	専門委員会で 7 回，委員会で 5 回の審議を行い，『試案』のコメントの分析は十分に行っている。
論点(2)	実質は賃貸借	日本の所有権移転外 FL は，賃貸借を中核としサービスやファイナンスなどの要素を包含した複合取引であるから，その経済的実質は売買取引と異なる。	4 年超にわたって審議を続けた結果，売買処理に統一することとした。『公開草案』までの審議で，十分に検討済みである。
論点(3)	基準改定の理由	『公開草案』の会計処理は，そもそも実行可能性が乏しいために一本化されなかった売買処理にほとんど手を加えず，丸写しに近いものとなっている。	旧基準の設定過程を十分踏まえた上で，4 年超の審議を続けた結果である。
論点(4)	法的側面の重視	確定決算主義のもと，取引の法形式を全く無視した会計処理は問題である。 所有権移転外 FL の法形式や，40 年にわたる所有権移転外 FL の商慣習をほとんど無視するものであり，商法 1 条 2 項に反する。 立法措置なくリース契約等の法律形式と乖離した会計基準を関係者に強要することは，商法上も会社法上も許されない。 民間機関たる一委員会が設定した会計基	会計基準は，情報開示の観点から，実態を踏まえ定めているものであり，必ずしも法形式と同様になるとは限らない。

		基準によって取引行為を事実上一元的に規制することは，法治主義に反する。	
論点(5)	十分な注記がある	注記内容は売買処理相当であり，十分な情報開示がなされていることから，財務内容の開示，透明性の観点から特段の問題はない。	委員会の問題意識は，注記があることではなく，重要な債務が貸借対照表に計上されていないことにある。
論点(6)	事務負担の増加	利息法は煩雑な会計処理である。 会計処理と税務処理が異なると，業務量が増加する。 ユーザーにとっては，オフバランス化でROA向上による財務内容の良化，経理処理の簡素化がリースを利用する要因に含まれるが，それらのメリットが失われる。保険・固定資産税・保守等の煩雑な業務をアウトソーシングするというメリットも失われる。	売買処理による事務負担の増加は，リース取引に重要性のない会社，少額リース資産，初年度の取扱いなどで配慮している。
論点(7)	コンバージェンスとの関係	「コンバージェンスへの寄与」が会計基準変更の理由とされているが，どこまでがコンバージェンスであるか議論されていない。 IASBとFASBは，共同プロジェクトを立ち上げて現行基準の見直しに着手している。この時期に基準を改正すると，いずれ短期間のうちに再び基準の改正がなされ，実務が混乱するおそれがある。	細目まですべて合わせる必要はないと考えている。 IASBの今後の議論に参画し，意見発信を行っていくために，最低限の対応を図っておく必要がある。また，IASBの議論は難しいテーマであり，結論が出るまでに数年かかると予想されるので，それを待つのは適当でない。
論点(8)	取引に与える影響	例外法を廃止すると，リース取引の減退を通じて，日本経済にも甚大な影響を及ぼす。 リース業界創始以来の大幅な変更は，貸手側，借手側に多大な混乱と事務負担を課すだけで，それに対する経	『公開草案』の内容は，左記のコメントを踏まえた上でのものである。

第 4 章　日本のリース会計基準改正に対する反応

論点（9）税制との関係	済的価値の創造は何ら見えてこない。	税務処理に関して、当委員会はコメントする立場にない。『公開草案』の内容は、情報開示の観点によるものである。
	『試案』を受けて、平成19年度税制改正の大綱では、税務上、所有権移転外 FL を売買処理する取扱いがなされることになった。	
	例外法を廃止すると、確定決算主義のもとで税法上も同様の取扱いとなる懸念を表明してきたが、この懸念がまさに現実のものとなった。	

（出所）第123回会議・審議事項（1）-1［2007］、1-4頁をもとに筆者作成。

2　『公開草案』に対するリース事業協会の反応

　『公開草案』に対して、リース事業協会は、2007年1月29日付でコメント（リース事業協会［2007］）を発表し、ASBJ に提出している。リース事業協会のコメントは、その他のコメントと一緒に図表3に含まれているが、ここでは、前節と同様に、例外法の廃止に関するリース事業協会のコメントを要約しておくことにしよう。リース事業協会のコメントは、次の5項目に分かれている。

（1）当協会のリース会計に関する基本的な考え方と ASBJ の審議に対する意見
（2）リース会計におけるコンバージェンスと IASB との共同プロジェクトにおけるリース会計の位置付けに対する意見
（3）中小企業等への適用に関する意見
（4）適用時期に対する意見
（5）実務対応に関する意見

　このうち、意見（5）は、『公開草案』の個々のパラグラフまたは設例に関するものであり、例外法の廃止と直接的に関係するものではないので、ここでは意見（1）から意見（4）について取り上げることにする。なお、意見（4）

も例外法の廃止に関するものではないが，適用時期を問うことが『公開草案』の主たる目的であるから，ここで追加的に取り上げておくことにする。

　意見（1）の基本的な考え方として，リース事業協会は，①日本の所有権移転外FLが複合的な性格を有すること，②日本の所有権移転外FLが諸外国のそれとは異質であること，③注記情報は有用であり，旧基準とIAS17の比較可能性に問題はないこと，④IASBとFASBが共同プロジェクトを立ち上げてリース会計基準の見直しを行っている時期に，旧基準を現状のIAS17に合わせるように改定する必然性はないこと，⑤例外法を廃止することでリース取引が減退し，日本経済全体に影響を及ぼすことを主張している（リース事業協会［2007］，1－2頁）。これは，『試案』に対するコメントを踏襲したものであり，リース事業協会が一貫して主張していることである。

　また，意見（1）のASBJの審議に対する意見として，リース事業協会は，例外法の廃止について十分な協議が行われていないことを指摘し，さらに，『試案』の後で発表された平成19年度税制改正の大綱（財務省［2006］）において，税務上，所有権移転外FLを売買取引とみなすことになった点に強い不満を表明している⁽⁶⁾。そして，「所有権が移転しないことが明らかな通常のファイナンス・リース取引に対して，税務上も『売買取引とみなす』取扱いとするのは，主要国の中でわが国だけである」（リース事業協会［2007］，3頁）ことを指摘し，また，上述の意見（1）④の国際的な動向も勘案して，「この時期にリース会計基準を強行改定することは明らかに誤りであると，改めて強く主張」（リース事業協会［2007］，3頁）している。

　意見（2）として，リース事業協会は，コンバージェンスとは何かが曖昧であること，そして，リース会計基準についてどこまでがコンバージェンスであるかが議論されていないことを問題としている。また，IASBは，ASBJと現状でコンバージェンス（リース会計基準を含む。）を図る共同プロジェクトを進める一方で，FASBと現在のリース会計基準を見直す共同プロジェクトを進めていることから，IASBのリース会計に対する位置付けが明確でないとしている（リース事業協会［2007］，3－4頁）。

意見（3）として，リース事業協会は，ASBJ が新基準を中小企業に適用するにあたって，「過重負担とならないように簡便な会計処理を定めることを求める意見が，これまでの審議の中で多く寄せられました。当委員会は，『中小企業の会計に関する指針』の改正にあたって，これらの意見を踏まえ，議論に参加する方針です」（公開草案に対するコメントの募集［2006］，5頁）としていることから，現在の実務で行われている賃貸借処理を維持するよう要請している。また，利息相当額の総額を利息法で配分することは煩雑であることから，簡便的な取扱いとして，定額法で配分することを無条件で認めることも要請している（リース事業協会［2007］，4-5頁）[7]。

意見（4）として，リース事業協会は，旧基準から新基準への移行に合わせて企業内のコンピュータ会計システムを変更するため，2008年4月1日以後開始する事業年度からの適用という『公開草案』の提案は，現実的に不可能であるとしている。プログラムの修正，財務報告の信頼性の確保，内部統制監査への対応はもちろん，リース事業協会が一貫して主張しているように，リース取引は会計と税務の両面に係わるものであるから，消費税の取扱いを含めて所有権移転外 FL の税務処理が具体的に明らかにならないと，コンピュータ会計システムを再構築することは難しい。そのため，リース事業協会は，最低でも1年延期することが必要であるとしている（リース事業協会［2007］，5頁）。

第Ⅳ節　結　び

本章では，旧基準の改定に関して発表された『中間報告』，『試案』，『公開草案』を主要な論点別に考察し，新基準が完成するまでの議論の経緯を明らかにした。また，関連する業界の代表格としてリース事業協会を取り上げ，同協会の見解を明らかにした。本章の主な内容をまとめておくと，以下のようになる。

旧基準の改定に関する最大の論点は，所有権移転外 FL の例外法（賃貸借処理＋注記）を廃止して，原則法（売買処理）のみとすることの是非である。

『試案』と『公開草案』は一貫して例外法の廃止を規定し，新基準も基本的にそれを踏襲する形で設定された。基本的な立場は，ASBJ・リース会計専門委員会が廃止論，リース事業協会が存続論であると見てよい。

廃止論の特徴として，次の点を指摘することができる。①割賦購入との類似性やキャッシュ・フローの固定性に注目している。②会計基準の趣旨が骨抜きにされており，規範性に欠ける点を問題視している。③原則法と例外法で財務比率や利益の質が大きく異なるという観点から，本体情報における財務諸表の比較可能性を重視している。④IASBの動きに遅れをとらないために，まずは現状で会計基準の国際的統一を達成しておく必要があるとの認識に立っている。⑤税務との関係については何の言及もせず，会計と税務を切り離して考えている（加藤［2007］，138頁）。

一方，存続論の特徴として，次の点を指摘することができる。①日本のリースの特殊性（特にサービス面）に注目している。②実務上，例外法の適用が常態化していることは，規範性の欠如ではなく，賃貸借処理が公正妥当な会計処理であることの証左と見ている。③ディスクロージャーの観点から，本体情報と注記情報を含めた財務諸表の比較可能性を重視している。④ディスクロージャーの面で旧基準が優れていることを強調すると共に，多段階にわたる会計基準の改定によって，事務システムの再構築コストが生じることを問題視している。⑤確定決算主義の観点から，税務面におけるリースのメリットの喪失と，それに伴う事業の縮小を懸念している（加藤［2007］，138－139頁）。

例外法の廃止は，2001年にASBJのテーマ協議会が問題を提起し，2002年にリース会計専門委員会が組織されてから，ようやく実現したことであり，その意義は大きい[8]。現在，IASBとFASBは共同プロジェクトを立ち上げてOLのオンバランス化を検討しているが，そのような国際的な動向から見れば，例外法の廃止をめぐる是非は，いわば「周回遅れ」の議論であると目される。新基準が完成したことで，ASBJはIASBやFASBと同じ土俵で今後のリース会計の在り方を議論できるようになるだろう。

第 4 章　日本のリース会計基準改正に対する反応

参考文献

加藤久明『現代リース会計論』中央経済社，2007年。
企業会計基準委員会，テーマ協議会「第 1 回テーマ協議会提言書」2001年11月12日。
企業会計基準委員会，中間報告「所有権移転外ファイナンス・リース取引の会計処理に関する検討の中間報告」2004年 3 月24日。
企業会計基準委員会，試案に対するコメントの募集「試案『リース取引に関する会計基準（案）』及び試案『リース取引に関する会計基準の適用指針（案）』の公表」2006年 7 月 5 日。
企業会計基準委員会，基準試案「リース取引に関する会計基準（案）」2006年 7 月5日。
企業会計基準委員会，指針試案「リース取引に関する会計基準の適用指針（案）」2006年 7 月 5 日。
企業会計基準委員会，第113回会議・審議事項（6）「リース会計専門委員会　試案に対するコメントの分析」2006年 9 月19日。
企業会計基準委員会，公開草案に対するコメントの募集「企業会計基準公開草案第17号『リース取引に関する会計基準（案）』及び企業会計基準適用指針公開草案第21号『リース取引に関する会計基準の適用指針（案）』の公表」2006年12月27日。
企業会計基準委員会，企業会計基準公開草案第17号「リース取引に関する会計基準（案）」2006年12月27日。
企業会計基準委員会，企業会計基準適用指針公開草案第21号「リース取引に関する会計基準の適用指針（案）」2006年12月27日。
企業会計基準委員会，第123回会議・審議事項（1）－1「リース会計専門委員会　公開草案に対するコメントの分析」2007年 2 月20日。
企業会計基準委員会，企業会計基準第13号「リース取引に関する会計基準」2007年 3 月30日。
企業会計基準委員会，企業会計基準適用指針第16号「リース取引に関する会計基準の適用指針」2007年 3 月30日。
企業会計審議会，意見書「リース取引に係る会計基準に関する意見書」1993年 6 月17日。
税制調査会「平成19年度の税制改正に関する答申－経済活性化を目指して－」2006年12月 1 日。
財務省「平成19年度税制改正の大綱」2006年12月19日。
茅根　聡「リース会計基準のコンバージェンスが問いかけたもの」『リース研究』3，社団法人リース事業協会リース総合研究所，2007年 3 月，1－24頁。
日本公認会計士協会・会計制度委員会，実務指針「リース取引の会計処理及び開示に関する実務指針」1994年 1 月18日。
山田辰己「リース会計基準を巡る国際的動向－IASBとFASBの共同プロジェクト」『企業会計』59（7），中央経済社，2007年 7 月，60－66頁。

リース事業協会「リース会計基準に関する検討について（検討状況の報告）」2005年3月29日（http://www.leasing.or.jp）。

リース事業協会「試案『リース取引に関する会計基準（案）』及び試案『リース取引に関する会計基準の適用指針（案）』に対するコメントについて」2006年8月25日（http://www.leasing.or.jp）。

リース事業協会「企業会計基準公開草案第17号『リース取引に関する会計基準（案）』及び企業会計基準適用指針公開草案第21号『リース取引に関する会計基準の適用指針（案）』に対するコメントについて」2007年1月29日（http://www.leasing.or.jp）。

（注）
（1）実際，『試案』は，平成19年度の税制改正を検討するときの資料となっている。例えば，税制調査会は，『試案』をもとに旧基準が改定されるであろうことを先取りした答申を出している（税制調査会［2006］，7頁）。また，その後に出された平成19年度税制改正の大綱も，これを踏襲したものとなっている（財務省［2006］，6頁）。いずれも，ASBJが『公開草案』を発表する前のことである。
（2）例外法の廃止に対して，おそらく賛否両論があったものと思われるが，審議事項（6）では「主な反対のコメントの内容」を見出しとしており，それに賛成するコメントは記されていない。
（3）IASBとFASBの共同プロジェクトについては，茅根［2007］，山田［2007］を参照。
（4）IASBの議論については，加藤［2007］，160－181頁を参照。
（5）例外法の廃止に関するコメントについて，審議事項（1）－1では「コメントの内容」を見出しとしており，おそらく賛否両論があったものと思われるが，賛成のコメントは記されていない。
（6）平成19年度税制改正の大綱は，その後，一部修正の上，翌年1月19日付けで閣議決定され，平成19年度税制改正の要綱として公表されている。
（7）なお，『公開草案』において，利息相当額の総額を定額法で配分することが認められるのは，所有権移転外FLの場合で，かつ，リース資産総額に重要性がないと認められる場合に限られている。ただし，リース取引を主たる事業としているレサーは，この簡便的な取扱いを適用できない（企業会計基準適用指針公開草案第21号，30－32項，57－58項）。この規定は，新基準でも同様である（企業会計基準適用指針第16号，31－33項，59－60項）。
（8）そもそも，旧基準における例外法の容認は，当時の政治的妥協と制度的制約の産物であった。詳しくは，加藤［2007］，127－133頁を参照。

第5章
リース会計基準の経済的影響

第 I 節　予備的考察

　伝統的に，リース取引は賃貸借処理されてきた。これに対して，リース会計基準が要求しているのは，リース取引を売買処理することである。したがって，リース会計基準の経済的影響を考察するためには，売買処理と賃貸借処理が財務諸表に与える影響を分析することからはじめなければならない。具体的な分析は第Ⅱ節と第Ⅲ節で行うことにして，本節ではまず，第Ⅱ節と第Ⅲ節で用いる財務比率の意味を明らかにしておくことにしよう。

1　短期支払能力

$$流動比率（\%）= \frac{流動資産}{流動負債} \times 100$$

$$当座比率（\%）= \frac{当座資産}{流動負債} \times 100$$

　債務の返済期日が到来したときに返済資金を用意できないと，その企業は倒産に追い込まれることがある。そのため，返済期限が近いものは現金に近いもので対応し，また，ある程度の資金的な余裕をもたせておくことも必要となる。短期支払能力は，このような企業の短期的な安全性を判断するものである。具体的には，短期的に返済を要する債務（流動負債）について，その返済原資となる資産がどの程度あるのかを相対的に検討することになるが，固定資産は事業を維持・継続させるために必要なものであるから，それを除く換金可能な資産，すなわち流動資産の大きさを相対化するのが基本となる。その代表的な指

標として，流動比率と当座比率がある。

　流動比率は，流動資産を流動負債で除して計算するもので，短期支払能力の基本的な指標である。流動比率は高い方が望ましいが，あまりに高すぎると遊休状態の資金が多量にあることになるから，効率的な資金運用という点で問題があることになる。一応の目安として，200％以上が良いとされている。

　当座比率は，流動比率の純度を上げた指標である。すなわち，流動資産には棚卸資産が含まれており，棚卸資産は売却しなければ現金化することはできないので，流動負債の返済に即座に利用できるとは限らない。そこで，棚卸資産を除く流動資産（現金預金，受取手形，売掛金，売買目的有価証券など）で判断しようというのが当座比率である。当座比率は高い方が望ましく，100％以上が一応の目安とされている。

2　長期支払能力

$$自己資本比率（\%）=\frac{自己資本}{総資本}\times 100$$

$$負債比率（\%）=\frac{他人資本}{自己資本}\times 100$$

　貸借対照表の貸方には，企業が調達したすべての資金（総資本）の調達源泉が示されている。それには，第三者から調達した他人資本と，株主から調達した自己資本（株主資本）がある。他人資本には返済義務があるが，自己資本には返済義務がないから，他人資本が多すぎると，その企業は借入依存の経営体質であることになり，倒産リスクと背中合わせの状態に置かれているといえる。また，他人資本には，利息の支払を要する負債（有利子負債）が含まれており，特に固定負債は長期にわたって利払いを要するものであるから，他人資本は少ない方が経営の安定度も高まる。よって，他人資本は少なく，自己資本は多い方が良い。長期支払能力は，調達した資金の返済義務の有無に注目して，企業の長期的な安全性を判断するものである。その代表的な指標として，自己資本比率と負債比率がある。

自己資本比率は，自己資本を総資本で除して計算する。総資本のうち自己資本は多い方が良いから，自己資本比率は高い方が望ましく，50％以上が一応の目安となる。

負債比率は，他人資本を自己資本で除して計算する。この比率は，自己資本比率と内容的に同じものであるが，他人資本と自己資本の割合を直接的に計算しようとする点に特徴がある。他人資本は少なく，自己資本は多い方が良いから，負債比率は低い方が望ましく，100％以下が一応の目安となる。

3 投資の健全性

$$固定比率（\%）= \frac{固定資産}{自己資本} \times 100$$

$$固定長期適合率（\%）= \frac{固定資産}{固定負債＋自己資本} \times 100$$

長期的な投資を短期間で回収することはできない。機械設備等に投下した資金は，その耐用年数にわたって回収していくことになる。そのため，長期的な投資を短期的な資金で賄うことは，倒産リスクを高めることになるので，投資の在り方として健全であるとはいえない。よって，長期的な投資は，長期的な資金で対応するのが望ましい。投資の健全性は，長期的な投資とその資金の調達方法に注目して，企業の長期的な安全性を判断するものである。その代表的な指標として，固定比率と固定長期適合率がある。

固定比率は，固定資産を自己資本で除して計算する。固定資産は長期的な投資であるから，それによって長期的に拘束される資金は，返済期限がない自己資本の範囲内であることが理想となる。よって，固定比率は低い方が望ましく，100％以下が一応の目安となる。

固定長期適合率は，理想を追求した固定比率よりも現実性を高めた指標である。すなわち，固定資産への投資は自己資本で賄うのが望ましいが，固定負債も返済期限付きではあるが長期的な資金であることに違いはない。そこで，自己資本と固定負債を含めて，より現実的に投資の健全性を判断するのが固定長

期適合率である。固定長期適合率は低い方が望ましく，100％以下が一応の目安となる。

4　資産の効率性

$$総資本回転率（回）= \frac{売上高}{総資本}$$

$$固定資産回転率（回）= \frac{売上高}{固定資産}$$

　貸借対照表の借方には，企業が調達したすべての資金（総資本）の運用形態が示されている。例えば，「現金」は，調達した資金が現金のままで企業に滞留していることを意味するし，「土地」は，調達した資金が土地に姿を変えていることを意味する。よって，貸借対照表の貸方（総資本）は，その借方（総資産）と等しい。企業は，それらの資本（資産）を運用して収益を獲得しているのであるが，主たる営業活動から生じる収益は売上高であるから，資本の運用が売上の獲得に結びついていなければ，効率性の面で問題があることになる。資産の効率性は，資本の運用が売上の獲得に貢献している程度を判断するものである。その代表的な指標として，総資本回転率と固定資産回転率がある。

　総資本回転率は，売上高を総資本で除して計算するもので，資産の効率性を判断する基本的な指標である。売上高が同じなら総資本は少ない方が良いから，総資本回転率は高い方が望ましい。

　固定資産回転率は，売上高を固定資産で除して計算する。この比率は，総資本の中でも，生産設備を含む固定資産に注目するものである。総資本回転率と同じく，固定資産回転率は高い方が望ましい。

　なお，いずれの回転率も，分子は一定期間（期首から期末）の数値であり，分母は一定時点（期末）の数値であるから，計算の時間軸を統一するために，分母は期首と期末の平均値をとるのが通常であるが，第Ⅱ節と第Ⅲ節では，便宜上，期末の数値を用いて計算している。

5 収益性

$$総資産利益率（\%）=\frac{経常利益}{総資産}\times 100$$

$$自己資本利益率（\%）=\frac{税引後利益}{自己資本}\times 100$$

 企業は，資本（資産）を運用して収益を獲得している。上述の回転率は，この点に注目するものであった。しかし，収益がそのまま利益になるわけではない。収益（成果）を得るためには，相応の費用（努力）を伴っているはずであり，その収益から費用を差し引きして利益（儲け）が計算される。当然のことながら，収益と費用が同額であれば，利益はゼロとなる。そのため，回転率が高くても利益が上がっていなければ，収益獲得能力はあるけれども，利益獲得能力はないということになる。収益性は，資本の運用が利益の獲得に貢献している程度を判断するものである。その代表的な指標として，総資産利益率と自己資本利益率がある。

 総資産利益率（Return on Assets：以下，「ROA」という。）は，経常利益を総資産で除して計算する。分母の総資産は総資本と等しく，分子をそれに対応させるためには，経常利益ではなく事業利益（営業利益と受取利息及び配当金の合計額）とするのが適当であるが，第Ⅱ節と第Ⅲ節では，便宜上，経常利益を用いて計算している。ROAは高い方が望ましい。

 自己資本利益率（Return on Equity：以下「ROE」という。）は，税引後利益（当期純利益）を自己資本で除して計算する。分母の自己資本は株主の拠出額であるから，それに対応する分子は，株主への帰属額たる税引後利益とするのが適当である。ROEは高い方が望ましい。

 なお，回転率の場合と同様，いずれの利益率も，分子は一定期間（期首から期末）の数値であり，分母は一定時点（期末）の数値であるから，分母は期首と期末の平均値をとるのが通常であるが，第Ⅱ節と第Ⅲ節では，便宜上，期末の数値を用いて計算している。

Ⅱ レシーの財務諸表への影響

1 設 例

　ここでは，以下のリース取引を想定して，売買処理と賃貸借処理がレシー（A社，B社）の財務諸表に与える影響を明らかにしていく。なお，A社とB社の財務諸表は，リース取引の会計処理に関連する科目及び金額が異なるのみであって，それ以外は完全に同一とする。また，このリース取引は解約不能であり，耐用年数基準または現在価値基準のみを満たすことから，日本基準の所有権移転外ファイナンス・リース取引（以下，「所有権移転外FL」という。）に該当する。会計処理は，企業会計基準第13号と企業会計基準適用指針第16号（以下，「日本基準（新基準）」という。）に準拠して行うものとする。

【前提条件】
　①リース期間とリース料について
　　・リース期間は，01年4月1日から5年間（解約不能）。
　　・リース料は，総額4,250万円（年間850万円を後払い）。
　②リース物件（機械設備）について
　　・見積現金購入価額は，3,680万円。
　　・リース物件の耐用年数は，5年（減価償却は定額法，残価ゼロ）。
　③リース料総額の現在価値
　　・レシーの追加借入利子率は，5％。
　　・割引率5％で計算したリース料総額の現在価値は，3,680万円。
　④その他の注意事項
　　・所有権移転基準，割安購入選択権基準，特別仕様基準を満たさない。
　　・決算日は3月31日（年1回）とする。
　　・会計処理と税務処理は一致するものとし，税効果会計は適用しない。

第5章　リース会計基準の経済的影響

- 法人税等の金額は税引前利益の40％とし，その全額を決算日に現金で納付する。
- A社は売買処理を行い，B社は賃貸借処理を行う。

【リース取引がなかった場合の財務諸表（単位：万円）】

貸借対照表（02/3/31）

借方		貸方	
現金預金	3,607	支払手形	4,112
受取手形	5,419	1年以内社債	4,079
有価証券	4,491	その他短期負債	1,403
棚卸資産	2,509	1年超社債	3,971
機械設備	12,535	その他長期負債	4,834
車両	6,487	資本金	42,816
備品	5,742	資本剰余金	5,497
土地	24,816	利益剰余金	5,018
投資有価証券	6,124		
	71,730		71,730

損益計算書（01/4/1～02/3/31）

売上高	15,247
売上原価	8,198
売上総利益	7,049
販売費・一般管理費	4,388
営業利益	2,661
営業外収益	3,311
営業外費用	4,010
経常利益	1,962
特別利益	2,547
特別損失	2,001
税引前利益	2,508
法人税等	1,003
税引後利益	1,505

【A社（売買処理）の場合】

日付	借方科目	金額（万円）	貸方科目	金額（万円）
01/4/01	機械設備	3,680	リース債務	3,680
02/3/31	リース債務	666	現金預金	850
	支払利息	184		
	減価償却費	736	減価償却累計額	736

＜貸借対照表作成上の注意事項＞

- 減価償却累計額は，機械設備から直接控除する。
- リース債務の期末残高（3,014万円）は，流動負債（その他短期負債）699万円，固定負債（その他長期負債）2,315万円に区分する。

＜損益計算書作成上の注意事項＞

- 減価償却費は，販売費・一般管理費とする。
- 支払利息は，営業外費用とする。

【A社（売買処理）の財務諸表（単位：万円）】

貸借対照表（02/3/31）

借方	金額	貸方	金額
現金預金	3,125	支払手形	4,112
受取手形	5,419	1年以内社債	4,079
有価証券	4,491	その他短期負債	2,102
棚卸資産	2,509	1年超社債	3,971
機械設備	15,479	その他長期負債	7,149
車両	6,487	資本金	42,816
備品	5,742	資本剰余金	5,497
土地	24,816	利益剰余金	4,466
投資有価証券	6,124		
	74,192		74,192

損益計算書（01/4/1～02/3/31）

売上高	15,247
売上原価	8,198
売上総利益	7,049
販売費・一般管理費	5,124
営業利益	1,925
営業外収益	3,311
営業外費用	4,194
経常利益	1,042
特別利益	2,547
特別損失	2,001
税引前利益	1,588
法人税等	635
税引後利益	953

【B社（賃貸借処理）の場合】

日　付	借方科目	金額（万円）	貸方科目	金額（万円）
01/4/01	仕訳なし		仕訳なし	
02/3/31	賃借料	850	現金預金	850

＜貸借対照表作成上の注意事項＞

・特になし。

＜損益計算書作成上の注意事項＞

・賃借料は，販売費・一般管理費とする。

【B社（賃貸借処理）の財務諸表（単位：万円）】

貸借対照表（02/3/31）

借方	金額	貸方	金額
現金預金	3,097	支払手形	4,112
受取手形	5,419	1年以内社債	4,079
有価証券	4,491	その他短期負債	1,403
棚卸資産	2,509	1年超社債	3,971
機械設備	12,535	その他長期負債	4,834
車両	6,487	資本金	42,816
備品	5,742	資本剰余金	5,497
土地	24,816	利益剰余金	4,508
投資有価証券	6,124		
	71,220		71,220

損益計算書（01/4/1～02/3/31）

売上高	15,247
売上原価	8,198
売上総利益	7,049
販売費・一般管理費	5,238
営業利益	1,811
営業外収益	3,311
営業外費用	4,010
経常利益	1,112
特別利益	2,547
特別損失	2,001
税引前利益	1,658
法人税等	663
税引後利益	995

【財務比率の比較】

分析指標		計算結果		比較優位
		A社	B社	
短期支払能力	流 動 比 率	151.02	161.73	B社
	当 座 比 率	126.64	135.57	B社
長期支払能力	自 己 資 本 比 率	71.14	74.17	B社
	負 債 比 率	40.57	34.83	B社
投資の健全性	固 定 比 率	111.12	105.46	B社
	固定長期適合率	91.78	90.39	B社
資産の効率性	総 資 本 回 転 率	0.206	0.214	B社
	固定資産回転率	0.26	0.27	B社
収 益 性	総 資 産 利 益 率	1.40	1.56	B社
	自 己 資 本 利 益 率	1.81	1.88	B社

（注）回転率以外の計算結果は，単位を％にして表記してある。

＜計算上の注意事項＞

・当座資産は，現金預金，受取手形，有価証券の合計とする。

2 考　察

　A社とB社の財務諸表は，リース取引の会計処理に関連する科目及び金額が異なるのみであって，それ以外は完全に同一である。よって，A社とB社の投資適格性も同等と判断されるはずである[1]。ところが，上で検討した財務比率は，すべてがB社を優位とする結果を示している。つまり，同じ取引であっても，会計処理の方法が違うことで，異なる財政状態及び経営成績が示されるわけである。

　売買処理と賃貸借処理で財務比率に明確な違いが生じているのは，資産及び負債の認識が"all or nothing"であることによるものである。すなわち，売買処理を行うと，貸借対照表にリース物件を資産として計上し，リース料総額の支払義務を負債として計上しなければならない[2]。これをオンバランス化と

いう。それに対して，賃貸借処理を行うと，資産と負債の認識を伴わず，リース料の全額を費用として損益計算書に計上することになる（経過勘定項目を除く）。これをオフバランス化という。このように，売買処理と賃貸借処理は，「オン」か「オフ」かという点で結果が全く異なる。

売買処理は，特に負債の認識を伴うことから，安全性の指標が悪化することになるので，企業の信用能力は低下したように見える。そうすると，借入限度枠の引下げ，社債格付けの低下，株価の下落などが生じると予想されるので，その企業の資金調達力は減少するが，賃貸借処理すれば，それを避けることができる。これをオフバランス効果という。また，負債の計上を伴わずに資金調達を行う手法を，オフバランスシート・ファイナンシング（off balance sheet financing）ということもある。そのため，固定資産の使用とそれに伴う経済的負担は購入と実質的に同じであっても，売買処理せずに賃貸借処理することができる取引があるとしたら，企業はその手法をこぞって選択するであろう。リース取引の賃貸借処理は，その手法の1つになりうるというわけである。

また，財務制限条項が特約されている場合，財務比率を悪化させないことは，企業の存続を左右するほどに重要な意味をもつ。財務制限条項とは，「社債の元利払い能力を確保するために起債企業に義務づけられた条項で，もし起債企業が内容を充足できなければ，期限前に償還を行わなければならない」（新美［1992］，37頁）とするものである。代表的な条項として，起債企業がデフォルト（元利払い不能）に陥らないように，追加債務の金額を制限したり，財務比率を一定に保つことを要求する条項があるが，それを満たしているかどうかは，財務諸表上の金額をもとに判定されることが多い（細田［1988］，28－30頁）。そのため，財務制限条項への抵触を防ぐ意味でも，様々なオフバランスシート・ファイナンシングの手法が開発され，リース取引の賃貸借処理も，その常套手段として利用されてきたという経緯がある[3]。

これに対して，日本基準（新基準）では，経済的実質（リース取引と割賦購入の類似性）に基づいてリース取引の会計処理を規定している。そのため，割賦購入と実質的に同じであるリース取引は，会計上，賃貸借処理ではなく売買

処理しなければならない。設例のリース取引でいえば，B社の会計処理は認められず，A社の会計処理としなければならないのである。その場合，購入とリースのどちらを選択してもオンバランス化することになるから，リース取引を利用してもオフバランス効果は生じないし，リース取引をオフバランスシート・ファイナンシングの手法として役立てることも難しい。

ただし，意見書［1993］と実務指針［1994］（以下，「日本基準（旧基準）」という。）では，所有権移転外 FL について，売買処理することを原則法としつつも，それと同程度の情報を注記することで，賃貸借処理することを例外法として認めていた。設例のリース取引の場合，B社に要求される注記事項は以下のようになる。

【B社（賃貸借処理）の財務諸表の注記事項】

ファイナンス・リース取引に関する注記
 a．リース物件（機械設備）
  取得価額相当額 ……………3,680万円
  減価償却累計額相当額…… 736万円
  期末残高相当額 ……………2,944万円
 b．未経過リース料期末残高相当額
  1年以内…… 699万円
  1年超………2,315万円
  合　計………3,014万円

 c．その他
  当期の支払リース料………… 850万円
  当期の減価償却費相当額…… 736万円
  支払利息相当額……………… 184万円
 d．会計方針等
  減価償却費相当額の算定は，定額法による。利息相当額の算定方法は，リース料総額とリース資産計上価額との差額を利息相当額とし，各期への配分方法は，利息法による。

この注記情報を踏まえて投資者が財務比率を計算しているとしたら，A社とB社の投資適格性は同等と判断されるであろう。しかし，そうでないとしたら，B社に投資することが選択されるかもしれない。いずれにせよ，投資者がどのように会計情報を利用しているのかは千差万別であるが，少なくとも例外法を適用することで，リース取引がオフバランスシート・ファイナンシングの手法として機能し，オフバランス効果が生じる可能性を期待することはできよう。理論的にも，例外法が適用されると，リース取引と割賦購入の比較可能性が確保されないという問題がある。そこで，日本基準（新基準）では，例外法を廃

止して原則法に統一している。

第Ⅲ節　レサーの財務諸表への影響

1　設　例

　前節と同じリース取引を想定して，売買処理と賃貸借処理がレサー（C社，D社）の財務諸表に与える影響を明らかにしていくことにしよう。なお，前節と同様に，C社とD社の財務諸表は，リース取引の会計処理に関連する科目及び金額が異なるのみであって，それ以外は完全に同一とする。また，このリース取引は解約不能であり，耐用年数基準または現在価値基準のみを満たすことから，日本基準の所有権移転外FLに該当する。会計処理は，日本基準（新基準）に準拠して行うものとする。

【前提条件】
　①リース期間とリース料について
　　・リース期間は，01年4月1日から5年間（解約不能）。
　　・リース料は，総額4,250万円（年間850万円を後払い）。
　②リース物件（機械設備）について
　　・レサーの購入価額は，3,680万円（購入日は01年4月1日，現金で一括払い，レシーに対する販売価額と等しい。）。
　　・リース物件の耐用年数は，5年（減価償却は定額法，残価ゼロ）。
　③リース料総額の現在価値
　　・レサーの計算利子率は，5％。
　　・割引率5％で計算したリース料総額の現在価値は，3,680万円。
　④その他の注意事項
　　・所有権移転基準，割安購入選択権基準，特別仕様基準を満たさない。

第5章 リース会計基準の経済的影響

- 決算日は3月31日（年1回）とする。
- 会計処理と税務処理は一致するものとし，税効果会計は適用しない。
- 法人税等の金額は税引前利益の40％とし，その全額を決算日に現金で納付する。
- C社は売買処理を行い，D社は賃貸借処理を行う。

【リース取引がなかった場合の財務諸表（単位：万円）】

貸借対照表（02/3/31）

借方	金額	貸方	金額
現金預金	3,607	支払手形	4,112
受取手形	5,419	1年以内社債	4,079
有価証券	4,491	その他短期負債	1,403
棚卸資産	2,509	1年超社債	3,971
機械設備	12,535	その他長期負債	4,834
車両	6,487	資本金	42,816
備品	5,742	資本剰余金	5,497
土地	24,816	利益剰余金	5,018
投資有価証券	6,124		
	71,730		71,730

損益計算書（01/4/1～02/3/31）

売上高	15,247
売上原価	8,198
売上総利益	7,049
販売費・一般管理費	4,388
営業利益	2,661
営業外収益	3,311
営業外費用	4,010
経常利益	1,962
特別利益	2,547
特別損失	2,001
税引前利益	2,508
法人税等	1,003
税引後利益	1,505

【C社（売買処理）の場合】

①第1法：リース取引開始日に売上高と売上原価を計上する方法

日付	借方科目	金額（万円）	貸方科目	金額（万円）
01/4/01	機械設備	3,680	現金預金	3,680
	リース投資資産	4,250	売上高	4,250
	売上原価	3,680	機械設備	3,680
02/3/31	現金預金	850	リース投資資産	850
	繰延リース利益繰入	386	繰延リース利益	386

②第2法：リース料受取時に売上高と売上原価を計上する方法

日付	借方科目	金額（万円）	貸方科目	金額（万円）
01/4/01	機械設備	3,680	現金預金	3,680
	リース投資資産	3,680	機械設備	3,680
02/3/31	現金預金	850	売上高	850
	売上原価	666	リース投資資産	666

③第３法：売上高を計上せずに利息相当額を各期へ配分する方法

日　付	借　方　科　目	金額（万円）	貸　方　科　目	金額（万円）
01/4/01	機　械　設　備 リース投資資産	3,680 3,680	現　金　預　金 機　械　設　備	3,680 3,680
02/3/31	現　金　預　金	850	リース投資資産 受　取　利　息	666 184

＜貸借対照表作成上の注意事項＞

- 繰延リース利益は，リース投資資産から直接控除する。
- リース投資資産の期末残高（3,014万円）は，流動資産（その他短期債権）699万円，固定資産（その他長期債権）2,315万円に区分する。

＜損益計算書作成上の注意事項＞

- 繰延リース利益の繰入額は，売上総利益から控除する。
- 受取利息は，営業外収益とする。

【Ｃ社（売買処理）の財務諸表（単位：万円）】

①第１法の場合

貸借対照表（02/3/31）

借方		貸方	
現金預金	703	支払手形	4,112
受取手形	5,419	１年以内社債	4,079
有価証券	4,491	その他短期負債	1,403
棚卸資産	2,509	１年超社債	3,971
その他短期債権	699	その他長期負債	4,834
機械設備	12,535	資本金	42,816
車両	6,487	資本剰余金	5,497
備品	5,742	利益剰余金	5,128
土地	24,816		
投資有価証券	6,124		
その他長期債権	2,315		
	71,840		71,840

損益計算書（01/4/1～02/3/31）

売上高	19,497
売上原価	11,878
繰延リース利益繰入	386
売上総利益	7,233
販売費・一般管理費	4,388
営業利益	2,845
営業外収益	3,311
営業外費用	4,010
経常利益	2,146
特別利益	2,547
特別損失	2,001
税引前利益	2,692
法人税等	1,077
税引後利益	1,615

第5章　リース会計基準の経済的影響

②第2法の場合

貸借対照表（02/3/31）

借方	金額	貸方	金額
現金預金	703	支払手形	4,112
受取手形	5,419	1年以内社債	4,079
有価証券	4,491	その他短期負債	1,403
棚卸資産	2,509	1年超社債	3,971
その他短期債権	699	その他長期負債	4,834
機械設備	12,535	資本金	42,816
車両	6,487	資本剰余金	5,497
備品	5,742	利益剰余金	5,128
土地	24,816		
投資有価証券	6,124		
その他長期債権	2,315		
	71,840		71,840

損益計算書（01/4/1～02/3/31）

売上高	16,097
売上原価	8,864
売上総利益	7,233
販売費・一般管理費	4,388
営業利益	2,845
営業外収益	3,311
営業外費用	4,010
経常利益	2,146
特別利益	2,547
特別損失	2,001
税引前利益	2,692
法人税等	1,077
税引後利益	1,615

③第3法の場合

貸借対照表（02/3/31）

借方	金額	貸方	金額
現金預金	703	支払手形	4,112
受取手形	5,419	1年以内社債	4,079
有価証券	4,491	その他短期負債	1,403
棚卸資産	2,509	1年超社債	3,971
その他短期債権	699	その他長期負債	4,834
機械設備	12,535	資本金	42,816
車両	6,487	資本剰余金	5,497
備品	5,742	利益剰余金	5,128
土地	24,816		
投資有価証券	6,124		
その他長期債権	2,315		
	71,840		71,840

損益計算書（01/4/1～02/3/31）

売上高	15,247
売上原価	8,198
売上総利益	7,049
販売費・一般管理費	4,388
営業利益	2,661
営業外収益	3,495
営業外費用	4,010
経常利益	2,146
特別利益	2,547
特別損失	2,001
税引前利益	2,692
法人税等	1,077
税引後利益	1,615

【D社（賃貸借処理）の場合】

日　付	借　方　科　目	金額（万円）	貸　方　科　目	金額（万円）
01/4/01	機　械　設　備	3,680	現　金　預　金	3,680
02/3/31	現　金　預　金 減　価　償　却　費	850 736	賃　貸　料 減価償却累計額	850 736

＜貸借対照表作成上の注意事項＞

・減価償却累計額は，機械設備から直接控除する。

＜損益計算書作成上の注意事項＞

・賃貸料は，売上高とする。

・減価償却費は，賃貸料と個別的に対応するとみなし，売上原価とする。

【D社（賃貸借処理）の財務諸表（単位：万円）】

貸借対照表（02/3/31）

借方	金額	貸方	金額
現金預金	731	支払手形	4,112
受取手形	5,419	1年以内社債	4,079
有価証券	4,491	その他短期負債	1,403
棚卸資産	2,509	1年超社債	3,971
機械設備	15,479	その他長期負債	4,834
車両	6,487	資本金	42,816
備品	5,742	資本剰余金	5,497
土地	24,816	利益剰余金	5,086
投資有価証券	6,124		
	71,798		71,798

損益計算書（01/4/1～02/3/31）

売上高	16,097
売上原価	8,934
売上総利益	7,163
販売費・一般管理費	4,388
営業利益	2,775
営業外収益	3,311
営業外費用	4,010
経常利益	2,076
特別利益	2,547
特別損失	2,001
税引前利益	2,622
法人税等	1,049
税引後利益	1,573

【財務比率の比較】

分析指標		計算結果 C社	計算結果 D社	比較優位
短期支払能力	流　動　比　率	144.06	137.06	C社
	当　座　比　率	117.91	110.91	C社
長期支払能力	自　己　資　本　比　率	74.39	74.37	C社
	負　債　比　率	34.43	34.46	C社
投資の健全性	固　定　比　率	108.57	109.83	C社
	固定長期適合率	93.21	94.28	C社
資産の効率性	総　資　本　回　転　率	① 0.27 ② 0.22 ③ 0.21	0.22	C社 ①
	固定資産回転率	① 0.34 ② 0.28 ③ 0.26	0.27	C社 ①
収　益　性	総資産利益率	2.99	2.89	C社
	自己資本利益率	3.02	2.95	C社

（注）回転率以外の計算結果は，単位を％にして表記してある。
　　　①は第1法，②は第2法，③は第3法を示す。

＜計算上の注意事項＞

・当座資産は，現金預金，受取手形，有価証券，その他短期債権の合計とする。

第5章　リース会計基準の経済的影響

2　考　察

　C社とD社の財務諸表は，リース取引の会計処理に関連する科目及び金額が異なるのみであって，それ以外は完全に同一である。よって，C社とD社の投資適格性は同等と判断されるはずである[4]。ところが，上で検討した財務比率は，すべてがC社を優位とする結果を示している。いうまでもなく，その原因は売買処理と賃貸借処理の違いにある。

　貸借対照表の場合，売買処理と賃貸借処理の決定的な違いは資産の部に現れる[5]。具体的にいえば，売買処理の場合，リース物件は固定資産として計上されないが，その代わりにリース投資資産（リース債権）が流動資産と固定資産に分けて計上される。一方，賃貸借処理の場合，リース物件が固定資産として計上されて減価償却が行われる。よって，リース投資資産の未回収額とリース物件の未償却額の違いが，売買処理と賃貸借処理による総資産額の違いとなって現れる。

　一方，損益計算書の場合は，売買処理と賃貸借処理で違いが生じるのはもちろん，売買処理のなかでも第1法，第2法，第3法で違いが生じる。具体的にいえば，第1法では，リース料総額が売上高，リース物件の取得原価が売上原価として計上されるが，第2法では，リース料の受取額が売上高，リース投資資産の回収額が売上原価として計上されるので，第1法と第2法で売上高と売上原価に違いが生じる。ただし，第1法では，繰延リース利益の繰入額（未経過利息）が売上総利益から控除されるので，第1法と第2法で売上総利益は同じになる。また，第3法では，売上高と売上原価は計上されずに受取利息が計上されるから，第1法・第2法と経常利益は同じであるが，売上高，売上原価，売上総利益，営業利益は異なる。

　そのため，売上高と各種の利益を用いた財務比率で計算すると，第1法，第2法，第3法で結果が異なることになる。例えば，売上高利益率（Return on Sales：以下，「ROS」という。）でこれを示すと，以下のようになる。なお，ROSは，ROAやROEと同じく収益性を示す指標であり，高い方が望ましい。

【売上高利益率の比較】

分析指標		計算式	計算結果		比較優位
			C社	D社	
収益性	売上高総利益率	売上総利益 / 売上高	①37.10 ②44.93 ③46.23	44.50	C社 ③
	売上高営業利益率	営業利益 / 売上高	①14.59 ②17.67 ③17.45	17.24	C社 ②
	売上高経常利益率	経常利益 / 売上高	①11.01 ②13.33 ③14.07	12.90	C社 ③
	売上高純利益率	税引後利益 / 売上高	① 8.28 ②10.03 ③10.59	9.77	C社 ③

（注）計算結果は，単位を％にして表記してある。
　　　①は第1法，②は第2法，③は第3法を示す。

　このように，ROSで検討すると，第3法の比較優位が目立つ。ただし，売買処理のすべてが賃貸借処理よりも優位であるというわけではない。売買処理の第1法と賃貸借処理を比較してみると，すべてのROSで賃貸借処理が優位となる。とはいえ，すでに明らかにしたように，収益性の総合的指標とされるROAやROEは，売買処理を比較優位とする結果を示しているし，短期・長期の支払能力や投資の健全性も含めて全体的に判断すれば，売買処理の方がレサーにとって有利であろう[6]。

　ところが，レシーの立場からすれば，第Ⅱ節で明らかにしたように，リース取引は賃貸借処理する方が有利となる。そうすると，日本基準（旧基準）の下では，レシーは所有権移転外FLを例外法で賃貸借処理しようとするし，レサーは同じリース取引を原則法で売買処理しようとするインセンティブをもちうることになる。そのため，日本基準（旧基準）では，会計処理の対称性が保たれずに，リース物件がレシーとレサーのどちらの貸借対照表にも計上されないこ

とが日常的に起こりえたのである。しかし，日本基準（新基準）で例外法が削除されたことで，そのような状況は大きく改善されることになるだろう。

第Ⅳ節　アメリカにおける経済的帰結論の展開

1　SFAS13の設定をめぐる議論

　リース取引を売買処理するか賃貸借処理するのかは，レシーとレサーの財務諸表に重要な影響を及ぼす。伝統的にリース取引は賃貸借処理されてきたが，第Ⅲ節で検討したように，レサーにとっては売買処理の方が財政状態及び経営成績は良好に見えることから，売買処理を規定するリース会計基準は，レサーに不利な結果をもたらすものではない。しかし，売買処理するか賃貸借処理するのかは，リース取引が成立した後の会計処理の問題であって，リース取引それ自体が成立しなければ，そもそもレサーのビジネスが成り立たない。

　この点，取引の相手方であるレシーは，第Ⅱ節で検討したように賃貸借処理を望むことから，リース会計基準で売買処理することが規定されると，リース取引を利用して物件を調達しようと思わなくなるかもしれない。その帰結は，レサーのビジネスに直接的に跳ね返ってくるから，レサーは自らが売買処理することに否定的でなくても，リース事業を継続していくために，レシーの立場を代弁するような主張をもって，レシーと共に売買処理を規定するリース会計基準に反対しようとする。

　その典型的な主張として，リース取引の売買処理が及ぼす負の経済的帰結を拠り所とするものがある。経済的帰結（economic consequences）とは，「会計報告書が，企業，政府，組合，投資者，債権者の意思決定行動に及ぼす影響」（Zeff［1978］, p.56）をいう。そして，経済的帰結論（economic consequences argument）とは，「これらの諸個人やグループの行動結果が，別の利害関係者の利益を損なう可能性がある。会計基準設定主体は，会計の諸問題を解決す

るにあたって，この予想される悪影響を考慮しなければならない」（Zeff [1978]，p.56）と主張するものである。

こうした主張は，特にアメリカの会計基準設定過程において積極的かつ大々的に，しかも組織的に展開されている。実際，リース会計基準（SFAS13）の公開草案（1975年，1976年）に対して寄せられた総計500通を超えるコメント・レターを分析してみると，その約7割がリース業界関係者からのものであり，オンバランス反対者に占めるリース業界関係者の割合は9割近くにのぼる。そして，オンバランス反対者の約6割が経済的帰結論を展開している（加藤 [2007]，91頁）。彼らは，売買処理すべきリース取引の範囲（以下，「オンバランス範囲」という。）が拡大されることによって，従来よりも多くのリース負債を貸借対照表に計上しなければならなくなることを懸念しているのである。その主張を要約すると，以下のようになる。

貸借対照表上，リース負債の増加がもたらす負の経済的帰結は，無視できないレベルである。例えば，社債の格付けにおいては，財務諸表上の金額をベースとして財務比率の検討が行われている。そのため，オンバランス範囲の拡大によってリース負債の金額が増えることは，信用分析に関係する財務比率の中でも，安全性の指標として重視されている負債比率を悪化させることになる。それは，既存の負債契約と将来の負債契約の双方に重要な悪影響を及ぼす。前者について，無担保債の発行が頻繁に行われるアメリカでは，起債企業が債務不履行に陥らないように，多くの場合，一定の負債比率を維持することなどを課した財務制限条項を設けている。そのため，負債比率の悪化は，財務制限条項への抵触をもたらす危険がある。また，後者について，負債比率が悪化すると，企業の信用能力や財務健全性が疑われるので，金融機関からの借入にせよ資本市場からの調達にせよ，その分だけ企業の資金調達力は減少する。オンバランス範囲の拡大がもたらすこのような悪影響によって，企業の資金源は枯渇し，設備投資の意欲は減退する。また，企業によるリース取引の利用が激減すれば，リース業界も存亡の危機に直面する。その結果，大型設備を購入するための資金的余裕がなく，設備投資の多くをリース取引に依存してきた中小企業

の成長は妨げられ，企業間競争が促進されない。これらの悪影響を財・サービスの価額に上乗せすることで補えば，インフレーションが誘発される。これらミクロレベルでの累積的な影響はマクロレベルにまで波及して，国民経済全体に重要な悪影響を及ぼすだろう。したがって，オンバランス範囲の拡大は公益に反する。オンバランス反対者の経済的帰結論は，このように要約することができるだろう（加藤［2007］，188-189頁）。

　また，この公開草案に先立って，FASBは討議資料（1974年）を発表しているが，そのときにも上述のような経済的帰結論が展開されている。討議資料に関する公聴会の様子について，*Wall Street Journal*誌は，以下のように報じている（Andrews［1974］，p.18）。

　1973年にSECが公表したASR147では，ファイナンシング・リース（後述を参照）の現在価値情報と，それを売買処理したと仮定した場合の利益への影響額を開示することを要求している。そのため，ある論者は，市場参加者がそれを考慮して財務諸表上の金額を利用していると主張した。また，オンバランス範囲を拡大するとしても，それは注記情報を財務諸表の本体に記載するにすぎないと主張する論者もいた。これに対して，オンバランス反対者は，リース負債の増加が負の経済的帰結をもたらすことを主張して，オンバランス範囲の拡大に強固に反対したが，彼らを納得させるだけの有用な証拠を提示することができなかった。オンバランス反対者は，確実にこの論争を議会へ持ち込むであろう。SECのチーフ・アカウンタントであるJ.C.Burtonは，会計職業界に敗北したと考えているオンバランス反対者は，今度は議会を見据えているので，FASBはそれに対して何らかの準備をしておかなければならないと指摘したという（加藤［2007］，189-190頁）。

　以上のように，SFAS13の設定過程は，まさに「会計の政治化」（politicization of accounting）と呼ぶに相応しい様相を呈していた。産業界が，オフバランスシート・ファイナンシングの手法の1つとして，リース取引を重宝していることは明らかである。しかし，利用者の行動を特定の方向に誘導するつもりで会計情報が作成されているとすれば，その情報にはバイアスが含まれてい

ることになる。産業界の経済的帰結論がリース取引のオフバランス効果を守るためのものであったとすれば、彼らの主張を全面的に受け入れた会計基準は、財務諸表の利用者の意思決定をミスリードすることになりかねない。

2 経済的帰結論の現実性

　実際のところ、経済的帰結論はどの程度の現実性をもっていたのであろうか。SFAS13（1976年）は、レシーに対して所有権移転基準、割安購入選択権基準、耐用年数基準、現在価値基準（第3章の図表6を参照）に該当するリース取引の売買処理を規定しているが、その直前まで有効であったAPBO5（1964年）では、すでに所有権移転基準と割安購入選択権基準に相当するものを規定していたから（APBO5, pars.10-11）、その当時、売買処理されていなかったのは、耐用年数基準または現在価値基準のみに該当するリース取引である。上述のオンバランス範囲の拡大をめぐる議論も、その2つの基準を基準化することの是非に係わるものであった。

　これに関して、ASR147（1973年）は、APBO5で提供される情報の有用性を高めるため、ファイナンシング・リースの現在価値情報を物件の主要分類別に開示することを要求しているが、ここでいうファイナンシング・リースは、耐用年数基準または現在価値基準のみに該当するリース取引とほぼ同義であると見てよい（ASR147, Section C, Rule 3-16(q)）。そうすると、SFAS13以前の負債総額にASR147の現在価値情報を加算すれば、SFAS13によるオンバランス範囲の拡大がレシーの負債をどれくらい増加させるのかを推定することができるだろう。このようにして負債比率の変化をまとめたのが、図表1である。

　図表1によれば、すべての事例で負債比率が上昇していることから、SFAS13によるオンバランス範囲の拡大は、レシーの信用能力に重要な影響を及ぼすことが分かる。しかし、レシーの信用能力を評価してそれを投資行動に反映するのは、財務諸表の利用者であるから、彼らが図表1のような修正を行って財務諸表上の金額を利用しているとしたら、SFAS13がレシーに負の経済的帰結

第5章　リース会計基準の経済的影響

図表1　1975年期の5社の財務諸表から推定した負債比率　（単位：$100万）

	K mart	Sears, Roebuck	J.C.Penney	Eastern Air Lines	Delta Air Lines
財務諸表上の長期負債	$ 210	$ 1,326	$ 368	$ 622	$ 351
正味財産	$ 1,197	$ 5,302	$ 1,704	$ 290	$ 542
負債比率	0.17	0.25	0.22	2.14	0.64
ファイナシング・リースの現在価値	$ 1,500	$ 357	$ 907	$ 748	$ 194
推定上の長期負債	$ 1,710	$ 1,683	$ 1,275	$ 1,370	$ 545
推定上の負債比率	1.43	0.31	0.74	4.73	1.00

（出所）Abdel-khalik, ed.［1981］, p.39, Table 3-1をもとに筆者作成。

をもたらすという懸念は，現実性が乏しいことになる。

　これに関して，当時，財務諸表の利用者は，売買処理されていないリース取引の現在価値も考慮に入れてレシーの債務弁済能力を評価しているから，SFAS13によってリース負債の金額が増えても，レシーの債務弁済能力を低く評価することはないし，また，レシーの株価に予期せぬ悪影響が生じることもないだろうと主張していた（Abdel-khalik, ed.［1981］, p.23）。そこで，FASBのリサーチ・レポート（Abdel-khalik, ed.［1981］）では，財務諸表上の金額に依拠した企業評価がどの程度行われているのかを調査することによって，彼らの主張を検証している（Abdel-khalik, ed.［1981］, pp.103－108）。

　具体的には，リース取引の会計処理だけが異なるA社とB社を想定して，その貸借対照表と損益計算書を簡略化して提示し，回答者に両社の簡単な財務分析を行うように要請する。A社はリース取引を売買処理し，B社はそれを賃貸借処理しているが，B社は未経過リース料の現在価値を注記で表示している。したがって，回答者が財務諸表上の金額のみに依拠することなく，注記情報でそれを修正して企業評価を行っているとすれば，両社の分析結果は同じになるはずである。逆に，回答者がA社よりもB社を選好した場合，財務諸表上の金額のみに依拠して企業評価を行ったと推定される。その調査結果をまとめたの

が，図表2である。

図表2によれば，財務諸表の作成者グループ（CFL，CFN，ACT）と利用者グループ（SFA，BFA，BLO）は共に[7]，A社よりもB社を全体的に選好している。特に，利用者グループは，財務諸表上の金額にナイーブに反応する傾向がある。このことから，レシーがリース取引を売買処理していなくても，財務諸表の利用者はその現在価値を考慮に入れて企業評価を行っているという

図表2　A社（売買処理）とB社（賃貸借処理）に対する回答割合

回答者	回答	比較項目				
		収益性	債務弁済能力	財務リスク	キャッシュ・フローの予測能力	投資の適切性
CFL	A社＞B社	6.5%	6.5%	6.5%	9.5%	4.3%
	A社＜B社	18.3	8.6	9.7	24.7	6.5
	A社＝B社	75.3	84.9	83.9	65.6	89.2
	正味選好度	(11.8)	(2.1)	(3.2)	(15.0)	(2.2)
CFN	A社＞B社	8.6%	8.6%	6.2%	18.5%	9.9%
	A社＜B社	27.2	13.6	13.6	22.2	16.0
	A社＝B社	60.5	75.3	77.8	56.8	70.4
	正味選好度	(18.6)	(5.0)	(7.4)	(3.7)	(6.1)
ACT	A社＞B社	3.9%	6.8%	8.7%	21.4%	6.8%
	A社＜B社	17.5	4.9	4.9	17.5	11.7
	A社＝B社	77.7	87.4	85.4	60.2	80.6
	正味選好度	(13.6)	1.9	3.8	3.9	(4.9)
SFA	A社＞B社	5.1%	7.7%	12.8%	26.9%	19.2%
	A社＜B社	44.9	32.1	25.6	14.1	25.6
	A社＝B社	46.2	55.1	57.7	55.1	48.7
	正味選好度	(39.8)	(24.4)	(12.8)	12.8	(6.4)
BFA	A社＞B社	9.3%	11.1%	7.4%	22.2%	14.8%
	A社＜B社	38.9	25.9	24.1	16.7	25.9
	A社＝B社	51.9	61.1	64.8	57.4	53.7
	正味選好度	(29.6)	(14.8)	(16.7)	5.5	(11.1)

BLO	A社＞B社	10.2%	15.1%	9.5%	32.5%	9.5%
	A社＜B社	39.7	23.8	19.0	18.3	19.0
	A社＝B社	47.6	58.7	68.3	46.8	65.9
正味選好度		(29.5)	(8.7)	(9.5)	14.2	(9.5)

(注1) ＣＦＬ……リース利用企業の財務担当役員（chief financial officers of lessee companies）
　　　ＣＦＮ……リース非利用企業の財務担当役員（chief financial officers of nonlessee companies）
　　　ＡＣＴ……監査人（auditors）
　　　ＳＦＡ……株式専門の財務アナリスト（stock financial analysts）
　　　ＢＦＡ……社債専門の財務アナリスト（bond financial analysts）
　　　ＢＬＯ……銀行の融資担当者（bank loan officers）
(注2) 正味選好度について，カッコ無しはＡ社を選好する場合，カッコ付きはＢ社を選好する場合を示す。
(出所) Abdel-khalik, ed.［1981］, pp.104－105, Table 5-2をもとに筆者作成。

主張は，そのまま鵜呑みにできないだろう。SFAS13がレシーに負の経済的帰結をもたらすという懸念は，少なくともその当時，相応の現実性があったことになる（Abdel-khalik, ed.［1981］, p.iv, p.24, p.108）。

　もちろん，現在でもそれと同じようなナイーブな情報利用が行われているとは限らない。現在は，より洗練された情報利用がなされているかもしれないし，そうでないのかもしれない。いずれにせよ，経済的帰結論の懸念が現実化するかどうかは，市場参加者がどのような情報利用を行っているのかによって異なる。

第Ⅴ節　結　び

　本章では，リース取引の会計処理がレシーとレサーの財務諸表に及ぼす影響を明らかにした。また，リース取引の売買処理については，とりわけ産業界において経済的帰結論を拠り所とする反対意見が多く，その主張にも相応の現実性がありうることを明らかにした。本章の主な内容をまとめておくと，以下の

ようになる。

　レシーの場合，リース取引を売買処理すると，リース物件が資産，リース料総額の支払義務が負債として計上される（オンバランス）。これに対して，リース取引を賃貸借処理すると，リース料が費用として計上される（オフバランス）。そのため，売買処理と賃貸借処理は，「オン」か「オフ」かという点で，財務諸表に対する影響が全く異なるものとなる。特に，売買処理は，負債の認識を伴うことから，安全性の指標が悪化することになるので，レシーの信用能力は低下したように見える。また，レシーに財務制限条項が課されている場合は，その条項に抵触する可能性も出てくる。そのため，レシーは，リース取引を賃貸借処理できることを望むであろう。

　一方，レサーの場合，リース取引の売買処理には，①リース取引開始日に売上高と売上原価を計上する方法（第1法），②リース料受取時に売上高と売上原価を計上する方法（第2法），③売上高を計上せずに利息相当額を各期へ配分する方法（第3法）があるが，いずれの場合も，財務内容を良好に表示するという観点からすれば，賃貸借処理よりも売買処理する方が有利となる傾向にある。そのため，レサーは，税負担の問題を別にすれば，リース取引を売買処理できることを望むであろう。

　以上のことから，リース取引の売買処理は，それ自体，レサーに不利な影響をもたらすものではない。しかしながら，レシーは賃貸借処理することを望んでいるから，売買処理の基準化に否定的な立場をとる。このように，レシーとレサーは，リース取引の売買処理について意見を異にしうるのであるが，売買処理が基準化されることで，レシーはリース取引を利用して物件を調達しようと思わなくなるかもしれない。そうすると，レサーは事業の継続が困難になりうるから，ここにレシーとレサーの利害が一致することになる。会計と税務のリンクを考えれば，レサーは賃貸借処理することで，税負担を平準化できるというメリットもある。

　こうして利害の一致したレシーとレサーが，売買処理の基準化に反対するための主張として展開するのが経済的帰結論である。この場合の経済的帰結論と

は，端的にいえば，売買処理の基準化が投融資の減退やリース取引高の減少をもたらし，ひいては，国民経済全体に重要な悪影響を及ぼすとするものである。SFAS13の設定過程では，それを拠り所とした産業界の反対意見が強く見られた。しかし，経済的帰結論に現実性がないとすれば，その主張も机上の空論にとどまる。これに関して，1981年にFASBは，売買処理と賃貸借処理で投資意思決定に違いが生じるか否かを検証したところ，その可能性が高いことを確認した。このことから，少なくともその当時，経済的帰結論には相応の現実性があったことになる。

　もちろん，現在でも，当時と同じような情報利用が行われているとは限らない。しかしながら，より重要なことは，売買処理と賃貸借処理のどちらがリース取引の経済的実態を財務諸表に反映するのかであろう。賃貸借処理した上で売買処理と同程度の情報を注記すれば，売買処理する場合と情報量は同等であるし，その注記情報も踏まえてコンピュータを利用した最先端の分析が行われるのであれば，売買処理と賃貸借処理で投資意思決定に違いは生じないかもしれない。しかし，賃貸借処理にそのような注記を加えても，財務諸表の本体に売買処理の結果が反映されるわけではない。資産・負債の金額はもちろん，利益の金額も異なる。リース取引の会計処理は，ディスクロージャーの問題としてではなく，計算構造の問題として検討されるべき論点である。

参考文献

Abdel-khalik, A.R., ed., *The Economic Effects on Lessees of FASB Statement No.13, Accounting for Leases*, FASB, 1981.

Accounting Principles Board (APB), *APB Opinion (APBO), No.5, Reporting of Leases in Financial Statements of Lessee*, September 1964.

Andrews, F., Foes of Lease-Accounting Changes Fail To Convince Standards Board of Dangers, *Wall Street Journal*, November 25, 1974, p.18.

Dieter, R. and A.R.Wyatt, Get it off the Balance Sheet !, *Financial Executive*, January 1980, pp.42−48.

Financial Accounting Standards Board (FASB), *Statement of Financial Accounting Standards (SFAS), No.13, Accounting for Leases*, November 1976

（日本公認会計士協会国際委員会訳『米国 FASB 財務会計基準書リース会計・セグメント会計他』同文舘出版，1985年）．

Securities and Exchange Commission (SEC), *Accounting Series Release* (*ASR*), *No.147, Notice of adoption of amendments to Regulation S-X requiring improved disclosure of leases*, October 5, 1973.

Zeff, S.A., The Rise of "Economic Consequences", *The Journal of Accountancy*, December 1978, pp.56-63.

加藤久明『現代リース会計論』中央経済社，2007年．

企業会計基準委員会，企業会計基準第13号「リース取引に関する会計基準」2007年3月30日．

企業会計基準委員会，企業会計基準適用指針第16号「リース取引に関する会計基準の適用指針」2007年3月30日．

企業会計審議会，意見書「リース取引に係る会計基準に関する意見書」1993年6月17日．

田中建二「オフバランスシート・ファイナンシングと会計基準」『経営行動』2(1)，経営行動研究所，1987年春季号，32-39頁．

茅根 聡『リース会計』新世社，1998年．

新美一正「債券格付けの研究－歴史，現状，課題」『Japan Research Review』2(8)，日本総合研究所，1992年8月，4-93頁．

日本公認会計士協会・会計制度委員会，実務指針「リース取引の会計処理及び開示に関する実務指針」1994年1月18日．

細田 哲「社債と会計情報」『経営行動』3(2)，経営行動研究所，1988年6月，27-38頁．

（注）
（1）ただし，法人税等の支払い（A社635万円，B社663万円）に違いがあるため，現金預金の残高（A社3,125万円，B社3,097万円）に違いが生じている．
（2）レシーがリース料総額を前払いしてしまえば，負債は計上されない．しかし，リース契約は賃貸借の法的形式に従っているから，リース料の支払は一定期間にわたって定期的に行うことが基本となる．よって，レシーがリース料の一部を前払いすることはあるとしても，リース料の総額を前払いすることは，通常考えられない．
（3）例えば，Dieter & Wyatt [1980], pp.42-46, 田中 [1987], 33-36頁, 茅根 [1998], 19-20頁など．
（4）ただし，法人税等の支払い（C社1,077万円，D社1,049万円）に違いがあるため，現金預金の残高（C社703万円，D社731万円）に違いが生じている．
（5）負債の部は，レサーがリース物件を購入するにあたって，その代金を分割払いにしたり，借入を伴っていれば増加するが，この設例のように現金で一括払いすることも可能であるし，そもそも，それはレサーとサプライヤーの契約であって，レシー

とレサーの契約ではないから，リース取引の会計処理（売買処理，賃貸借処理）の違いとして現れるものではない。

（6）ただし，レサーの売買処理において，利息相当額の総額（リース取引の利益総額）を利息法で期間配分すると，毎期の利息（リース取引の期間利益）は逓減的に計上されることになる。そのため，会計と税務のリンクを考えると，その税負担はリース初期に多く，リース後期に少なくなるので，税負担の前倒しが生じる。この点，財務比率よりも税負担の問題を重視するレサーは，売買処理よりも賃貸借処理を有利とするであろう。

（7）このグルーピングは，Abdel-khalik, ed.［1981］によるものである。

第6章
リース取引の認識を巡る諸問題
―使用権モデルと総資産モデルの比較考察―

第 I 節　は じ め に

　現在，国際会計基準審議会（IASB）と米国財務会計基準審議会（FASB）はコンバージェンスの一環として，現行のリース会計基準を改定する共同プロジェクト（以下，共同プロジェクトという。）に着手している。国際会計基準（IAS）17号 *Leases*，米国財務会計基準（FAS）13号 *Accounting for Leases*（以下，現行リース会計基準という。）および日本基準（日本基準については第2-4章参照）においては，ノンキャンセラブルだけでなくフルペイアウトがリース取引のオンバランス化の要件とされている。

　フルペイアウトは，所有権の実質的移転を要請するものであるが，当事者間で契約を工夫することによって，その要件を容易に回避することができるため，レシーのオフバランス行動を許すものとなっている。近年，このような弊害を解消すべく，すべてのノンキャンセラブル・リース取引をオンバランス化の範囲とする（以下，この動向を「リース取引汎オンバランス化」[1]という。）2つの方法が検討されている。1つは，2000年に G4＋1 が Position Paper（Nailor and Lennard）において提唱した使用権モデルである。ここに使用権モデルとは，概念フレームワークの資産・負債の定義に基づき，レシー側において使用権と支払義務を認識する方法をいう。

　もう1つの方法とは，Nailor and Lennard ［2000］において少数意見として検討された総資産モデルである。ここに総資産モデルとは，レシー側において，リース物件全体を資産として認識し，支払義務の他にリース物件の返却義

務を負債として認識する方法である。

　冒頭の共同プロジェクトでは，使用権モデルを採用することで暫定的に合意している。その合意に至る議論では，リース取引汎オンバランス化を前提とする上記2つの方法の他，現行リース会計基準が採用する方法（オン・オフを使い分ける方法）およびリースを未履行契約と捉える方法（オフバランスを所与とする方法）も含めた比較検討が行われている。

　本章では，使用権モデルだけでなく，その代替案として総資産モデルが提案された事実に注目したい。2つのモデルが同時に提案されたのは，使用権モデルがすべてのノンキャンセラブル・リース取引を忠実に反映するものではないからだと思われる。つまり，2つのモデルはともにリース取引汎オンバランス化を前提とするものであるが，いずれも単一法として完璧なモデルではなく，それぞれが認識の対象とする経済事象は相違しているものと推知される。

　本章は，以上の問題意識に基づき，第1に，使用権モデルと総資産モデルにおいて当初認識される資産・負債の認識対象および測定額を比較考察する。第2に，それぞれのモデルにおいて識別される経済事象を比較考察する。第3に，使用権モデルの単一法としての限界を指摘し，あわせて，総資産モデルが代替的方法として提示された意義を探究する。

第 II 節　リース取引汎オンバランス化の問題

　リース取引汎オンバランス化を前提とする場合，レシーの使用に供されるリース物件の公正価値とレサーが取得する契約上のキャッシュ・フローの現在価値（リース債権）は，当初認識においてリース物件の残余価値の現在価値だけ乖離する。ここで残余価値（residual value）とは，リース期間終了時点におけるリース資産の見積公正価値をいい，その現在価値は，レサー側における残余持分（residual interest）をあらわす。

　残余価値は，リース物件の経済的耐用期間を所与とすれば，リース期間が短

第6章 リース取引の認識を巡る諸問題

図表1 ストック評価の差異

	レシー B/S		レサー B/S		
リース料総額の現在価値（金融負債の公正価値）	使用権	支払義務	受領権		リース物件の公正価値
残余価値の現在価値				残余持分	

期になるほど大きくなる。したがって，短期リースを含むリース取引汎オンバランス化を議論するにあたり，残余価値の存在は無視できないことになる[2][3]（図表1参照）。

残余価値の扱いは，2つのモデルで相違する。支払総額の現在価値をレシーの資産・負債の評価額とする使用権モデルは，残余価値を計上しない。他方，リース物件の公正価値を評価額とする総資産モデルは，残余価値を計上する。以下，この点を踏まえ，2つのモデルの比較考察を試みる。

第 III 節　レシー側における使用権モデルと総資産モデルの比較考察

1　資産・負債の認識対象の差異

本節では，Agenda Paper 12A, B（IASB [2007c, d]）に基づき，レシー側におけるそれぞれのモデルを概観する[4]。図表2は，設例1（単純ノンキャンセラブル・リース）の数値に基づき，それぞれのモデルを適用した場合におけるレシー側の当初認識時の測定値を示したものである（IASB [2007d], Appendix1; IASB [2007b], Appendix1）。

設例1　次の条件に基づき，機械（耐用期間5年，残存価額1,000）を3年間リースする契約を締結した。
- リース物件の取得原価　　10,000

- 年間リース料（後払い）　　2,474
- 第3期末の残余価値　　5,121
- リース開始時におけるリース料総額の現在価値（利率10%）　6,153
- リース開始時における残余価値の現在価値（利率10%）　3,847

図表2　単純ノンキャンセラブル・リース（レシー側）

モデル	使用権モデル	総資産モデル
使用権／機械	6,153	10,000
支払義務	(6,153)	(6,153)
返却義務		(3,847)

なお，設例1のようなノンキャンセラブル・リースとは，リース期間の中途において，レシーがリース物件を返却し，かつ，支払を停止する契約上の権利（contractual right）を有さないリースをいう。つまり，ノンキャンセラブルの特性は，無条件の権利（unconditional right）の措定にある（IASB [2007c], par.21)[5]。

使用権モデルは，リース物件の引渡しを契機に，レシーがリース期間にわたり当該物件を使用する無条件の権利を有することを論拠として，使用権を資産認識し（IASB [2007d], par.5)，それに対する支払義務としてリース料を負債認識する方法である（IASB [2007d], par.6)。したがって，このモデルでは，リース期間終了後のリース物件にかかる権利・義務を資産・負債として認識することはしない（IASB [2007d], par.7)。

いうまでもなく，使用権は，所有権とは異なる。所有と同視できない大部分のリースについては，権利の資産性を否定する切捨点（cut-off point）が存在しないことから，使用権の多寡が資産として直接的に表現される（IASB [2007d], par.14)。これは，すべてのリースにおいて所有との同質性を見出す総資産モデルとは対照的である。

総資産モデルは，リース期間にわたりリース物件がレシーの支配下にあることを論拠として，①リース期間中の経済的便益にかかる権利および②リース期

間終了時の資産の占有 (the possession of the asset at the end of the lease term) を資産として認識する。その結果,リース物件全体の経済的価値を資産認識することになる。そして,かかる総資産と対応すべく,③リース期間中の支払にかかる債務および④リース期間終了時に資産を返却する義務を負債として認識する。なお,返却義務は,リース期間が短期になるにつれ,比重を増すことになる (IASB [2007d], par.18)。図表 3 は,Agenda Paper 12B に基づき,総資産モデルにおける資産・負債の認識対象を図示したものである。

図表 3　総資産モデルのストック表現（イメージ図）

リース物件の公正価値	資　産　側	負　債　側
	①使用権	③支払義務
	②リース期間終了時の占　有	④返却義務

図表 4 は,設例 1 の数値に基づき各モデルにおける資産・負債の認識対象を示したものである (IASB [2007d], pars.9, 21)。

図表 4　単純ノンキャンセラブルリースのレシーの資産・負債

	使用権モデル	総資産モデル
資産	リース期間にわたり機械を使用する権利(①)	以下をあらわす資産 リース期間にわたり機械を使用する権利(①) リース期間終了時の機械の占有(②)
負債	リース期間にわたる支払にかかる債務(③)	リース期間にわたる支払にかかる債務(③) リース期間終了時に機械を返却する義務(④)

出典：IASB [2007d], pars.9, 21

2　経済事象の識別に関する相違点

図表 4 より,2 つのモデルの異同は,リース期間終了後の権利②および義務

④の認識の有無にあること，ひいては，残余価値計上の有無にあることが明らかとなる。

共同プロジェクト（IASB ［2007d］, pars.24-25）は，レシーがリース期間終了後にリース物件から派生する経済的便益に対する権利を有さないことを理由に，リース期間終了後の権利・義務のオンバランスを否定する[6]。これが，総資産モデルを棄却する理由である（IASB ［2007d］, par.49(b)）。

だが，2つのモデルは，相互排他的ではなく，むしろ相互補完的な関係にあると考えられる。そこで，以下では，使用権モデルおよび総資産モデルにおけるオンバランスの論理の根源を探るべく，それぞれが認識対象として識別する経済事象の違いを比較考察する。

まず，使用権モデルにおいて識別される経済事象を検討する。Nailor and Lennard ［2000］は，使用権モデルの一般的効果として財務弾力性（financial flexibility）の反映を挙げている（par.3.24）。会計基準設定団体が財務弾力性概念をはじめて詳述した文献であるFASB討議資料（FASB ［1980］）によれば，財務弾力性とは「企業が予期しないニーズや機会に対処すべく，将来のキャッシュ・フローの金額とタイミングを変更する効果的な行動をとる企業の能力」（par.6）をいう。企業は，営業活動状況の変化に伴う予期しない新規の投資機会に得るために，または，危機を生き延びるために，財務弾力性を必要とする。ここで，財務弾力性の高い企業とは，営業活動からの多額のキャッシュ・インフロー，大きな借入能力および換金性の高い資産を有する企業をいう（FASB ［1980］, p.i）。

財務弾力性への着眼は，共同プロジェクトにおける次の記述にも踏襲されている。「機械の使用権は，機械がキャッシュ・インフローを創出し，かつ<u>キャッシュ・アウトフローを減額するために使用される</u>」（IASB ［2007c］, par.19, 下線部―筆者）。レシーは，購入ではなくリースを選択することによって，リース物件の使用によりもたらされる将来キャッシュ・インフローを獲得するだけではなく，将来キャッシュ・アウトフローを抑制することを期待する。そうであれば，使用権モデルのもとでは，リースという経済事象がレシーの財務弾力

性を高める活動として捉えられることが確認されるであろう。

使用権モデルと財務弾力性の関係は，更新オプション付リースを例にとって説明することもできる[7]。以下，Agenda Paper 9, 10（IASB [2007a, b]）に基づき検討する。図表5は，設例2（更新オプション付リース）の数値に基づき，レシー側における当初認識時の測定額を示したものである（IASB [2007b], Appendix1）。

設例2 設例1のリースについて，次の条件に基づき2年間の更新オプションを付与した。
- 2年間の更新オプションの価値　X
- 第5期末の残余価値　1,000
- リース開始時の残余価値の現在価値（利率10％）　622
- 5年間のリース料総額の現在価値（利率10％）　9,378

図表5　更新オプション付リース（レシー側）

モデル	使用権モデル	総資産モデル
使用権／機械	6,153−X	10,000
オプション	X	
支払義務	(6,153)	(6,153)[*1]
返却義務		(3,847)[*1]

[*1] 支払義務を9,378で測定し，返却義務を622で測定することも可能である（IASB [2007b], fn.2）。

図表5に示すとおり，更新オプション付リースにおいては，ノンキャンセラブル・リース期間（3年間）にかかる無条件の使用権および支払義務のほか，更新オプションが別個の資産として認識される（IASB [2007b], par.7）。当該オプションは，行使日まで時間価値を有し，よって，経済的便益の流入を生起することが可能であることから，無条件の権利として資産性が認められる（IASB [2007a], par.11）[8]。

更新オプション自体が無条件の権利とみなされる一方で，更新期間（2年間）にかかる使用権は，オプション行使を条件とする権利とみなされ，資産として認識されない（IASB [2007a], par.10）。同様に，更新期間にかかる支払義務についても，経済的便益のアウトフローの回避が可能であることから，条件付義務とみなされ，負債として認識されない（IASB [2007a], pars.14-15）。
　使用権モデルにおいてレシーの更新オプションの評価額（設例2の数値で示すと，X）は，当初期間の使用権と一括してリース料総額の現在価値に反映されている。つまり，更新オプションは，あくまで，リース（再リース）の中止・継続の選択権に対する現在の投資と性格付けられている。このように借方ではなく，貸方項目の数値に目を転ずると，結局のところ，使用権モデルにおける無条件（ノンキャンセラブル）という唯一の認識要件は，現在の投資により拘束されるキャッシュ・アウトフローを画定する機能を有すると指摘できる。
　なお，この見方は，使用権モデルの測定に照らしても正当性を有する。共同プロジェクトが公表した Agenda Paper 13D（IASB [2008], pars.2, 4）によれば，レシーの使用権と支払義務は，現行リース会計基準におけるファイナンス・リースと同様に，最低リース料支払額（minimum lease payments）の現在価値，すなわち現在の投資にかかる将来キャッシュ・アウトフローに基づき測定される[9]。
　以上を総括すると，使用権モデルは，リースの財務弾力性をあらわすべく，現在の投資にかかる将来キャッシュ・フローを措定する。したがって，リース期間終了時の権利・義務をあらわす物的占有（権利②）および返却義務（義務④）は，将来の投資にかかる将来キャッシュ・フローであることを根拠として，資産・負債として認識されない。
　次に，総資産モデルにおいて識別される経済事象を検討する。
　総資産モデルは，権利・義務の認識ではなく物的資産（リース物件全体）の認識を第一義とする。共同プロジェクトにおいては，適用の簡便性や理解の容易性が，その論拠として挙げられている（IASB [2007d], pars.22-23）[10]。事実，物的資産の公正価値は，市場が整備されている限り，契約当事者の恣意性

が介入する余地のない客観性および硬度に優る測定額であるといえる。

　総資産モデルに関しては，長期リースを選択する企業と購入を選択する企業との比較可能性の観点から，使用権モデルより優れているとの見解が存在する（IASB［2007d］, par.48(j)）。同様の論考として，Monson［2001］は，とくに資本集約的事業（property-intensive enterprises）に対して，総資産モデルの選択適用を提唱する（Monson［2001］, pp.277-280）。

　Monson［2001］が総資産モデルを提唱し，物的資産の認識を重視するのは，営業能力を維持するための所要資本を表示しようと考えているからである。つまり，リースか購入かを問わず，物的世界の実在性（tangible reality of the physical world）を資産として報告しようと考えているからである（p.283）。たとえば，「航空会社が…（中略—筆者）…乗客を乗せる場合には，無形の資産ではなく航空機全体に乗客を乗せることに議論の余地はない」（p.283）と述べられている。ここで，「無形の資産」とは，使用権モデルにおける使用権を意味し，「航空機全体」とは，総資産モデルが表現しようとする企業の営業能力を含意する。以上より，総資産モデルは，リースという経済事象をレシーの営業能力を維持する活動として識別するといえる。

　このように総資産モデルは，営業能力維持資本として物的資源を認識することから，購入との比較可能性を担保するという利点を有することになる。FASB財務会計概念書（SFAC）5号によれば，「利益情報は，たとえば，総資産利益率や株主資本利益率を計算することによって，貸借対照表と連繋してはじめて意味のある企業間比較または期間比較が可能となる」（FASB［1984］, par.24(b), 訳書，222頁参照）。たとえば，総資産利益率の算定方法に着目すると，資産額が購入（割賦購入）の場合と同一であることから，リースか購入かの選択を問わず，収益力の比較が可能となる[11][12]。

　総資産モデルが物的資源の資産認識を第一義とするならば，支払義務を債務額により認識し，返却義務を物的資産の公正価値と債務額の差額によって認識する必要性が生じてくる。

　Monson［2001］（p.282）では，残余価値相当額の返却義務を計上すること

によって,「航空会社の財務諸表利用者は,当該企業がリース期間終了時に市場利子率で当該リース物件を再調達するか,または当該物件を返却して重要な収入源を失うことになるのかを知ることができる」と述べられている。ここで,残余価値相当額は返却義務の性格を有するのではなく,ある程度の蓋然性において,再投資にかかる資金調達源泉と解される。たとえば,資本集約的事業においては,リース期間終了後も同程度の営業能力を維持するために再調達ないし新規調達する可能性は高い。この場合において負債全体は,解約不能なリース期間および更新期間(再投資期間)にわたる資金調達源泉と解される[13]。

この解釈の正当性は,更新オプション付リースの設例において証明される。支払義務の評価は,ノンキャンセラブル期間の実際支払義務相当額(設例 2 では,6,153)のみならず,更新期間を含めた金額(9,378)によることも可能であり,差額計算される返却義務の金額は,いずれの方法に基づくかにより異なる(図表 5 の注 1 参照)。とりわけ,更新オプションの付与によって再調達の可能性が高い場合には,支払義務と返却義務を明示的に識別する必要性は小さくなる。これは,資産側において更新オプションが,ノンキャンセラブルかキャンセラブルかを問わず,物的資産に含まれる形で認識されるがゆえ個別に識別されない(IASB [2007b], par.23)ことと整合する(図表 6 参照)。

図表 6　総資産モデルのストック表現(イメージ図)

リース物件の公正価値	資　産　側	負　債　側
	①営業能力維持資本	②現在・将来の資金調達源泉

本節を総括すれば,使用権モデルは,リースを「財務弾力性を高める活動」と解するがゆえに,「キャッシュ・アウトフローの現在価値」を認識範囲とする。他方,総資産モデルは,リースを「営業能力を維持する活動」と捉えるがゆえに,「リース物件の公正価値」を認識範囲として把握すると整理される。

第6章 リース取引の認識を巡る諸問題

第Ⅳ節　レサー側における使用権モデルと総資産モデルの比較考察

1　資産・負債の認識対象の差異

　本節では，第一に，単純ノンキャンセラブルリースを前提として，レサー側におけるそれぞれのモデルを概観する。図表7は，設例1の数値に基づき，それぞれのモデルを適用した場合におけるレサー側の当初認識時の測定額を示したものである（IASB [2007d], Appendix1; IASB [2007b], Appendix1）。図表7に示されるとおり，レサー側においては，評価額上，2つのモデルに差異は顕在しない。

図表7　単純ノンキャンセラブル・リース（設例1）のレサーのストック計算

モデル	使用権モデル	総資産モデル
リース債権	6,153	6,153
残余持分	3,847	3,847

　使用権モデルにおいて，レサーは次の2つを資産として認識する。①契約上の権利たるリース料受領権（right to receive rental payments），および②リース期間終了後におけるリース物件の持分（interest in the machinery），すなわち残余権（residual property rights）（IASB [2007d], par.8）である。
　前者①の権利は，リース契約に基づくレシーへのリース物件の引渡しを契機に，将来の経済的便益を生起する無条件の権利として資産性が認められる（IASB [2007c], par.38）。これに対して，後者②の権利は，リース契約を契機とせず，レサーによるリース物件の当初取得により当該権利の支配が成立することを根拠とする。ここで，残余権は，リース期間終了後におけるリース物件の使用（売却・再リース）によりレサーに経済的便益をもたらす権利として，その資産性が認められる（IASB [2007c], par.41）。
　他方，総資産モデルにおいて，レサーは次の2つを資産として認識する。③

リース料受領権，および④リース期間終了時にリース物件の返却を受ける権利（IASB［2007d］，par.19）。なお，後者④の権利は，リース期間後にリース物件の使用により派生する経済的便益にかかる権利（すなわち，残余権）を含む（IASB［2007d］，fn.3）[14]。ここで総資産モデルは，残余持分を残余権の返却を受ける権利と解している。換言すれば，このモデルにおいては，リース期間終了後の便益の支配が，リース期間開始時にレシーに移転すると仮定される。

図表8は，設例1の単純ノンキャンセラブルリースにつき，それぞれの方法が認識する資産・負債を対照表示したものである（IASB［2007d］，pars.9, 21）。

図表8　単純ノンキャンセラブル・リースのレサーの資産

	使用権モデル	総資産モデル
資産	・リース料受領にかかる債権（①） ・リース期間終了後の残余持分（②）	・リース料受領にかかる債権（③） ・リース期間終了時にリース物件の返却を受ける権利（④）

出典：IASB［2007d］，pars.9, 21

2　経済事象の識別に関する相違点

2つのモデルの異同は，図表8で示されるとおり，残余価値相当額をリース期間終了後の経済的便益にかかる権利とみなすか（②），それに返却を受ける権利も含めるか（④）という残余持分の資産性の違いに求められる。レシー側では，残余価値計上の有無という明確な異同があるのに対して，レサー側においては，残余持分の違いが異なるだけである。

しかし，2つのモデルは，更新オプションの扱いが相違する。図表9は，設例2に基づき，それぞれのモデルを適用した場合におけるレサー側の当初認識時の数値を示したものである（IASB［2007b］，Appendix1）。

第6章　リース取引の認識を巡る諸問題

図表9　更新オプション付リース（設例2）のレサーのストック計算

モデル	使用権モデル	総資産モデル
リース債権	6,153	9,378[*1]
残余持分	3,847	622[*1]
オプション	(X)	

[*1] レシー側における総資産モデルの処理方法を勘案すれば、レサー側において、リース債権を更新期間を含めない6,153で評価し、残余持分を物的資源の公正価値とリース債権の差額である3,847で評価する処理方法も想定されうる。

　図表9に示すように、使用権モデルは、当初期間にわたるリース料受領権（リース債権）、ならびに、更新期間およびそれ以降のリース物件の使用により派生する経済的便益にかかる権利（残余持分）という2つの資産を認識する。後者のうち、更新期間に生起する経済的便益にかかる権利は、当然ながらレシーの更新オプション行使により、更新期間にわたるリース料受領権に代わりうる（IASB［2007a］, pars.19-20; IASB［2007b］, par.7 and Appendix1）。

　なお、使用権モデルにおいて、更新オプション料受領権（right to receive payment for the lessee's option to extend the lease）は、それ自体個別の資産として認識されないものの、当初期間にわたるリース料受領権（図表9の数値で示すと、6,153）に含まれる。したがって、更新オプション料受領権と均衡する項目として、更新期間にリース物件の使用を許容する待機義務（stand-ready obligation）が負債として認識される（IASB［2007b］, pars.7-8）。ここで待機義務とは、不確実な将来事象の発生または不発生により企業が条件付債務を履行するために待機する無条件の義務をいう。これは、サービスを提供するための無条件の義務であり、経済的便益の流出をもたらすとして負債とされる（IASB［2007g］, par.11）。

　単純ノンキャンセラブル・リースにおいて、リース物件の使用を許容する義務それ自体は、将来の経済的便益の流出をもたらさないことから、その負債性は否定される。しかしながら、更新オプションが付与される場合には、更新期

間における経済的便益の流出が想定されることから，それは無条件の義務として負債性を帯びることとなる（IASB［2007a］, pars.21-22）。

以上を踏まえれば，使用権モデルのストック表現は，契約条件を忠実にあらわすことを目的とした将来の経済的便益の構成要素化にあるといえる。前述のとおり，使用権モデルは，更新オプションの付与により，新たに生起する権利・義務として，更新オプション料受領権（新たな便益の流入）およびこれに均衡する項目である更新期間にかかる待機義務（新たな便益の流出）を認識する。つまり，使用権モデルは，リースの本質を契約当事者間における権利と権利（または義務）の交換[15]と捉え，それを忠実に表現する方法であると解釈できる。

他方，総資産モデルは，更新オプション付リースの場合，当初期間および更新期間にかかるリース料受領権（リース債権），ならびに，更新期間以降にリース物件の返却を受ける権利（残余持分）を資産として当初認識する（IASB［2007b］, par.23 and Appendix1）。なお，後者のリース物件の返却を受ける権利は，前述の総資産モデルの趣旨に照らせば，更新期間以降にリース物件の使用から派生する経済的便益にかかる権利（残余権）を含むと解される（図表9の注1参照）。図表10は，設例2の数値に基づくレサー側の資産負債をモデル別に対照表示したものである（IASB［2007b］, pars.8, 23 and Appendix1）。

図表10　更新オプション付リースのレサーの権利・義務

	項目名	使用権モデル	総資産モデル
資産	リース債権	当初期間のリース料受領権（更新オプション料受領権を含む）[16]	当初期間のリース料受領権 ＋ 更新期間のリース料受領権
資産	残余持分	更新期間およびそれ以降にリース物件から便益を受ける権利（残余権）	更新期間以降にリース物件の返却を受ける権利
負債	オプション	更新期間にリース物件の使用を許容する待機義務	―

出典：IASB［2007b］, pars.8, 23 and Appendix1

総資産モデルは，レサーがリース期間終了後にかかる一切の財産権を留保す

第 6 章　リース取引の認識を巡る諸問題

る場合（すなわち，所有権が移転しない場合）であっても，リース期間終了後にレシーからの権利が返却されることが想定されている。共同プロジェクトは，これを総資産モデルの「誤謬」という（IASB [2007d], par.27）。

総資産モデルは，レサーからレシーへの財の移転に伴い，その使用により派生するすべての便益の支配が移転することを前提とする。この前提は，既述のとおり，レシー側における総資産モデルの論法と軌を一にする。なぜなら，物的資産の営業能力への着眼から，当該資産を使用する企業（リース期間中においてはレシー）がすべての便益を支配すると想定するからである。よって，総資産モデルは，リースを権利と権利（義務）の交換取引ではなく，概念上，物財の売買取引，すなわち，財と権利（義務）の交換取引を仮定するといえる。

最後に，残余持分について付言すると，たとえば，更新期間にわたるリース物件の使用によりレサーに流入する便益は，更新オプション行使以前において，レシーからのリース料として実現するか，または，第三者からのリース料ないし売却収益として実現するか，未確定である。しかしながら，2つのモデルはともに，当該便益にかかる権利を資産として認識する。なぜなら，レサーはリース物件の所有権者として，いかなる形であれ，当該便益を享受するからである。このようなレサーの特性に着目すると，いずれにおいてもリース物件の当初取得価額（公正価値）の資金が拘束されることが確認される。

第 V 節　使用権モデルの限界と総資産モデルの意義

第III節で指摘したように，使用権モデルは，リースを本質的に「財務弾力性を高める企業行動」と措定し，「現在の投資（解約不能なリース期間）にかかるキャッシュ・アウトフロー」を拘束すると考える。これに対して，総資産モデルは，リースを「営業能力を維持する企業行動」と措定し，「現在・将来の投資（リース物件の経済的耐用期間）にかかる資金源泉」を拘束すると考える。両者の異同は，投下資金に着目すれば，「将来の投資（再投資／更新期間）に

かかる資金フロー」（残余価値相当額）の解釈に起因する。

本節は，この異同に注目して，第1に，使用権モデルが識別する財務弾力性について詳述し，第2に，使用権モデルの限界を明示し，第3に，総資産モデルの意義に言及することを試みる。

1　財務弾力性の概要

FASB財務会計概念書（SFAC）第5号によれば，「企業の財政状態に関する情報は，情報利用者が企業の流動性，財務弾力性，収益力およびリスクの評価を容易に行おうとする場合において，最も重要なものとして利用される」（FASB［1984］, par.29）。ここで財務弾力性の有用性とは，将来キャッシュ・フローの不確実性の評価に資する点にある（FASB［1980］, p.ⅴ）。

多くの企業は，長期計画を策定し，投資回収期間が長期にわたるプロジェクトに資金を投下する。かかる投資意思決定は，将来キャッシュ・フローの見積りを基礎とする。だが，これは，将来の企業環境および企業活動を前提とするため，不確実性を免れない（FASB［1980］, par.249）。財務弾力性は企業の適応能力（adaptability）の尺度として機能する。たとえば，企業は，好況期に予期しない投資機会に恵まれ，他方，不況期には資金不足に陥るかもしれない。このような有利・不利な状況変化に適応できるよう財務的資源を留保する企業の能力が財務弾力性である（FASB［1980］, p.ⅰ, pars.17, 250-251参照）。

ここで着目すべきは，不確実性の程度が企業ないしプロジェクトに依存することである（FASB［1980］, par.253）。一般に，高リスクのプロジェクトは，低リスクのプロジェクトに比して高い財務弾力性が必要とされる（FASB［1980］, par.257）[17]。換言すれば，高リスクのプロジェクトを多く抱える企業は，頻繁に資本を変更する機会を有するため，環境変化への適応度が高いという傾向をもつ。その典型的な業種は，短期間で商品を売り上げて，顧客の好みの変化に即時対応する小売業である。なお，このように財務弾力性が高い場合，プロジェクトへの再投資は必要条件ではなく，リターンによってカバーされる支払利息や固定費の比率は小さいことから，非裁量キャッシュ・アウトフロー

第 6 章　リース取引の認識を巡る諸問題

(nondiscretionary cash outflow)[18]が小さいという特徴が指摘される。他方，財務弾力性の低いプロジェクトを抱える業種の典型例は，鉄鋼業である。このような業種は，投資回収に長期間を要するため，環境変化への即時対応は困難であった（以上，FASB［1980］, par.260参照）[19]。図表11は，財務弾力性の程度の観点から，プロジェクトの特徴を示したものである。

図表11　財務弾力性の観点からのプロジェクトの特徴

プロジェクトの特徴	キャッシュ・アウトフローの特徴	資本の特徴	再投資の特徴	典型業種
財務弾力性が高い	裁量的支出	可変性	条件低い（自由度高い）	小売業
財務弾力性が低い	非裁量的支出	不変性	条件高い（自由度低い）	鉄鋼業

しかしながら，企業は，プロジェクトの性格によらず，次の方法により，新たな資金調達源泉を捻出して財務弾力性を高めることができる（FASB［1980］, par.252）。

(a)　投資家・債権者からの追加的資本調達
(b)　営業外資産の流動化
(c)　計画された営業活動および投資活動の変更

これらの企業活動は，通常の営業活動以外の新たな資金源泉の取得を意味する。したがって，プロジェクト固有の性質により財務弾力性が低い企業は，これら財務弾力性の源泉に目を向けることとなる（FASB［1980］, par.260）。図表12は，財務弾力性の源泉を図示したものである（FASB［1980］, Exhibit9-1 "Sources of Financial Flexibility"）。

153

図表12　財務弾力性の源泉

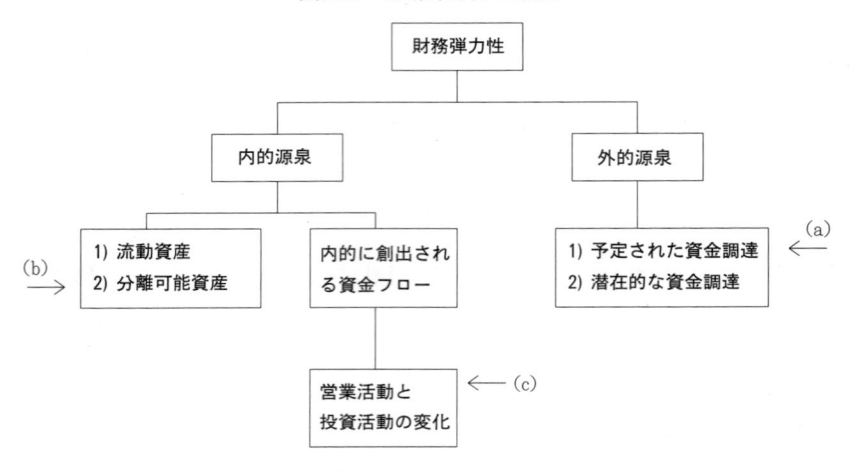

```
             財務弾力性
         ┌──────┴──────┐
       内的源泉         外的源泉
    ┌────┴────┐      ┌────┴────┐
                              (a)
  1) 流動資産   内的に創出され  1) 予定された資金調達  ←
  2) 分離可能資産 る資金フロー   2) 潜在的な資金調達
(b)→                  │
                 営業活動と    ← (c)
                 投資活動の変化
```

出典：FASB [1980], Exhibit9-1

　株式発行や借入による資金調達は，(a)の「投資家や債権者による追加的資本調達」に相当する。これを字義通り解釈すれば，リースや（割賦）購入は，手元流動性を用いない資金調達を前提とする限りにおいて，裁量的キャッシュ・インフローをもたらす[20]。しかしながら，リースと割賦購入は，当然ながら設備投資手段であるため，その裁量的キャッシュ・インフローを設備投資に拘束することから，結果として弾力性を高めることはない。ただし，いずれにおいても，前払いではなく，契約期間にわたり定期的に支払が行われる場合には，支払義務のうち未払相当額が非裁量項目として留保されるため，その分財務弾力性を高めることが指摘される。要するに，リースと割賦購入は，未払相当額だけ弾力性を高めるという意味において，等値と解される。

　しかしながら，さらにリースは，(c)の「営業・投資活動の変化」にも関連する。ここで，リースは，(a)という「外的な」資金調達源泉（財務活動によるキャッシュ・インフローの増加）のみならず，(c)という「内的な」資金調達源泉（投資活動によるキャッシュ・アウトフローの減少）をも取得する投資活動であると定義されうる。以下，後者についてさらに掘り下げる。

第6章　リース取引の認識を巡る諸問題

2　使用権モデルの限界と総資産モデルの意義

(c)の「投資活動の変化」とは、リースの文脈においては、設備投資を購入からリースに切り替える場合に相当しよう。この場合、固定資産の占有にかかる現金支出の性質は、非裁量項目から裁量項目へ転換する。この金額は、契約条件によって自由に増減できる。

より具体的に述べると、再投資（設例2では、更新期間）の自由度が高い場合、残余価値相当額の投下資本は、裁量項目として解約不能なリース期間にわたり非拘束の状態にあると解釈される。つまり、リースによって、残余価値相当額だけ財務弾力性が高まることが指摘される。たとえば、オペレーティング・リースの場合、残余価値相当額の割合が高く、その分裁量性を増すことになる。事実、オペレーティング・リースが企業の財務弾力性を高める旨の指摘は散見されるところである[21]。

以上を所与として、使用権モデルを適用する場合、残余価値相当額の投下資本は、オフバランスされることで、新規投資への配分額や新規借入の限度額といった「貸借対照表項目に直接的には関連しないキャッシュの潜在的資源(potential sources of cash)」(FASB [1980], par.184) を表出する。つまり、再投資の変更を頻繁に行う企業は、使用権モデルに基づき残余価値相当額の資本を識別し、かつそれをオフバランスすることで、財務弾力性を適正に表示できることになる。

これに対して、再投資（更新期間）の自由度が低い場合、現在の投資による投資利益（キャッシュ・インフロー）の継続が期待される。この場合、リース期間終了後も引き続き同程度の営業能力を維持するために契約更新する可能性は高く、当初から再投資が想定される。このような状況は、所有を選択した場合と同一である。つまり、残余価値相当額の資本は、当初からリースに拘束され続けると仮定される。とするならば、再投資を必然とする企業が短期リースを利用した場合、使用権モデルに基づくと、財務弾力性の過大表示、さらには、総資本利益率の過大表示が懸念される。

総じて言えば，総資産モデルの存在意義は，再投資にかかる資本（残余価値相当額）が実質的に拘束されている場合において，収益力の尺度のみならず，財務弾力性の状況をより正確に情報利用者に提供することにある。

　IASBとFASBの概念フレームワーク共同プロジェクトが公表した討議資料（IASB［2006a］）によれば，財務報告は企業の将来キャッシュ・フローの金額，実現時期，不確実性に関する評価に役立つ情報を提供する。そして，かかる情報を基に，投資家等は，企業の財務面での強みと弱点を識別し，その流動性と支払能力を評価する。また，投資家等は，経済資源による潜在的なキャッシュ・フローを知ることができる（IASB［2006a］, OB3, OB20, 訳書, 15, 21頁）。この観点から，財務弾力性を第一義に表現する使用権モデル，および営業能力を表示する総資産モデルは，相対的に評価されるべきであろう。

第Ⅵ節　結　び

　以上，使用権モデルと総資産モデルの比較考察を通じて，リース取引汎オンバランス化を所与とする新たな問題を検討してきた。

　本章は，第1に，2つのモデルの資産・負債の認識対象および測定額の差異を考察の起点として，レシー側におけるリース取引から識別される経済事象の二義性—財務弾力性を高める活動と営業能力を維持する活動—に言及した。また，それらが，財務弾力性の可変性と営業能力維持資本の不変性という二種のストック表現を導出することを明示した。そして，第2に，レサー側におけるリース取引から識別される経済事象の二義性—権利と権利の交換と財と権利の交換—に言及した。また，それらのストックの範囲が，所有権者というレサーの特性からは同一であると指摘した。そして，第3に，レシー側における使用権モデルに内在する財務弾力性の過大表示の可能性を指摘し，それを補完すべく総資産モデルを提唱すべきことを指摘した。使用権モデルは，たとえば同様の事業の継続が要請される公共事業のような業種の場合，投資の継続性（投資

第 6 章　リース取引の認識を巡る諸問題

の不変性）の反映に適さない。このような場合には，営業能力維持の所要資本の存在を前提とする総資産モデルに理があるといえる。

なお，本章は，共同プロジェクトにおける一連の Agenda Paper 同様，キャンセラブル・リースを考察対象から除外した。よって，現行リース会計基準はもとより使用権モデルにおいても，多くのリースがキャンセラブルを条件に設計されているという現実は度外視したことになる[22]。しかしながら，ノンキャンセラブルとキャンセラブルの区別なく認識する総資産モデルの論理を敷衍すれば，投資の継続性が想定される限りにおいて，キャンセラブル・リースを認識するという「異見」も一概に否定できないであろう。

リース取引汎オンバランス化を前提とする使用権モデルと総資産モデルの比較考察は，既知のリース会計理論とはまた別の視点からリース取引の認識を巡る諸問題に向き合うことを可能とする。

参考文献

American Accounting Association (AAA), Financial Accounting Standards Committee, "Commentary: Evaluation of the Lease Accounting Proposed in G4+1 Special Report," *Accounting Horizons*, Vol.15 No.3, 2001, pp.289-298.

American Institute of Certified Public Accountants (AICPA), *Accounting Research Bulletin No.43, Restatement and Revision of Accounting Research Bulletin*, FASB, June 1953.

Bierman, Harold Jr. and Seymour Smidt, *The Capital Budgeting Decision; Economic analysis of investment projects* (9th edition), Routledge, 2007.

Botosan, Christine A., Koonce, Lisa, Ryan, Stephen G., Stone, Mary S., Wahlen, James M., "Accounting for Liabilities: Conceptual Issues, Standard Setting, and Evidence from Academic Research," *Accounting Horizons*, Vol.19 No.3, 2005, pp.159-186.

Financial Accounting Standards Board (FASB), *Statement of Financial Accounting Standards* (SFAS) *No.13, Accounting for Leases*, November 1976（日本公認会計士協会国際委員会訳『米国 FASB 財務会計基準書リース会計・セグメント会計他』同文舘，1986年）．

―, *Discussion Memorandum, Reporting Funds Flows, Liquidity, and Financial Flexibility*, December 1980.

―, *Statements of Financial Accounting Concepts (SFAC) No.5:Recognition and Measurement in Financial Statements of Business Enterprises*, December 1984（平松一夫，広瀬義州訳『FASB 財務会計の諸概念（増補版）』中央経済社，2002年）．

―, *Statements of Financial Accounting Concepts (SFAC) No.6:Elements of Financial Statements*, December 1985（平松一夫，広瀬義州訳『FASB 財務会計の諸概念（増補版）』中央経済社，2002年）．

―, *Statement of Financial Accounting Standards No.140, Accounting for Transfers and Servicing of Financial Assets and Extinguishments of Liabilities*, FASB, September 2000.

―, *Statement of Financial Accounting Standards No.141, Business Combinations*, FASB, June 2001a.

―, *Statement of Financial Accounting Standards No.142, Goodwill and Other Intangible Assets*, FASB, June 2001b.

―, *Statement of Financial Accounting Standards No.141 (revised 2007), Business Combinations*, FASB, December 2007.

International Accounting Standards Board (IASB), *Revised version of Accounting Standards No.16, Property, Plant and Equipment*, IASB, December 2003a（㈶財務会計基準機構・企業会計基準委員会訳『国際会計基準審議会 国際財務報告基準書（IFRSsTM）2007』レクシスネクシス・ジャパン，2007年）．

―, *Revised version of International Accounting Standards No.17, Leases*, IASB, December 2003b（㈶財務会計基準機構・企業会計基準委員会訳『国際会計基準審議会 国際財務報告基準書（IFRSsTM）2007』レクシスネクシス・ジャパン，2007年）．

―, *Revised version of Accounting Standards No.32, Financial Instruments: Presentation*, IASB, December 2003c（㈶財務会計基準機構・企業会計基準委員会訳『国際会計基準審議会 国際財務報告基準書（IFRSsTM）2007』レクシスネクシス・ジャパン，2007年）．

―, *Revised version of Accounting Standards No.38, Intangible Assets*, IASB, March 2004a（㈶財務会計基準機構・企業会計基準委員会訳『国際会計基準審議会 国際財務報告基準書（IFRSsTM）2007』レクシスネクシス・ジャパン，2007年）．

―, *Revised version of Accounting Standards No.39, Financial Instruments: Recognition and Measurement*, IASB, March 2004b（㈶財務会計基準機構・企業会計基準委員会訳『国際会計基準審議会 国際財務報告基準書（IFRSsTM）2007』レクシスネクシス・ジャパン，2007年）．

―, Discussion Paper: *Preliminary Views on an improved Conceptual Framework*

第6章　リース取引の認識を巡る諸問題

　　for Financial Reporting - The Objective of Financial Reporting and Qualitative Characteristics of Decision-useful Financial Reporting Information, 6 July 2006a（財団財務会計基準機構・企業会計基準委員会訳「ディスカッション・ペーパー：改善された財務報告に関する概念フレームワークについての予備的見解：財務報告の目的及び意思決定に有用な財務報告情報の質的特性」2006年）．
―, *Information for Observers: Agenda proposal-Leasing*（*Agenda Paper 9A*），19 July 2006b.
―, *Information for Observers: Identification of assets and liabilities arising in a lease with a Lessee option to renew*（*Agenda Paper 9*），15 February 2007a.
―, *Information for Observers: Analysis of different accounting models for a lease with a lessee option to renew*（*Agenda Paper 10*），15 February 2007b.
―, *Information for Observers: Identification of assets and liabilities arising in a simple lease*（*Agenda Paper 12A*），22 March 2007c.
―, *Information for Observers: Analysis of different accounting models for a simple lease*（*Agenda Paper 12B*），22 March 2007d.
―, *Information for Observers: Measurement of the Lessee's Liability to the Lessor*（*Agenda Paper 4A*），19 June 2007e.
―, *Information for Observers: Measurement of a Lessee's Right to Use Asset*（*Agenda Paper 4B*），19 June 2007f.
―, *Information for Observers: Initial Recognition of Assets and Liabilities in Lease Contracts*（*Agenda Paper 4C*），19 June 2007g.
―, *Information for Observers: Lessee's Measurement of the Right of Use Asset and Obligation to Make Rental Payments*（*Agenda Paper 13D*），24 July 2008.
Kerr, J. St. G., *The Definition and Recognition of Liabilities*, Australian Accounting Research Foundation, 1984（徳賀芳弘訳『負債の定義と認識（第2版）』九州大学出版会，1999年）．
Kieso, Donald E. and Jerry J. Weygandt, Terry D. Warfield, *Intermediate Accounting*, John Wiley & Sons Inc, 2006.
McGregor, Warren, *Accounting for Leases: a New Approach*（*G4+1 Special Paper*），FASB, July 1996.
Monson, Dennis W., Commentary: The Conceptual Framework and Accounting for Leases, *Accounting Horizons*, Vol.15 No.3, 2001, pp.275-287.
Nailor, Hans and Andrew Lennard, *Lease: Implementation of a New Approach*（*G4+1 Position Paper*），IASC, February 2000.
Shillinglaw, Gordon, Leasing and Financial Statements, *The Accounting Review*,

Vol.23 No.3, 1958, pp.581-592.
岩田　巖『利潤計算原理』同文舘，1956年。
加藤久明『現代リース会計論』中央経済社，2007年。
佐藤信彦「リース取引の本質と会計処理」『明大商学論叢』89(2)，明治大学，2007年2月，33-50頁。
茅根　聡『リース会計』新世社，1998年。
角ヶ谷典幸「リース」河﨑照行・齋藤真哉・佐藤信彦・柴健次・高須教夫・松本敏史編著『スタンダードテキスト財務会計論Ⅱ〈応用論点編〉』中央経済社，2007年，87-114頁（第4章所収）。
徳賀芳弘「会計測定値の比較可能性」『国民経済雑誌』178(1)，神戸大学，1998年7月，49-62頁。
菱山　淳「リース資本化の会計処理の検討―Whole Asset Approach を手掛りとして―」『明大商学論叢』89(2)，明治大学，2007年2月，51-65頁。
山田辰巳「リース会計基準を巡る国際的動向―IASB と FASB の共同プロジェクト」『企業会計』59(7)，中央経済社，2007年7月，60-66頁。
拙稿「リース取引オンバランス化の会計思考」『産業経理』67(3)，産業経理協会，2007年7月，112-121頁。
拙稿「リース取引における残余価値の機能―残余価値の資本コストが損益計算に与える影響―」『横浜国際社会科学研究』13 (4-5)，横浜国立大学，2009年1月，81-99頁。

（注）
（1）共同プロジェクトが開発する単一法は，現行のファイナンス・リースとオペレーティング・リースの区分を廃し，すべてのリースに適用される。但し，非常に短期または重要性のないリースは考慮外とされる（IASB［2006b］, par.40）。これを受け，本章は，「リース取引汎オンバランス化」という用語を，ファイナンス・リースのみならず，オペレーティング・リースをも認識範囲とすることを強調する意味で用いている。
（2）Shillinglaw[1958]によれば，財産使用権の原価は，財産の購入価額から残余価値の現在価値を差し引いて算定され，これは将来支払額と同額となる。残余価値の現在価値の見積りは不確実性を伴うものの，長期リースの場合にはその金額は事実上無視できる（Shillinglaw[1958], pp.584-585, 592）。換言すれば，リース物件の経済的耐用期間を所与として，実質的に長期リース取引のみオンバランスするリスク・経済価値アプローチにおいては，2つのストック評価額は近似するため，残余価値の存在は看過ごされてきたといえる。
（3）現行リース会計基準を前提としても，「残余価値の会計処理は複雑であり，リース会計を理解する上で恐らく最大の難問を提供する」（Kieso et al.[2006], p.1108）。

(4) 共同プロジェクトにおける使用権モデルと総資産モデルの概要は，山田［2007］を参照されたい。また，後述する Nailor and Lennard［2000］における使用権モデルと総資産モデルの概要は，Monson［2001］，角ヶ谷［2007］，菱山［2007］および拙稿［2007］を参照されたい。
(5) これは，契約上の権利，すなわち条件付権利（conditional right）を有するキャンセラブル・リースとは対照をなす（IASB［2007c］, par.22参照）。
(6) 総資産モデルが資産を過大計上するとの考え方は，次のように記述されている。①リース物件の物理的占有は，その全耐用期間にわたる経済的潜在力（economic potential）について権利を有することと同義ではない。②ゆえに，レシーは，リース期間終了後にリース物件から派生する経済的潜在力にかかる契約上の権利を一切もたない。リース期間終了後のレシーは保管者と同様，第三者（レシー）のために財産を保管するに過ぎない。③したがって，リース物件の物理的占有は，資産の定義に合致せず，これを認識することは，資産の過大計上に通ずる（IASB［2007d］, par.24）。

同様に，負債の過大計上については，次のように言及されている。①レシーは，リース期間終了後においてリース物件にかかる権利を有さない。②ゆえに，レシーはリース物件の返却によって，経済的便益を流出しない。③したがって，返却義務は，負債の定義に合致しない（IASB［2007d］, par.25）。

なお，同様の指摘は，Agenda Paper12A（IASB［2007c］ pars.21, 33）にも見受けられる。
(7) Nailor and Lennard［2000］は，更新オプションを財務弾力性の重要な部分と位置付ける（par.4.26）。
(8) しかしながら，更新オプションはアウト・オブ・ザ・マネーとなるかもしれず（IASB［2007a］, par.11, fn.1），未行使の可能性を勘案すれば，無条件の権利とはみなしがたいとも考えられる。事実，Nailor and Lennard［2000］は，リース開始時にイン・ザ・マネーが確実視される更新オプション（たとえば，割安更新オプション）を使用権と分離把握するものの，それ以外の更新オプションについては，一般に行使を予期すべきではないとして個別に認識しない（pars.4.9, 4.10, fn.18）。
(9) Agenda Paper 13D の勧告を具体的に述べれば，使用権の当初測定は，支払義務（obligation to pay rentals）またはリース項目の公正価値（fair value of the leased item）のうちいずれか低い方とするよう勧告される（IASB［2008］, pars.4, 10）。他方，支払義務の当初測定は，リース開始日（inception of the lease）におけるリース項目の公正価値または最低リース支払額の現在価値のいずれか低い方とするよう勧告される（IASB［2008］, par.14）。そして，後者の最低リース料支払額は，決定できるならば内在利子率（implicit rate, assuming it is determinable），または追加借入利子率（incremental borrowing rate）のいずれかをもって割り引

かれると勧告されている（IASB［2008］, par.21）。なお，追加借入利子率を用いるという要求は，現行基準の簡略化を図るという利点を有することから，多くの委員によって支持されるところであるが，Agenda Paper 13D は，現在ファイナンス・リースとして分類されるようなリースの会計処理（一義的にはレサーの計算利子率を適用する。）に変更をもたらすことを理由として，追加借入利子率による現在価値計算を勧告していない（IASB［2008］, par.20）。

　以上，現時点の共同プロジェクトの議論を見る限りにおいては，使用権モデルの考え方は，認識の論法として資産・負債の定義に依拠していようとも，結局のところ，取得原価主義の枠内にあるといえる。

(10)「総資産アプローチはまた理解が容易である。認識される資産・負債は容易に説明される。たとえば，航空機のリースは結果として，航空機，支払債務および返却義務を認識する」（IASB［2007d］, par.23）。

(11) 前述のとおり，Nailor and Lennard［2000］は，使用権モデルが ROA 等の改善に貢献するという（pars.1.17）。しかし，使用権モデルの場合，リース期間が短期であるほど当初資産負債額は少額となる。よって，財務弾力性の比較可能性（個別事象の測定値の比較可能性）は改善されても収益力の比較可能性（企業評価指標の比較可能性）は必ずしも改善されるといえない（徳賀［1998］, 53頁参照）。

(12) 岩田（［1956］, 196頁）によれば，「ことに借入設備のごときは，企業間の経営効率を比較する場合には貸借対照表に掲げる必要がある」。すなわち，営業能力維持資本としての物的資産の認識は，リースを選択する企業と購入を選択する企業とのストックを同一とすることから，収益力の比較可能性を提示する。

(13) 契約等で負債の存在が確定すれば，ある程度の蓋然性により負債は認識されうる（Kerr［1984］, pp.29-35，訳書，50-59頁参照）。さらには，蓋然性を問わず，債務事象の存在によって負債は認識されうるという見解もある（Botosan et al.［2005］, p.162）。

(14) この記述は，単純ノンキャンセラブル・リースを前提とするが，更新オプション付リースの場合においても，「リース期間終了後」を「更新期間終了後」と読み替えれば，同様である。

(15)「レサーは，レシーと機械の使用権と債権を交換する」（IASB［2007c］, par.39）。

(16) Agenda Paper 10の図中においては，"includes receipt in respect of option premium" と記述されているが（IASB［2007b］, par.8），更新オプション料受領権を含意することから，同一の訳語を用いることとした。

(17) 同じキャッシュの量を有している場合，高リスクのプロジェクトのリターンは，借入能力の利用を想定しない限り，低リスクのプロジェクト（資本集約的プロジェクト）に比して，投資に投下できるキャッシュの量が小さいことから，相対的に小さくなる。したがって，企業の意思決定上のリスクとリターンのトレード・オフの

関係と同様に，財務弾力性と投資利益もトレード・オフの関係となる（FASB [1980], par.257)。
(18) 裁量的支出（discretionary expenditure）の例として，広告費・維持費・募集費・研修費・研究費・開発費が挙げられる（FASB [1980], par.268参照)。また，「非裁量的支出は，生産量を維持するのに必要な財・サービスの購入，プラント・機械を維持・再配置する基本的支出，債務返済，その他義務を果たすための支出，法令遵守に要する費用を含む」（FASB [1980], par.290)。なお，裁量的支出と非裁量的支出の識別については，「ほとんどの支出が裁量項目と非裁量項目の両面を兼ね備えることから，これらの用語は，過度に単純化しているかもしれない。しかしながら，<u>識別の本質は，期待される短期の現金収入を激減させることなく，裁量的支出を減少することができる点にある。</u>」（FASB [1980], par.290，下線部―筆者)。
(19) 昨今のような環境変化の激しい状況下においては，鉄鋼業種においても財務弾力性を高める方向に努力する企業は当然ながら存在する。
(20) しかしながら，私見によれば，普通株式発行による資金調達の場合，償還義務もなく，さらに成長企業を前提とすれば，配当せずにリターンを再投資する政策をとることから，（償還義務が確定している）借入による資金調達に比して，企業の財務弾力性を高めると考えられうる。
(21) たとえば，Bierman and Seymour（[2007], p.313）によれば，「短期リースないしキャンセラブル・リースは，弾力性（flexibility）を提供する｣。
(22) キャンセラブル・リースは，IASB・FASB共同プロジェクトにおいて検討される予定である（IASB [2007c], par.11)。なお，従前より，解約可能性（cancellability）を明確に規定する必要性が指摘されている（たとえば，McGregor [1996], p.19)。

第7章
リース取引の測定を巡る諸問題

第I節　はじめに

1　各国会計基準

　わが国では，かつて，商法の規定によってリース取引に係る物件的・物量的開示が要求されていた。当時は，売買処理の道が閉ざされていたわけではなかったが，賃貸借処理すれば足りると考えられていた。このように全てのリース取引をオフバランス処理（賃貸借処理）しようとする考え方を本章では「伝統的アプローチ」と呼ぶ。

　リース取引が部分的にせよ売買処理されるようになったのは，1993年6月に企業会計審議会から「リース取引に係る会計基準に関する意見書」（以下，「旧基準」という。）が公表され，翌年1月に日本公認会計士協会から「リース取引の会計処理及開示に関する実務指針」が公表されてからのことである。

　その後，企業会計基準委員会（ASBJ）で，所有権移転外ファイナンス・リース取引に関する例外処理（賃貸借処理）を廃止すべきか否かについて検討が行われ，2004年3月に「所有権移転外ファイナンス・リース取引の会計処理に関する検討の中間報告」が公表された。そして，4年にわたる検討の結果，ファイナンス・リース取引については売買処理に一本化すべきであるとする結論に至り，2006年7月にASBJから試案「リース取引に関する会計基準（案）」および試案「リース取引に関する会計基準の適用指針（案）」が公表された。公開草案を経て，2007年3月に企業会計基準第13号「リース取引に関する会計基準」（以下，「基準」という。）および企業会計基準適用指針第16号「リース取引に

関する会計基準の適用指針」（以下，「適用指針」という。）として結実し現在に至っている。

　上述の「旧基準」と「基準」は所有権移転外ファイナンス・リース取引の扱いが異なるが，後述するオンバランスの論理や認識時点といった会計諸概念に変更はみられないので，ともに「現行アプローチ」の範疇で捉えることにする。なお，新旧基準の相違点は，第2－3章を参照されたい。

　他方，米国におけるリース会計の歴史は実に古い。現行基準は，財務会計基準審議会（FASB）から1976年11月に公表されたSFAS13（Accounting for Leases）であるが，古くはARB38（Disclosure of Long-Term Leases in Financial Statements of Lessees, 1949），APB 5（Reporting of Leases in Financial Statements of Lessee, 1964），およびAPB 7（Accounting for Leases in Financial Statements of Lessors, 1966）が公表されている。

　また，国際会計基準委員会（IASC，現在は国際会計基準審議会（IASB）に組織変更された。）は，1982年9月にIAS17（Accounting for Leases）を公表した。その後，IAS32（Financial Instruments: Disclosure and Presentation, 1995）にあわせて開示等の改善を図るため，1997年12月にIAS17（Leases）を公表した。さらに，土地・建物に係るリースの分類や，リースの開始日（inception）とリース期間の開始日（commencement）の区別などを明確にするための改訂がなされ，現在，2006年3月までの修正を反映させたIAS17（Leases）（以下，これを「IAS17」という。）が公表されている。

2　3つのアプローチ

　上述した日本，米国およびIASの「現行アプローチ」はいずれもフルペイアウト（full-payout）に分類の基礎をおき，リスク・経済価値アプローチ（risks and rewards approach, whole asset approach）がとられている点で共通する。しかし，近年，（財産）使用権（the right to use property）に分類の基礎をおき，（財務）構成要素アプローチ（financial components approach）を指向する新たな考え方も有力になりつつある。FASBから1996年

第7章 リース取引の測定を巡る諸問題

7月に公表された Special Report（McGregor [1996]）および IASC から2000年2月に公表された Discussion Paper（IASC [2000]）などがそのような「ニューアプローチ」に該当する。

図表1は，上述した3つのアプローチを整理して示したものである。

図表1　3つのアプローチ

	伝統的アプローチ	現行アプローチ	ニューアプローチ
ファイナンス・リース取引	オフバランス処理（物件的・物量的開示の要請）	オンバランス処理「基準」，9項；SFAS13, par. 10；IAS17, par. 20	同　左
解約不能なオペレーティング・リース取引		オフバランス処理「基準」，15項；SFAS13, par.15；IAS17,par.33	オンバランス処理 McGregor[1996],pp.15-17 IASC[2000], pars.3.1-3.17
解約可能なオペレーティング・リース取引		オフバランス処理 解約不能なオペレーティング・リース取引に同じ	同　左

（注）現行アプローチとニューアプローチは，上記の他，当初認識時点，更新選択権および偶発リース料（オプション等）の会計処理，ならびに当初認識後の測定について相違する可能性があるが，この問題は終章で取り上げる。

3　本章の内容

本章では，主にリース取引の測定を巡る諸問題を題材にして，3つのアプローチを比較検討し，とりわけ現行アプローチとニューアプローチの特徴を明らかにしたいと考える。具体的に，次の順序で取り上げる。第Ⅱ節では，3つのアプローチに属する4つの会計処理モデル（使用権モデル，総資産モデル，未履行契約モデルおよび現行基準モデル）について説明する。第Ⅲ節では，簡単な設例を用いながら，当初認識時の測定について説明し，あわせてニューアプローチを巡る論点を抽出する。第Ⅳ節では，当初認識後の測定のうち償却手続きについて，第Ⅴ節では，減損処理について整理する。第Ⅵ節では，その他の測定問題として残価保証および維持管理費用相当額等の会計処理を取り上げる。最後の第Ⅶ節では，以上の検討事項に関連づけながら，ニューアプローチの延長

線上にある提案に触れたいと考える。

第Ⅱ節 4つの会計処理モデル

　IASBとFASBのワーキング・グループは，リース会計基準のコンバージェンスに向けてAgenda Paperを公表している。Agenda Paper 6を改訂したAgenda Paper 12B（IASB［2007b］）では，図表2に示した4つの会計処理モデルが検討されている。

図表2　4つの会計処理モデル

3つのアプローチ	4つの会計処理モデル
ニューアプローチ ┬(1)	使用権モデル(The right of use model)
└(2)	総資産モデル(The whole asset model)[1]
現行アプローチ ──(3)	現行基準モデル(The model adopted in the current standards)
伝統的アプローチ ──(4)	未履行契約モデル(The executory contract model)[2]

1　（財産）使用権モデル

　Agenda Paper 12Bでは，まず第一に，図表2のニューアプローチに該当する（財産）使用権モデルが検討されている。Agenda Paperでは，終始，この使用権モデルが推奨されており，後述する他の3つのモデルはそれに劣ることを理由に排除されている。

　このモデルのもとでは，解約不能なリース取引の使用権相当額およびリース料の支払義務相当額がオンバランス処理される。リース物件の引渡しが完了した時点で，借手（レシー）はリース期間にわたって当該物件を無条件（unconditional）に[3]使用する権利を取得し，同時にリース料を無条件に支払う義務が発生することがその論拠とされている（pars.5-6参照）。

　このモデルのもとでは，借手が残余価値（residual value, リース物件を貸手（レサー）に返却する義務)を負債として認識することはない。かかる義務は経済的便益の犠牲を伴うものではなく，負債の定義をみたさないと考えられ

ているためである（par.7参照）。

2　総資産モデル

　第二に，使用権モデルの代替的方法として，総資産モデルが検討されている。このモデルのもとでは，解約不能なリース物件の総額がオンバランス処理される。借手はリース期間にわたって当該物件を支配（control）する権利を取得し，同時にリース料を支払う義務とリース期間終了時にリース物件を返却する義務が発生することがその論拠とされている（par.18参照）。

　しかし，リース期間が短い場合には，残余価値が使用権相当額および支払義務相当額に比べて多額になり，それをオンバランスすることは妥当ではないという問題が指摘されている。また，残余価値は，経済的便益を獲得できるものではなく，その犠牲を伴うものではないことから，資産・負債の定義に抵触するという問題も指摘されている（pars.24-25参照）。

　なお，使用権モデルと総資産モデルはともにニューアプローチに該当するが，選択権（オプション）が付与されている場合，使用権モデルでは，当該オプション相当額が使用権相当額とは区分して認識されるのに対して，総資産モデルでは，すでに資産・負債総額（公正価値）に含まれているので，区分把握されることはないという違いがある（par.22; 図表3参照）。

図表3　ニューアプローチの2つのモデル

（財産）使用権モデル

使用権相当額	支払義務相当額
オプション	

総資産モデル

リース物件の総額	支払義務相当額	①
	残余価値	②

(注)・佐藤（2007, 114頁）所載の図表3を一部参照した。
　　・総資産モデルによる場合，リース期間が短くなるほど，①に対する②の割合が増加し，②の残余価値相当額だけ資産・負債が過大計上される。

3 未履行契約モデル

第三に，伝統的アプローチに該当するものとして，未履行契約モデルが検討されている[4]。このモデルのもとでは，全てのリース取引が現行のオペレーティング・リース取引の会計処理のようにオフバランス処理される。借手の使用権および支払義務が条件付きであること，換言すれば，未履行契約であることがその論拠とされている（pars.29-30参照）。

このモデルに対しては，使用権モデルを支持する立場から次のような問題が指摘されている。解約不能なリース取引であれば，引渡しが完了した時点で，借手は当該物件を無条件に使用する権利を取得し，同時にリース料を無条件に支払う義務が発生するはずである。よって，当該リース取引は未履行ではなく，（部分）履行と考えられるはずである。また，未履行契約モデルでは，借手については重要な資産・負債すなわち使用権および支払義務が認識されることはなく，貸手についても物的資産と現金請求権を交換したという事実が認識されることがないという問題が指摘されている（pars.33-36参照）。

なお，「未履行契約モデル」と称されるモデルには，上述のようにリース取引は未履行契約であるので，オフバランス処理しようとする説と，未履行契約であっても将来の経済的便益を獲得する能力がある以上，オンバランスすべきであるとする相異なる説が混在している。本章では前者の説を前提に話を進め，後者の説は終章で別途取り上げたいと考える。

4 現行基準モデル

最後，第四に，現行アプローチに該当するものとして，現行基準モデルが検討されている。このモデルのもとでは，ファイナンス・リース取引は残余価値が認識されない点を除いて前述した総資産モデルと同様に会計処理され，オペレーティング・リース取引は未履行契約モデルと同様に処理される（par.37；図表4参照）。

第7章 リース取引の測定を巡る諸問題

図表4　現行基準モデル（ハイブリッド・モデル）

```
                ファイナンス・リース取引（売買処理，オンバランス処理）
リース取引〈                                                    ── 総資産モデル
                オペレーティング・リース取引（賃貸借処理，オフバランス処理）
                                                                ── 未履行契約モデル
```

（注）おおよそ上記のような整合関係にあるが，総資産モデルでは，負債がリース料支払義務相当額およびリース物件返却義務相当額（残余価値）に区分把握されるのに対して，現行基準モデルにおけるファイナンス・リース取引の会計処理では，残余価値が認識されないという違いがある。ただし，両モデルは，オンバランスの論理が売買取引とのアナロジーに求められている点で共通する。

　このモデルに対しては，次のような問題が指摘されている。オペレーティング・リース取引は未履行契約であるが，ファイナンス・リース取引の実質は担保付き借入であり，両者の経済的実質（economic substance）は相違する。しかし，リース物件の使用権およびリース料の支払義務に注目する限り，両取引の間に何ら違いはないはずである。また，リース物件の使用権およびリース料の支払義務は資産・負債の定義をみたすので，オンバランスされなければならないはずである（pars.41-47参照）。

　さらに，現行基準モデルはファイナンス・リース取引に適用される総資産モデルとオペレーティング・リース取引に適用される未履行契約モデルを内包するハイブリッド・モデルであるが，両者の線引きは恣意的にならざるを得ないという根源的な問題も指摘されている（IASC［2000］, par.1.14参照）。

第Ⅲ節　当初認識時の測定

　さて，これまで説明してきた3つのアプローチと4つの会計処理モデルを簡単な設例（必要最小限の条件のみを示す。）を用いて確認したい（以下，IASB［2007b］, Appendix 1参照）。なお，本節では主として当初認識時の測定について説明し，次節では当初認識後の測定について説明する。

1 具体的数値例

設例

- ●機械設備のリース
- ●リース期間 5年
- ●借手の見積現金購入価額(貸手の購入価額もこれと同じ。) 10,000
- ●割引率 10%
- ●年々のリース料(期末払い) 2,474 [リース料の現在価値 9,378] *1
- ●残余価値(残余持分)　　1,000 [残余価値(残余持分)の現在価値 622] *2

現在価値の計算 *1 $9{,}378=2{,}474(1+0.1)^{-1}+2{,}474(1+0.1)^{-2}+2{,}474(1+0.1)^{-3}+2{,}474(1+0.1)^{-4}+2{,}474(1+0.1)^{-5}$

*2 $622=1{,}000(1+0.1)^{-5}$

このとき,当初認識時の測定額は図表5に示す通りである。

図表5　当初認識時の測定

		ニューアプローチ		現行アプローチ〔現行基準モデル〕	
		〔使用権モデル〕	〔総資産モデル〕		伝統的アプローチ〔未履行契約モデル〕
				FLの会計処理	OLの会計処理
借手	リース資産	9,378	10,000	9,378	非　計　上
	リース負債	(9,378)	(9,378)	(9,378)	発生ベース
	残余価値		(622)		
貸手	リース債権	9,378	9,378		発生ベース
	残余持分	622	622		
	純投資額			10,000	
	機械設備				10,000

(注)・FL: Finance Lease　　OL: Operating Lease
　　・借手:残余価値(residual value, obligation to return)
　　　貸手:残余持分(residual interest, interest in residual)
　　・借手の会計処理のうち,総資産モデルの貸方は,リース負債(9,378)と残余価値(622)に分けて表示されているが,それらを一括してリース負債(10,000)と表示することも考えられる。

第7章　リース取引の測定を巡る諸問題

2　現行アプローチとニューアプローチの特徴

　現行アプローチでは，ファイナンス・リース取引に該当すると判定されれば，売買処理が要請されるが，オペレーティング・リース取引に該当すると判定される場合には，賃貸借処理するだけでよい。このような二者択一的な（All or Nothing型の）会計処理は次のような批判に晒されてきた。つまり，借手に売買処理を要請すると，事務上の煩雑さが増し，財務比率が悪化する（財務制限条項に抵触することもある。）ので，借手はオンバランスを回避するような行動をとるであろう。そして，会計基準設定者は，かかる事態に対処するために，抜け穴を塞ごうとするであろう。その結果，会計基準が膨大になるであろう。このような現行基準モデルにおける「オンバランス回避行動」，「抜け穴閉鎖主義」および「基準過多」という連鎖は繰り返し指摘されてきた事実である。

　他方，ニューアプローチは上述のような問題を解消すべく提案されたものであり，その特徴として次の3点をあげることができる。

　第一に，借手の会計処理についてであるが，使用権モデルでは，リース料の現在価値（9,378）が負債の測定額として計算され，その見合い（相手勘定）が使用権の公正価値とみなされる。一方，総資産モデルでは，リース物件の公正価値（10,000）が資産の測定額として見積もられ，それとリース料の現在価値（9,378）との差額（622）が残余価値とみなされる（IASC［2000］, pars.3.13-3.15, 3.19参照）。

　結局，前者は権利・義務（インタンジブル）に注目し，負債の測定額が資産のそれを誘導するモデルであるのに対して，後者はリース物件（タンジブル）に注目し，資産の測定額が負債のそれ（とくに残余価値）を誘導するモデルであると解することができる（Monson［2001］, p.283参照）。

　第二に，貸手の会計処理についてであるが，図表5では，使用権モデルでも総資産モデルでも，現行基準モデルの純投資額（10,000）が2つの構成要素，すなわちリース債権（9,378）および残余持分（622）に分けて示されている。両者が区分把握されているのは，前者は現金請求権（金融資産）であるが，後

者はリース期間終了後のリース物件そのものあるいはリース物件の返却を受ける権利（非金融資産）であり，性質を異にすると考えられているためである。JWG［2000］で提案されているような金融資産の包括的公正価値評価を前提とすれば，両者の当初認識後の測定の考え方は相違する可能性がある（IASC［2000］, pars.14.6-14.10参照）。

　最後に，本設例では残余価値（残余持分）として割引額（622）が用いられているが，割り引くことは必ずしも自明ではないことである。たとえば，総資産モデルにおいて借手が割引額を用いる場合には，そのことと通常の（償却性有形）固定資産の残存価額として非割引額を用いることとの整合性が問われなければならない。また，使用権モデルおよび総資産モデルにおいて貸手が割引額を用いる場合には，非金融資産であるはずの残余持分が金融収益（利息収益）を生み出すことを前提とした会計処理を行うことになり，その是非が問われなければならない。

　逆に，貸手が非割引額を用いる場合にはその分だけ割引率が高くなり，リース期間が短くなるほどトップ・ヘビー型の収益認識パターンになる。加えて，リース債権と残余持分が公正価値を示さなくなるので，これらの妥当性が問われなければならない。

　これまで，残余価値（残余持分）を割引額によって測定するのか，非割引額によって測定するのかという議論は十分に尽くされてきたとは言えない[5]。今後，現行アプローチとニューアプローチとの関係あるいはそれぞれが指向する原価主義会計と公正価値会計との関係を踏まえて解明することが求められるであろう。

第Ⅳ節　当初認識後の測定―償却手続き―

　続いて当初認識後の測定に関してであるが，まず，前節で示した簡単な設例を用いながら，借手と貸手の償却手続きについて説明していきたい。

1　借手の会計処理

　借手のリース資産は「減価償却＋減損処理」のスキームに従って処理され，リース負債[6]は他の金融負債と同様に「利息法（償却原価法）」のスキームに従って処理される。

　使用権モデルでは，次のように会計処理される（当初認識時点の仕訳もあわせて示した。以下同様）。

［当初認識時点］

（借）	機械装置(使用権)	9,378	（貸）	リース負債	9,378

［第 1 年度末］

（借）	リース負債	1,536	（貸）	現　　　金	2,474
	支払利息	938			

　　＊支払利息：期首元本9,378×割引率10%≒938
　　　リース負債返済額：リース料2,474－支払利息938＝1,536

（借）	リース負債	1,690	（貸）	未払リース負債	1,690

　　＊ワンイヤールールに基づく流動負債（未払リース負債）への振替
　　　次年度リース負債返済額：リース料2,474－｛次年度期首元本（9,378－1,536）×割引率10%｝≒1,690

（借）	減価償却費	1,876	（貸）	減価償却累計額	1,876

　　＊残存価額をゼロとし，定額法による。9,378÷5年≒1,876

　以後，各年度末に同様の会計処理を行う。

　総資産モデルでは，次のように会計処理される。

［当初認識時点］

（借）	機械装置	10,000	（貸）	リース負債	9,378
				残余価値	622

　　＊前述の通り，貸方を一括してリース負債10,000と記録することも考えられるが，図表5と同様に，区分表示を前提にする。

［第 1 年度末］

（借）	リース負債	1,536	（貸）	現　　　　金	2,474
	支払利息	938			
（借）	支払利息	62	（貸）	残余価値	62

＊支払利息：残余価値の期首残高622×割引率10%≒62

（借）	リース負債	1,690	（貸）	未払リース負債	1,690
（借）	減価償却費	1,800	（貸）	減価償却累計額	1,800

＊残余価値を残存価額とし，定額法による。(10,000−1,000)÷5年＝1,800

以後，各年度末に同様の会計処理を行う。

当該取引は（所有権移転外）FL取引と判定されるので[7]，現行基準モデルでは，次のように会計処理される。

［当初認識時点］

（借）	機械装置	9,378	（貸）	リース負債	9,378

［第 1 年度末］

（借）	リース負債	1,536	（貸）	現　　　　金	2,474
	支払利息	938			
（借）	リース負債	1,690	（貸）	未払リース負債	1,690
（借）	減価償却費	1,876	（貸）	減価償却累計額	1,876

以後，各年度末に同様の会計処理を行う。

以上より，使用権モデルでは，リース料の現在価値（9,378）が負債の測定額として計算され，その見合い（相手勘定）が使用権の公正価値とみなされること，総資産モデルでは，リース物件の公正価値（10,000）が資産の測定額として見積もられ，それとリース料の現在価値（9,378）との差額（622）が残余価値とみなされることがわかる。

なお，本設例では，使用権モデルと現行基準モデルの会計処理が一致しているが，解約不能なオペレーティング・リース取引[8]や選択権（オプション）が付与されているリース取引などを前提とする場合には両モデルの会計処理は相違する（図表1，3参照）。この問題は終章で詳しく取り上げる。

2　貸手の会計処理

　貸手のリース債権は，満期保有目的の債券などと同様に「利息法」のスキームに従って処理される[9]。

　使用権モデルおよび総資産モデルでは，次のように会計処理される。

[当初認識時点]

(借)	リース債権	9,378	(貸)	買掛金	10,000[10]
	残余持分	622			

[第1年度末]

(借)	現金	2,474	(貸)	リース債権	1,536
			(貸)	受取利息	938

　　＊受取利息：期首元本9,378×割引率10%≒938
　　　リース債権回収額：リース料2,474－受取利息938＝1,536

(借)	残余持分	62	(貸)	受取利息	62

　　＊　受取利息：残余持分の期首残高622×割引率10%≒62

　以後，各年度末に同様な会計処理を行う。

　現行基準モデルでは，借手の場合と同様に，当該取引は（所有権移転外）FL取引と判定されるので，次のように会計処理される。

[当初認識時点]

(借)	リース債権	10,000	(貸)	買掛金	10,000

[第1年度末]

(借)	現金	2,474	(貸)	リース債権	1,474
				受取利息	1,000

　　＊受取利息：期首元本10,000×割引率10%＝1,000
　　　リース債権回収額：リース料2,474－受取利息1,000＝1,474

　以後，各年度末に同様の会計処理を行う。

なお，IAS17およびSFAS13では次のように会計処理されるが，基本的な考え方は上記の仕訳と変わらない。

［当初認識時点］

(借)	機 械 装 置	10,000	(貸)	買 掛 金	10,000
(借)	リ ー ス 債 権	13,370	(貸)	機 械 装 置	10,000
				未稼得金融収益	3,370

＊リース債権（総投資額）：リース料総額12,370（＝2,474×5年）＋残余持分1,000

［第 1 年 度 末］

| (借) | 現 金 | 2,474 | (貸) | リ ー ス 債 権 | 2,474 |
| (借) | 未稼得金融収益 | 1,000 | (貸) | 金 融 収 益 | 1,000 |

＊金融収益：純投資額10,000｛＝リース債権（総投資額）13,370－未稼得金融収益3,370｝×割引率10％＝1,000

以後，各年度末に同様な会計処理を行う。

以上より，ニューアプローチ（使用権モデル，総資産モデル）では，現行アプローチ（「基準」，IAS17，SFAS13）の純投資額（10,000）が2つの構成要素，すなわちリース債権（9,378）および残余持分（622）に分けて示されていることが確認される。両者が区分把握されているのは，前者は金融資産であるが，後者は非金融資産であり，性質を異にすると考えられているためである。換言すれば，ニューアプローチでは構成要素アプローチがとられているためである。

第Ⅴ節　当初認識後の測定―減損処理―

　次に，ファイナンス・リース取引について要請される減損処理の手続きを，借手の会計処理と貸手の会計処理に分けて説明していきたい。なお，ニューアプローチであっても，原価主義モデルが前提とされる限り，減損処理の手続きは当然に要請される。

1　借手の減損処理

　ファイナンス・リース取引は，原則として，売買処理によらなければならない。しかし，「旧基準」では，所有権移転外ファイナンス・リース取引については，所定の注記を条件にして賃貸借処理が認められていた。また，「基準」では，所有権移転ファイナンス・リース取引と所有権移転外ファイナンス・リース取引のいずれについても，重要性が乏しいと認められる場合には賃貸借処理が認められている。

　ファイナンス・リース取引は減損処理の対象とされるが，売買処理による場合と賃貸借処理による場合では会計処理が異なる。資産または資産グループについて減損の兆候が存在し，帳簿価額が割引前の将来キャッシュ・フローの総額を上回る場合には，減損損失を認識しなければならない。これらの手続きは，リース資産の帳簿価額（とみなす金額）に基づいて行われる。売買処理の場合には，当該リース資産の帳簿価額がそのまま用いられるが，賃貸借処理の場合には，未経過リース料の現在価値が当該リース資産の帳簿価額とみなされる（企業会計審議会［2002］，注12参照）[11]。

　また，売買処理の場合には，減損損失を当該リース資産から直接減額すればよいが，賃貸借処理の場合には，減損損失を当該リース資産から減額することはできないので，減損損失見合額を負債として（リース資産減損勘定に）計上し，リース契約の残存期間にわたって規則的に（定額法によって）取り崩す。そして，取り崩された金額は各事業年度の支払リース料と相殺する（同，前文

四・4; 注解・注12参照)。なお，リース資産減損勘定は，負債の一般的な定義（経済的便益の犠牲）には合致しない。また，それを特定の資産の評価勘定と考えることもできない。その性格は，繰延収益（将来の費用の減少）に近いと考えられる。

具体的に，売買処理の場合には，次のような会計処理が行われる。

［減損損失の計上］

| （借） 減 損 損 失 | ××× | （貸） リ ー ス 資 産 | ××× |

一方，賃貸借処理の場合には，次のような会計処理が行われる。

［減損損失の計上］

| （借） 減 損 損 失 | ××× | （貸） リース資産減損勘定 | ××× |

［貸方科目の取崩し］

| （借） リース資産減損勘定 | ××× | （貸） 支 払 リ ー ス 料 | ××× |

賃貸借処理による場合のリース資産減損勘定は，規則的に（定額法によって）取り崩され，支払リース料と相殺される。中途解約するような場合を除いて，当該貸方科目を即時に取り崩すことは認められていない。また，取崩額を特別利益に計上することも認められていない。これは，日本の減損処理基準では収益性が回復した場合であっても，減損損失の戻入れが認められていないので，そのこととの整合性を図るためである（ASBJ［2004］，155頁参照）。

なお，オペレーティング・リース取引は，リスクと経済価値が実質的に移転しているとは考えられないので，もとより減損処理の対象とはされない。

図表6は，借手の減損処理を整理して示したものである。

図表6　借手の減損処理

リース取引の種類	会計処理	減損処理の対象（原則）
①所有権移転ファイナンス・リース取引	売買処理	リース資産
	賃貸借処理	未経過リース料の現在価値
②所有権移転外ファイナンス・リース取引	売買処理	リース資産
	賃貸借処理	未経過リース料の現在価値
③オペレーティング・リース取引	賃貸借処理	減損処理の対象とされない

（注）①，②は，「固定資産の減損に係る会計基準」（企業会計審議会［2002］）および「固定資産の減損に係る会計基準の適用指針」（ASBJ［2003］）に従って会計処理される。

2　貸手の減損処理

　借手の場合と同様に，ファイナンス・リース取引は，原則として，売買処理によらなければならない。「旧基準」では所有権移転外ファイナンス・リース取引については，所定の注記を条件にして賃貸借処理が認められていたが，「基準」ではかかる例外処理が認められなくなった。

　ファイナンス・リース取引は，借手の場合と同様に，減損処理の対象とされる。所有権移転ファイナンス・リース取引につき売買処理を行った場合には「リース債権」が対象とされ，所有権移転外ファイナンス・リース取引につき売買処理を行った場合には「リース投資資産」が減損処理の対象とされる。

　上述の「リース債権」と「リース投資資産」は金融商品であるので，「金融商品に関する会計基準」（ASBJ［2006］，27項）における債権の区分（一般債権，貸倒懸念債権，破産更生債権等）に従って，貸倒見積高が算定される。

　なお，オペレーティング・リース取引は，リスクと経済価値が実質的に移転しているとは考えられないので，もとより減損処理の対象とはされない。

　図表7は，貸手の減損処理を整理して示したものである。

図表7　貸手の減損処理

リース取引の種類	会計処理	減損処理の対象
①所有権移転ファイナンス・リース取引	売買処理	リース債権
②所有権移転外ファイナンス・リース取引	売買処理	リース投資資産
③オペレーティング・リース取引	賃貸借処理	減損処理の対象とされない

（注）①，②は，「金融商品に関する会計基準」（ASBJ［2006］）および「金融商品会計に関する実務指針」（JICPA［2006］）に従って会計処理される。なお，「旧基準」では，②について所定の注記を条件に賃貸借処理が認められていた。その場合，リース資産について貸倒引当金を設定することはできないので，リース資産の（控除的）評価勘定として「リース資産処分損引当金」が設定されていた。

第 Ⅵ 節　その他の測定問題：残価保証額と維持管理費用相当額等

ここでは，残価保証額と維持管理費用相当額等について，借手の会計処理と貸手の会計処理に分けて説明していきたい。

1　借手の会計処理

まず，借手側の残価保証（guaranteed residual value）について説明する。リース期間終了時に，リース物件の処分価額が契約上取り決めた保証価額に満たない場合は，借手に対して，その不足額を貸手に支払う義務が課せられることがある。これを，残価保証という（「適用指針」，15項参照）。

以下，具体的に，第Ⅲ節で用いた設例に「残余価値1,000が保証されている」という条件を追加して話を進めたい。現行基準モデルでは，リース契約上に残価保証の取り決めがある場合には残価保証額がリース料総額に含められるので（同，15項参照），次のように会計処理される。

［当初認識時点］

（借）機械装置	10,000	（貸）リース負債	10,000

　＊ $10,000 = 2,474(1+0.1)^{-1} + 2,474(1+0.1)^{-2} + 2,474(1+0.1)^{-3}$
　　　$+ 2,474(1+0.1)^{-4} + 3,474(1+0.1)^{-5}$
　　第5年度の3,474のなかには残価保証額1,000が含まれている。

第7章　リース取引の測定を巡る諸問題

　その後，機械装置は「減価償却（リース期間を耐用年数とし，残価保証額を残存価額とした減価償却）＋減損処理」のスキームに従って処理され，リース負債は「利息法」のスキームに従って処理される。
　なお，リース期間終了時には次のように会計処理される。
［リース終了日］

(借)	減価償却累計額	9,000	(貸)	機 械 装 置	10,000
	リ ー ス 負 債	1,000			

　他方，使用権モデルでは，借手は5年分の財産使用権を有するだけであり，リース期間終了時に当該リース物件を使用する権利をもたないことや（IASC［2000］, par.5.20参照），残価保証額は資産と負債を相殺した後の純額ベースによるべきこと（同, par.5.32参照）を根拠に，次のように会計処理されるだけである。
［当初認識時点］

(借)	機械装置(使用権)	9,378	(貸)	リ ー ス 負 債	9,378

　その後，機械装置（使用権）は「減価償却（リース期間を耐用年数とし，残存価額をゼロとした減価償却）＋減損処理」のスキームに従って処理され，リース負債は「利息法」のスキームに従って処理される。
　なお，残価保証額は，最新の見積りに基づいて再評価される。その会計処理として，負債の増減額を損失または利得として即時認識する方法［第1法］と，資産と負債の帳簿価額を同額増減させて，資産の増減額を残存リース期間にわたって償却（配分）する方法［第2法］が考えられる（同, pars.5.36-5.38参照）。IASC［2000］では，理由は明らかにされていないが，後者の方法が推奨されている。たとえば，処分価額が200下落した場合には次のように記録される。
［第 1 法］

(借)	リース資産評価損	200	(貸)	リ ー ス 負 債	200

［第 2 法］

| （借） | 機械装置(使用権) | 200 | （貸） | リース負債 | 200 |

＊第2法の機械装置（使用権）は，償却に伴って徐々に費用化される。

　また，総資産モデルでは，借方はリース物件の公正価値で測定されるべきことや，リスクと経済的便益は総額で表示されるべきこと（同，pars.5.33, 5.53-5.54参照）を根拠にして，次のように会計処理される。

［当初認識時点］

| （借） | 機 械 装 置 | 10,000 | （貸） | リース負債 | 9,378 |
| | | | | 残 余 価 値 | 622 |

＊リース負債と残余価値を区分表示すべきか，あるいは残余価値は割引額によるべきかという論点もあるが，ここでは，図表5と同じ金額を用いた。

　その後，機械装置は「減価償却（リース期間を耐用年数とし，残価保証額を残存価額とした減価償却）＋減損処理」のスキームに従って処理され，リース負債および残余価値は「利息法」のスキームに従って処理される。

　なお，リース期間終了時には次のように会計処理される。

［リース終了日］

| （借） | 減価償却累計額 | 9,000 | （貸） | 機 械 装 置 | 10,000 |
| | 残 余 価 値 | 1,000 | | | |

＊残余価値＝622（1＋0.1）^{5}≒1,000

　次に，借手側の維持管理費用相当額等についてである。借手が負担するリース料の中には，通常の場合，リース物件の維持管理に伴う固定資産税，保険料等の諸費用が含まれる。「適用指針」では，これを維持管理費用相当額という（「適用指針」，14, 25-26, 40-41項参照）。

　維持管理費用相当額はリース料総額から控除するのが原則であるが，当該金額が契約書等で明示されていない場合やリース料に占める割合に重要性が乏しい場合は，リース料総額から控除しないことができる（同，14項参照）[12]。

　第Ⅲ節で用いた設例に「維持管理費を期末に200支払わなければならない」

という条件を追加すると，原則として，次のように会計処理される。
［第1年度末］

(借)	リース負債	1,536	(貸)	現　　　　金	2,674
	支払利息	938			
	維持管理費	200			

　また，リース料総額に通常の保守等の役務提供相当額が含まれる場合は，維持管理費用相当額に準じて取り扱われる（同，14項参照）。

　上述した維持管理費用相当額および通常の保守等の役務提供相当額の扱いは，現行基準モデル，使用権モデルおよび総資産モデルの間に差異はない。これらの費用が原則として発生ベースで認識されるのは，当該取引は当初認識時点の段階では「未履行」であると考えられているからである。

2　貸手の会計処理

　続いて，貸手側の残価保証について説明する。現行基準モデルでは，リース契約上に残価保証の取り決めがある場合には残価保証額がリース料総額に含められるので（「適用指針」，15項参照），次のように会計処理される。
［当初認識時点］

| (借) | リース債権 | 10,000 | (貸) | 買掛金 | 10,000 |

　リース債権は，その後，「利息法」のスキームに従って処理される。
　なお，リース期間終了時には次のように会計処理される。
［リース終了日］

| (借) | 貯蔵品 | 1,000 | (貸) | リース債権 | 1,000 |

　＊貸手の会計処理としては，第1法（リース取引開始時に売上高と売上原価を計上する方法），第2法（リース料受取時に売上高と売上原価を計上する方法），第3法（売上高を計上せずに利息相当額を各期へ配分する方法）があるが，ここでは第3法によっている（同，51項参照）。

他方，使用権モデルおよび総資産モデルでは，リース債権（9,378）と残余持分（622）が区分表示され，次のように会計処理される。両者が区分把握されるのは，前者は金融資産であるが，後者は非金融資産であり，性質が異なると考えられているためである（IASC［2000］, par.9.15参照）。

［当初認識時点］

（借）リース債権	9,378	（貸）買　掛　金	10,000
残余持分	622		

リース債権および残余持分は，その後，「利息法」のスキームに従って処理される。なお，リース期間終了時には次のように会計処理される。

［リース終了日］

（借）残　余　持　分	1,000	（貸）リース債権	1,000

＊残余価値＝622（1＋0.1）^{5}≒1,000

最後に，貸手側の維持管理費用相当額および通常の保守等の役務提供相当額についてである。これらは，リース料総額から控除するのが原則であるが，リース料に占める割合に重要性が乏しい場合は，リース料総額から控除しないことができる（「適用指針」, 14, 54-55, 63-64項参照）。

第Ⅲ節で用いた設例に，「維持管理費を期末に200受け取る」という条件を追加すると，原則として，次のように会計処理される。

［第 1 年度末］

（借）現　　　　金	2,674	（貸）リース債権	1,536
		受　取　利　息	938
		受　取　利　息 （維持管理費）	200

＊これまでと同様に，第3法（売上高を計上せずに利息相当額を各期へ配分する方法）によっている（同, 51項参照）。

このように維持管理費相当額および通常の保守等の役務提供相当額が原則として発生ベースで認識されるのは，当該取引は当初認識時点の段階では「未履行」であると考えられているからである。

第Ⅶ節　結　　び

　以上，当初認識時の測定問題，当初認識後の測定問題（償却手続き・減損処理），および残価保証額・維持管理費用相当額等の会計処理を，3つのアプローチ（伝統的アプローチ，現行アプローチおよびニューアプローチ）と4つの会計処理モデル（使用権モデル，総資産モデル，現行基準モデルおよび未履行契約モデル）に分けて整理してきた。

　現行アプローチ（現行基準モデル）が原価主義モデルを前提とすることは言を俟つまでもない。問題は，ニューアプローチである。本章で取り上げたニューアプローチ（使用権モデル，総資産モデル）にも減価償却，減損処理，利息法といった原価主義モデルと整合的な会計処理が適用されていたことを想起すれば，それが原価主義モデルを前提としていたことは容易に理解できるであろう。

　ところが，近年，（貸手の）リース債権・（借手の）リース負債が金融商品であることに注目し，当初認識後も公正価値（出口価値）によって測定しようとする説がみられるようになった（IASC［2000］, chap.14; JWG［2000］, par.2.56; AAA［2001］, pp.290, 297）。つまり，ニューアプローチを公正価値モデルと結びつけて論じようとする説がみられるようになった。具体的には，当初実効利子率（内在レート）が適用される利息法に代えて，市場利子率（外在レート）を前提とした公正価値法を適用しようとするニューアプローチの延長線上にある提案が主張されるようになった。

　このような会計処理が要請されることになれば，第Ⅳ，Ⅴ節で検討した減価償却および減損処理は不要になるであろう。また，第Ⅵ節で検討した残価保証額，第6章で検討した選択権（オプション）および偶発リース料が公正価値で

（再）評価されるようになるであろう。

　さらに，測定の問題は損益計算とも深く関連しているので，損益計算観（利益概念）が大きく変容するに違いない。加えて，リース資産に減価償却と減損処理が要請されなくなれば，他の償却性有形固定資産についてもそれらが要請されなくなる可能性があり，また現行制度上，認識されていない選択権や偶発リース料が認識されるようになれば，認識基準（認識の論理）・認識領域が変化・拡大し，貸借対照表観の変容に繋がるであろう。

参考文献

American Accounting Association (AAA), Commentary: Evaluation of the Lease Accounting Proposed in G4+1 Special Report, *Accounting Horizons*, Vol.15, No.3, 2001, pp.289-298.

Ijiri, Y., *Recognition of Contractual Rights and Obligations (An Exploratory Study of Conceptual Issues)*, FASB, 1980.

International Accounting Standards Board (IASB), *Asset and Liability Definitions — Existing Versions and Working Drafts of Proposed Revisions (Agenda Paper 4)*, February 2007a.

─── , *Analysis of Different Accounting Models for a Simple Lease (Agenda Paper 12B)*, March 2007b.

International Accounting Standards Committee (IASC), *Discussion Paper: G4+1 Position Paper: Leases: Implementation of a New Approach*, IASC, February 2000.

Joint Working Group of Standard-Setters (JWG), *Draft Standard, Financial Instruments and Similar Items*, 2000.

McGregor, W., *Accounting for Leases: A New Approach, Recognition by Lessees of Assets and Liabilities Arising under Lease Contracts*, FASB, July 1996.

Monson, D., The Conceptual Framework and Accounting for Leases, *Accounting Horizons*, Vol.15, No.3, 2001, pp.275-287.

企業会計基準委員会（ASBJ），企業会計基準適用指針第6号「固定資産の減損に係る会計基準の適用指針」2003年10月31日。

───，企業会計基準第10号「金融商品に関する会計基準（改正）」2006年8月11日。

企業会計基準委員会（ASBJ）事務局・財団法人財務会計基準機構（FASF）編，『減損会計適用指針』中央経済社，2004年。

第7章　リース取引の測定を巡る諸問題

企業会計審議会,「固定資産の減損に係る会計基準」2002年8月9日。
佐藤信彦「利息費用とリース取引の会計」『季刊 会計基準』(17), ASBJ・FASF, 2007年6月, 146-151頁。
佐藤　恵「リース取引オンバランス化の会計思考」『産業経理』67 (2), 産業経理協会, 2007年7月, 112-121頁。
茅根　聡『リース会計』新世社, 1998年。
日本公認会計士協会(JICPA)会計制度委員会報告第14号「金融商品会計に関する実務指針（改正）」2006年10月20日。
角ヶ谷典幸「リース」河﨑照行・齋藤真哉・佐藤信彦・柴健次・高須教夫・松本敏史編著『スタンダード 財務会計論 Ⅱ応用論点編』中央経済社, 2008年, 87-114頁。

(注)
（1）全資産モデルあるいは全体資産モデルというべきかもしれないが, 佐藤［2007］（120頁, 注3）に倣い, 総資産モデルという訳語を用いる。
（2）「未履行契約モデル」と称されるモデルには, リース取引は未履行契約であるので, オフバランス処理しようとする説と, 未履行契約であってもオンバランスすべきとする相異なる説が混在している。ここでは, 前者の意味で用いることにする。なお, 後者の説は, 終章で取り上げる。
（3）IASB［2007a］(par.21) では, Conditional, Unconditional および Mature が次のように定義され, 資産の定義（経済的資源の要件）をみたすのは, ②と③だけであると解されている。
　　①条件付き (conditional)：契約の履行が, 発生するかどうか確かでない事象に依存している状況
　　②無条件 (unconditional)：契約の履行が, 時の経過だけに依存している状況
　　③完　了 (mature)：契約の履行が, 時の経過も含めていかなる事象にも依存しない状況
（4）一般に, 契約はその締結から完了までの間に次の3段階を経る。「履行」および「未履行」はかかるプロセスとの関連で次のように整理できる（Ijiri［1980］, 6頁; 茅根［1998］, 172-174頁参照）。
　　①完全未履行 (wholly executory)：双方ともに約束を全く履行していない段階（約束と約束の交換段階）
　　②部分的履行 (partially executory)：双方ともに（いずれか一方が）約束を完全に履行していない段階（約束と履行の交換段階）
　　③完全履行 (fully executed)：双方が約束の全てを履行した段階（履行と履行の交換段階）
　　上記3段階のうち, 法的には①と②が未履行契約とみなされるが, 会計的には①

189

だけが未履行契約と解されている。
（5）この問題は，IASC［2000］（pars.12.5-12.14）で取り上げられている。正確には，次の3つの方法が検討されている。①当初認識時，当初認識後ともに「非割引額」によって測定する方法，②当初認識時，当初認識後ともに「割引額」によって測定する方法，③当初認識時は割引額によって測定し，当初認識後はそれを「割り増して」いく方法。

　なお，第Ⅲ節で示した設例で，非割引額を用いる場合には，割引率 r は次のように11.6%と計算される。

$2,474(1+r)^{-1}+2,474(1+r)^{-2}+2,474(1+r)^{-3}+2,474(1+r)^{-4}+2,474(1+r)^{-5}=9,000$
$r ≒ 11.6\%$

（6）ニューアプローチでは現行アプローチの債務概念を超えた広い負債概念がとられるので，本章では，「リース債務」ではなく「リース負債」という広い勘定を用いることにする。
（7）現在価値基準：現在価値（9,378）／見積現金購入価額（10,000）≒93.8%≧90%（「適用指針」，9項参照）。
（8）たとえば，Monson［2001］の設例のように，解約不能なリース期間は3年であるが，リース物件（航空機）の耐用年数が35年であるようなケースを想定されたい。使用権モデルでは，使用権相当額および支払義務相当額がオンバランス処理されるが，現行基準モデルでは，オペレーティング・リース取引と判定されるので，オフバランス処理される。
（9）貸手の会計処理としては，第1法（リース取引開始時に売上高と売上原価を計上する方法），第2法（リース料受取時に売上高と売上原価を計上する方法），第3法（売上高を計上せずに利息相当額を各期へ配分する方法）があるが，ここでは第3法によっている（「適用指針」，51項；拙稿［2008］，pp.101-102参照）。

　「基準」では，所有権移転FL取引には「リース債権」勘定が用いられ，所有権移転外FL取引には「リース投資資産」勘定が用いられるが（13項参照），本章では両取引を区別することなく「リース債権」勘定を用いる。
（10）この仕訳は，次の2つの取引からなっている。
　　（借）機 械 装 置 10,000　（貸）買　　掛　　金 10,000
　　（借）リ ー ス 債 権　9,378　（貸）機 械 装 置 10,000
　　　　　残 余 持 分　　622
（11）リース資産の重要性が低い場合には，未経過リース料の現在価値に代えて，割引前の未経過リース料をリース資産の帳簿価額とみなすことができる（企業会計審議会［2002］，注12参照）。ただし，そのような場合であっても，減損損失の測定は回収可能価額すなわち正味売却価額と使用価値（未経過リース料の現在価値）のいずれか高い金額が用いられる。

(12) 結局,「維持管理費用が分離可能であれば,維持管理費用に含める機能別分類を行い,分離不能であれば,支払利息に含める形態別分類を行う」(佐藤［2007］, 150頁) ことになる。

第8章
セール・アンド・リースバックの会計

第 I 節 はじめに

　セール・アンド・リースバック（sale and leaseback）取引とは，借手（lessees；レシー）が所有する物件を貸手（lessors；レサー）に売却し，貸手から当該物件のリースを受ける取引をいう（ASBJ［2007b］，第48項）。当該取引は，借手（売手）が，自己所有の資産を貸手（買手）に売却し，売却代金を受領する売買契約と，当該資産の全部または一部を貸手から賃借し，リース料を支払うリース契約とから構成され，法的に独立した両契約がそれぞれ別個のものではなく，一体として締結されることにより成立するとされている。

　それゆえ，当該取引では，リース物件そのものの実際の移動は行わず，その法的所有権（ownership）のみを借手（売手）から貸手（買手）に移転させることが可能となる。そして，リース物件の財産使用権（the right to use property）をもつ借手（売手）は，当該資産を継続して使用収益する実態を変えることなく，固定資産を流動化させ，資金調達することを可能にする（図表1参照）。

　しかし，当該取引を，資産の売却（セール）とリース物件の賃借（リースバック）とが同時に含まれる取引とみる場合，取引に対する捉え方次第では，会計処理に重要な相違を生じさせ，次の2つの問題がこれまで議論されてきた（佐藤［2004］，41-44頁）。

①売買取引と金融取引との区分の問題

　借手（売手）は，資産の売買契約（セール）については，売却処理を行う

図表1　セール・アンド・リースバック取引の取引形態

```
                    所有権
           ┌──────────────────→┐
           │   売買契約（セール）   │
借手  ←────────────────────→  貸手
           │     物件代金        │
（売手） ←────────────────────    （買手）
           │     使用権         │
           ←──────────────────→
           │ リース契約（リースバック）│
           └──────リース料──────→
```

が，リース契約（リースバック）に関しては，ファイナンス・リース（finance lease, FASB ではキャピタル・リース（capital lease））とオペレーティング・リース（operating lease）のいずれに分類するかによって異なる解釈が可能となる。売買処理を原則とする前者の場合には，賃貸借処理を行う後者の場合とは異なり，リース物件の売却取引と購入取引とが同時に成立することになり，売買取引そのものが存在せず，リース物件を担保とした資金調達（金融取引）という解釈が可能となる。この場合，売買取引を度外視し，金融取引部分だけを会計処理の対象とすることは可能か否かという問題がある。

②売却損益の取扱いの問題

売却取引とリースバック取引の範囲（期間）や規模（金額）が異なる場合，リースの対象となる物件の売却損益をどう取り扱うかを判断する必要が生じる。

ところで，2007年3月に企業会計基準委員会から公表された企業会計基準第13号「リース取引に関する会計基準」（以下，「基準」という。）では，1993年6月に企業会計審議会から公表された「リース取引に係る会計基準に関する意見書」（以下，「旧基準」という。）において，例外処理として容認された所有

権移転外ファイナンス・リース取引の賃貸借処理が廃止され，ファイナンス・リース取引は，所有権移転の有無に関係なく，すべて原則処理（売買処理）に統一された。しかし，この改正によって上記問題が解決されたわけではない。本章では，上記問題が未解決であることを念頭におきながら，現行アプローチとニューアプローチにおけるセール・アンド・リースバック取引の処理の特徴と問題点を明らかにすることを目的とする。なお，当該取引の貸手（買手）の会計処理については，特別な論点が存在しないため，本章では，借手（売手）の会計処理に焦点をあてることとする。

第Ⅱ節　独立取引処理法と単一取引処理法

1　セール・アンド・リースバック取引の特徴

　「基準」では，主としてセール・アンド・リースバック取引のうち，リース契約（リースバック）がファイナンス・リースに該当し，法的形式上，資産の売買（セール）とリース物件の賃借（リースバック）とから構成される2つの取引が独立した取引ではなく，1つのパッケージ取引として捉えられる場合が想定されている。このようなケースでは，当該取引は，貸手（買手）が借手（売手）に対してリース物件を担保とした資金提供を行っていると考えられ，借手（売手）は，リース物件の使用実態を取引の前後で変えることなく使用収益し続けることが可能になる。そのため，当該取引は，経済的にはリース物件を担保にした資金調達に他ならないと解される（角ヶ谷［2004］, 211頁）。

　しかし，セール・アンド・リースバック取引を売買取引と金融取引の観点から捉える場合，当該取引には次に示す独立取引処理法と単一取引処理法の2つの会計処理が存在する。

2 独立取引処理法

「基準」は，リースバック取引がファイナンス・リースに該当する場合，借手（売手）は，取引開始時に，当該リース物件の売却にともなう損益を長期前払費用または長期前受収益として繰延処理し，リース資産の減価償却費の割合に応じ減価償却費に加減して損益に計上することを要請する（ASBJ［2007b］，第49項）。

以下，このことを次の［設例］で確認したい。

設例[1]

【前提条件】

① ×1年4月1日，借手（売手）は，自己所有の機械設備を貸手（買手）に売却するとともに，その全部をリースバックした。
② 売却時点の帳簿価額は153,000千円（取得原価180,000千円，減価償却累計額27,000千円）であり，減価償却はこれまで適正に行われている。
③ 機械設備の売却価額は，当事者間の合意で170,000千円で，売却時点の公正価値もこれに同じとする。
④ 解約不能なリース期間は5年，年間リース料は40,769千円とする。
⑤ リースバック以後の経済的耐用年数は5年とする。
⑥ 借手（売手）の減価償却方法は定額法とする。

［×1年4月1日（取引開始日）］
［セール取引］

（借）	減価償却累計額	27,000	（貸）	機械装置	180,000
	現金預金	170,000		長期前受収益	17,000

［リースバック取引］

（借）	リース資産	170,000	（貸）	リース債務	170,000
（借）	リース債務	40,769	（貸）	現金預金	40,769

第 8 章　セール・アンド・リースバックの会計

［×2年3月31日（決算日）］

（借）	支　払　利　息	12,923	（貸）	未　払　利　息	12,923
（借）	減 価 償 却 費	34,000	（貸）	減価償却累計額	34,000
（借）	長 期 前 受 収 益	3,400	（貸）	減 価 償 却 費	3,400

［×2年4月1日（期首）］

（借）	未　払　利　息	12,923	（貸）	支　払　利　息	12,923
（借）	リ ー ス 債 務	27,846	（貸）	現　金　預　金	40,769
	支　払　利　息	12,923			

以後，同様の会計処理を行う。

　これは，セール取引とリースバック取引の2つの取引（two transactions）が別個に独立した取引として処理され，リースバックされる借手（売手）の資産は，その本質から公正価値で測定されるべきであるとする考え方に基づいている（Nailor and Lennard［2000］，par. 7.36）。そして，当該会計処理に関しては，2つの取引が別個独立に処理されるため，佐藤［2004］では，「独立取引処理法」と呼んでいる（44頁）。

　このように，現行会計制度では，売却資産とリース物件の法的所有権の実質（法的実質：legal substance）――売却は所有権の法的移転であるが，リースバックは実質的移転であるという違い――に注目して，いったん売却資産を帳簿から切り放し，リース物件をあらためて記帳しなおす会計処理が行われている。しかし，独立取引処理法には，次のような特徴と問題点がある。

　第一に，セール・アンド・リースバック取引の売買価額は当事者間の合意により決定されるものであり，対象資産の売却価額とリースバック後の資産評価額とが一致する必然性はないという特徴である。第二に，財産の売却価額と公正価値との乖離についてはリース料の設定で補償され，売却価額が低ければその分リース料が低く，また売却価額が高ければその分リース料が高く設定されることになるという特徴である（Nailor and Lennard［2000］，par. 7.38）。第三に，有形固定資産を売却する際，発生することが予想される売却損益を長

期前払費用または長期前受収益とする会計処理は,概念フレームワークのいう資産または負債の定義,すなわち,将来の経済的便益をもたらすことが期待される企業により支配される資源または経済的便益の犠牲をともなう企業の現在の義務をみたさないという問題である(McGregor [1996], p. 20)。

3　単一取引処理法

　他方,セール取引とリースバック取引の対象が完全に同一である場合,上記仕訳は,次のように機械装置(リース物件)を担保とする金融取引と捉えることも可能であろう。

[×1年4月1日(取引開始日)]

| (借) 現 金 預 金 | 170,000 | (貸) リ ー ス 債 務 | 170,000 |

　以後,リース債務は利息法の手続きにしたがう。

　周知のように,IASC は,「実質優先主義(substance over form)」の観点から,情報が表示しようとする取引その他の事象を忠実に表現するためには,取引その他の事象は,単に法的形式にしたがうのではなく,その実質と経済的実態に即して会計処理されることが必要であるとし,提供されるべき会計情報には,取引の法的形式よりもその経済的実質が優先されることを要請している(IASC [1989], par. 35)。

　セール・アンド・リースバック取引を,形式的にセール取引とリースバック取引とから構成されるとは捉えずに,両取引が実質的に一体化した金融取引と捉えるならば,リース物件を担保にした資金調達部分だけを会計処理の対象とすればよいはずである。上記仕訳は,そのような場合に1つの取引(one transaction)とみなして処理するアプローチであり,「単一取引処理法」と呼ぶに相応しい(佐藤 [2004], 42-43頁)。

　当該処理は,実質優先思考を重視し,法的形式ではセール取引とリースバッ

ク取引とからなる2つの取引を1つのパッケージ取引に合成しようとするものである。この考え方をさらに押し進め，セール・アンド・リースバック取引を単なる資金調達とその返済，すなわち金融取引として捉えれば，次の仕訳で処理することも可能となろう。そこでは，リースの対象となった物件の売却はなかったものとみなされ，リース料の支払は，借入金の返済として取り扱われることになる（佐藤［2004］，42-43頁）。

［×1年4月1日（取引開始日）］

| （借）現　金　預　金 | 170,000 | （貸）借　入　金 | 170,000 |

しかし，我が国の「基準」を含め，国際的な会計基準は，独立取引処理法を適用しており，単一取引処理法を採用していない。はたしてそれは如何なる意味をもつのであろうか。次節ではそれを検討することにしたい。

第Ⅲ節　オンバランスの論理と会計制度

1　オンバランスの論理

そもそも「経済的実質優先（predominance of substance over form）」の思考ないし原則にしたがい，ファイナンス・リース取引を資本化，すなわち，負債計上をともなう資産化処理をなすべきとする根拠には，次の2つのアプローチがある（森川［2003］，4-5頁）。

①**割賦購入取引との類似性に基づくアプローチ**

所有権移転条項規準・割安購入選択権規準・特別仕様物件規準のような法的所有権の最終的な移転という要件を重視し，取引の実質を割賦購入と同等

であるとする同質性を根拠にファイナンス・リース取引を資本化するアプローチ
②実質優先思考に基づくアプローチ
　現在価値基準・経済的耐用年数基準のように，法的所有権の最終的な移転を想定していないものが含まれていながらも，ファイナンス・リースは，基本的に，「資産の所有にともなう便益と危険のすべてを移転する」という特性をもつものと認識し，その意味での「便益・危険の実質的な移転」というより広範な概念を根拠にファイナンス・リース取引を資本化するアプローチ

「基準」も含め，国際的な会計基準の流れでは，現在，上記②の実質優先思考に基づくリスク・経済価値アプローチ（risks and rewards approach）が支配的な見解となっている。これは，リースにともなう資産または負債のリスクと経済価値のほとんどすべてが実質的に他者へ移転した段階で，当該資産または負債の消滅を認識し，貸借対照表から除くアプローチのことである。そのため，当該アプローチで対象となった資産または負債は，時間に基づく分割や，性質に基づく分解を受けた後の各部分に対する検討がなされるわけではなく，あくまでも全体として移転したか否かが判断されることになる（佐藤［2004］，43頁）。
　しかし，セール・アンド・リースバック取引では，リースバックされる物件が売却資産の全体か否か，全期間か否かで異なる解釈が可能となる。そこで，ここでは，全体・全部期間リースバックの場合と部分・一部期間リースバックの場合を検討することにする。

2　全体・全部期間リースバック取引

　セール・アンド・リースバック取引では，セール取引とリースバック取引の対象となった資産にともなうリスクと経済価値の実質的にすべてが移転したか否かが決定的に重要な要素となる。また，法的形式上の資産の売却がセール取引として成立するか否かは，売却資産に対するその後の継続的関与があるか否かという，リースバック取引の実質的経済効果によって判断される（佐藤

[2004], 43頁)。

　それゆえ，セール・アンド・リースバック取引によりリース物件となる対象資産のリスクと経済価値の実質的にすべてが，リースバックにより借手（売手）に帰属することになったか否かが検討されなければならないのであれば，フルペイアウト（full-payout）の要件が重要な概念となる[2]。そして，実質上，対象資産のすべてを当該資産の残存経済的耐用年数の全期間にわたりリースバックする場合には，経済的実質に注目する限り，リース物件の売却取引（セール）とリース契約による同一物件の購入取引（リースバック）とが同時に成立することになる。このようなケースでは，売買取引そのものが存在していないと解されるので，前節で述べたような金融取引に基づく担保付借入としての会計処理，すなわち，単一取引処理法が妥当性をもつという解釈が理論上は可能となろう（佐藤［2004］，43-44頁）。

3　部分・一部期間リースバック取引

　しかし，売却資産のすべてが当該資産の残存経済的耐用年数の全期間にわたってリースバックされる，すなわち，リースバック取引が全体・全部期間リースバック取引であるかは，リース契約が当事者間の交渉次第である以上，不確かなものである。また，セール・アンド・リースバック取引でリース物件となる対象資産の一部か当該資産の残存経済的耐用年数の一部期間，もしくはその両方でリースバック契約が締結される場合には，上述のフルペイアウトの条件を完全には充たさない（佐藤［2004］，43-44頁）。

　そのため，リース物件となる対象資産の一部が当該資産の残存経済的耐用年数の一部期間にわたりリースバックされるような場合には，対象資産のリスクと経済価値の実質的にすべてが貸手（買手）から借手（売手）に移転したとはいいきれず，当該資産のリスクと経済価値が依然として貸手（買手）に帰属することになる。このような場合のセール・アンド・リースバック取引では，セール取引が成立するため，売却損益がその会計期間の売却損益として計上されることになる（佐藤［2004］，43-44頁）。

4 制度上の会計処理

　ただし，制度上は上記のような会計処理が要請されているわけではなく，セール取引による資産売却が成立していることを認めながらも（独立取引処理法に立脚しつつ），リースバック取引から生ずる売却損益を即時認識することなく，繰り延べる些か複雑な会計処理を要請している。

　以下，具体的にみていこう。

　IAS 17では，ファイナンス・リース取引に該当する場合とオペレーティング・リース取引に該当する場合とに分け，次のような会計処理を要請する（IAS 17, pars. 59-61）。

A　ファイナンス・リース取引に該当する場合

　セール・アンド・リースバック取引は，リース物件を担保とした資金提供手段と捉えられるため，売却代金が帳簿価額を超える額の収益としての認識は適切ではないとし，売却益は，それを繰り延べ，リース期間にわたり配分する[3]。

B　オペレーティング・リース取引に該当する場合

①売却価額が公正価値と等しい場合

　売却損益を即時認識する。

②売却価額が公正価値以外の場合

　売却損益を即時認識する。ただし，次の(イ)・(ロ)の例外がある。

　(イ)　売却損が発生する場合で，その損失がその後のリース料を市場価格以下とすることにより補償される場合には，当該損失は繰り延べ，資産の使用が予測される期間にわたってリース料に応じて償却する。

　(ロ)　売却益が発生する場合は，公正価値を超える売却益は繰り延べ，資産の予想使用期間にわたり償却する。

　また，FASBは，リース契約（リースバック）がファイナンス・リース

（キャピタル・リース）とオペレーティング・リースに分類されることを前提に，セール取引が資産の売却要件を充たす場合と充たさない場合とに分け，次のような会計処理を要請する（SFAS 28, pars. 3, 10-17）。

A　資産の売却要件を充たさない場合

　　リスクと経済価値について借手（売手）が継続的に関与し，リスクと経済価値が貸手（買手）に実質的に移転しないので，預り金基準（Deposit Method）もしくは貸借取引基準（Financing Method）を適用し，預り金もしくは借入金として会計処理する（SFAS 98, pars. 6-13）[4]。

B　資産の売却要件を充たす場合

　　リスクと経済価値について借手（売手）の継続的関与がなく，リスクと経済価値が貸手（買手）に実質的に移転するので，売却損益を計上する（SFAS 98, par. 27）。しかし，当該売却損益は，原則として繰延処理され，リースバック取引の対象となった資産が土地を除くリース資産の場合には減価償却費に比例して減価償却期間にわたり，土地の場合およびオペレーティング・リースの場合には支払賃借料に応じたリース期間にわたり繰延額を償却するとし，次のような会計処理を要請する。

① リースバック取引が売却損を生じる場合

　即時に認識する。

② リースバック取引が売却益を生じる場合

　(イ)　キャピタル・リース（ファイナンス・リース）取引とされる場合，最低リース料支払額の現在価値もしくはリース資産の売却価額のどちらか低い方をリース資産の簿価とし，簿価に対する超過部分は売却時に利益計上する一方で，簿価までの売却利益は繰延処理し，リース資産の減価償却に応じて実現させる。

　(ロ)　オペレーティング・リース取引とされる場合，最低リース料支払額の現在価値の超過部分を売却時に利益計上する一方で，当該現在価値までの売却利益を繰延処理し，支払リース料に応じて実現させる。

(ハ) オペレーティング・リース取引とされる場合でも，リースの対象が，リース資産の公正価値の10％未満である小部分リースバックである場合には，売却損益を売却時の損益として即時認識する。

これに対し，「基準」では，その適用指針で，次のような会計処理を要請する[5]。

「セール・アンド・リースバック取引におけるリース取引がファイナンス・リース取引に該当する場合，借手は，リースの対象となる物件の売却に伴う損益を長期前払費用又は長期前受収益等として繰延処理し，リース資産の減価償却費の割合に応じ減価償却費に加減して損益に計上する。ただし，当該物件の売却損失が，当該物件の合理的な見積市場価額が帳簿価額を下回ることにより生じたものであることが明らかな場合は，売却損を繰延処理せずに売却時の損失として計上する。…なお，セール・アンド・リースバック取引によるリース物件を，さらに概ね同一の条件で第三者にリースした場合で，当該転リース取引がファイナンス・リース取引に該当し，かつ，その取引の実態から判断して当該物件の売買損益が実現していると判断されるときは，その売買損益は繰延処理せずに損益に計上することができる（ASBJ［2007b］，第49-50項）。」

当該指針は，(1)合理的な見積市場価額を基礎とした売却価額が帳簿価額を下回る場合に生じる売却損は，それが評価損と考えられるため，繰延処理せず売却時の損失として計上するという例外を除き，(2)売却損益は，長期前払費用または長期前受収益として繰延処理し，新規に算出された帳簿価額に基づく減価償却費に長期前払費用または長期前受収益の償却額相当額を加減する。これは，リスク・経済価値アプローチに依拠し，リスクと経済価値の実質的にすべてが移転したか否かの判断に加え，リースバック取引の継続的関与がどのように影響したかを考慮する，国際的な基準との平仄がはかられたものである。しかし，当該指針は，リースバック取引がオペレーティング・リース取引に該当する場

合の会計処理を設けていない。

第 IV 節　セール・アンド・リースバック取引の課題

1　オンバランス回避行動

　既述のように，IAS，SFAS および「基準」は，リスク・経済価値アプローチを採用している。ところが，当該アプローチでは，経済的には非常に類似したリース取引でも，ファイナンス・リース取引に分類されるか，オペレーティング・リース取引に分類されるかで，全く異なる会計処理がなされるため，オペレーティング・リース契約から生じる重要な資産および負債が，借手の貸借対照表上に認識されないという問題がある（森川［2003］，6頁）。

　また，たとえば，次の①から④のケースに該当し，擬制合成リースと呼称されるシンセティック・リース（synthetic lease）に関連する問題もある。

① 所有権移転条項規準について，リース契約に所有権の自動移転を明記しない（所有権移転条項規準の回避）
② 割安購入選択権規準について，リース契約に明確な割安購入選択権のかたちでの契約条項ではなく，リース終了時点の時価として，リース開始時に見積もられる適正価格，すなわち，公正価値での購入選択権を認める程度の特約とすることで，「割安」の判断が難しい契約を適用する（割安購入選択権規準の回避）
③ 現在価値基準について，リース契約に貸手が容認できる範囲で最小限に抑えられた借手による残価保証を設定するか，リース契約で内在する金利を借手が算出できないようにすることで，最低リース支払額の現在価値が，リース資産の公正市場価値の90％未満になるよう設定する（現在価値基準の回避）
④ 経済的耐用年数基準について，リース契約に原契約期間終了時のリース契

約の継続を認める特約，更新選択権が必ずしもなされるわけではないと考えられるようなオプションを認めることで，リース期間を見積経済的耐用年数の75％以下に設定する（経済的耐用年数基準の回避）

このような場合，当該取引は，税務上は，対象物件の増減を行わず，ローン取引としての処理を行うだけであるため，借手はリース物件の所有者として減価償却費や支払利息の損金算入といったタックス・メリットを享受できる一方で，会計上は，オペレーティング・リース取引として認識し，オフバランスとすることが可能となる（Kieso, Weygandt, and Warfield［2004］, pp. 1110-1119; 加藤［2007］，141頁；196-202頁）。

リース利用企業は，オフバランスのメリットを求め，オンバランス規準を充たさないシンセティック・リースのようなリース契約を画策し，意図的に資本化を回避してきた。それゆえ，実質的にはファイナンス・リースに該当しながら，形式的にはオペレーティング・リースとして処理されるリース取引の増大が，財務諸表の比較可能性や透明性の確保という観点から問題視され，オペレーティング・リース取引の経済的影響を看過できない状況になっている（Imhoff, Lipe and Wright［1991］, p. 61; 茅根［2002］，14頁）。

「基準」では，所有権移転外ファイナンス・リースに係る例外処理（賃貸借処理）が廃止され，実質優先思考に基づくリスク・経済価値アプローチのもと，法的形式は賃貸借取引でも，その経済的実質が売買取引に近いリース取引については，売買処理によるオンバランス化が要請されるようになった。しかし，リスク・経済価値アプローチでは，リスクと経済価値のほとんどすべてが実質的に移転する場合にはオンバランスされ，しない場合にはオフバランスとされるので，財務諸表の比較可能性の確保については，充分とはいいがたい状況にある。また，現行実務では，現在価値基準や経済的耐用年数基準の数値のように，絶対的な線引き（absolute thresholds）で規定される基準を，企業側が悪用する基準回避行動がみられ，リース取引のオン・オフを裁量的に決定する"all or nothing"型の会計処理のあり方が問題視されている（McGregor

第8章 セール・アンド・リースバックの会計

[1996], pp. 3-4, 9-13; Nailor and Lennard [2000], pars. 1.3, 1.5-1.6, 1.13)。

2 ニューアプローチの論理

　もっとも，このような問題は，リスク・経済価値アプローチに基づく「基準」が，リース取引の分類基準に企業側の裁量を介入させる余地を残していること自体に起因するものである。

　ところが，近年，上記問題を契機として，リース会計基準を見直す動きが活発化している。それは，企業の経済的実態を反映した報告をなすために，従来型の細則主義（rules-based approach（standards））に基づく会計基準ではなく，目的志向型の原則主義（principles-based approach（standards））に基づく会計基準の策定を推し進める動きであり，具体的には，財務諸表の比較可能性は促進するが，経済的実質を看過しがちな前者から，企業間の比較可能性や期間相互の一貫性を欠くおそれはあるものの，経済的実質を反映した財務報告を可能にする後者に移行することで，会計およびディスクロージャーの首尾一貫性・目的適合性を高めるよう会計基準を改善しようとすることを意味している（Maines, Bartov, Fairfield, Hirst, Iannacori, Mallet, Schrand, Skinner and Vincent [2003], pp. 73-89; Nelson [2003], pp. 91-104; Schipper [2003], pp. 61-72)。

　したがって，この場合には，「基準」でオペレーティング・リース取引とされるものでも，解約不能（non-cancellable）の要件を充たすのであれば[6]，借手がその権利を占有でき，義務の回避が困難であるので，ファイナンス・リース取引の権利・義務と本質的には同じであるとする論理が展開されることになる（McGregor [1996], p. 17)。その結果，借手の会計では，リース物件の財産使用権とリース料の支払義務に基づく資産・負債のオンバランス化が妥当性をもつようになる。

　このようなニューアプローチは，国際的合意を得た概念フレームワークにおける資産・負債の定義および認識規準との整合性を重視する[7]。そして，それは，リース契約から生じる重要な権利・義務を資産・負債として計上する資産・

負債アプローチ（asset and liability approach）の適用を意味し（McGregor [1996], pp. 15-16; Nailor and Lennard [2000], pars. 1.8, 1.14），次の①から③を根拠にして，リース資産・リース負債の資産性・負債性を認めようとするものである。

① 資産の定義における重要な鍵概念は，特定の企業による経済的便益の「支配（control）」であり，所有権という法的強制力が根拠とされるが，解約不能なリース契約のような契約その他の方法による場合には，リース期間にわたって使用権が生じ，その権利をもって将来の経済的便益をもたらす資源の支配は可能である。
② 負債の定義における重要な鍵概念は，経済的便益の流出をともなう「現在の義務（present obligation）」であるが，その義務は法的拘束力のある契約から生じるため，解約不能なリース契約が締結される場合には，リース期間の支払義務が現在化する。
③ 上記①および②から生じる権利・義務の金額は，契約の存在により公正価値または割引現在価値による測定が可能な場合，信頼し得る測定が可能となる。

ニューアプローチは，現行基準のフルペイアウトの要件を撤廃し，解約不能の要件のみを基礎とする財産使用権に基づく会計処理に一本化しようとするものである。そして，それは，割賦購入との類似性という規準でファイナンス・リースとオペレーティング・リースを分類するのではなく，財産使用権というインタンジブルズの存在を規準にしてリースの権利・義務をオンバランス化するものである（McGregor [1996], pp. 16-19; Nailor and Lennard [2000], pars. 1.12, 2.5, 3.4, 3.10）。

3 財務構成要素アプローチ

さらに，ニューアプローチは，財務構成要素アプローチ（financial

components approach）を前提とする。当該アプローチは，リースにともなう資産および負債を構成要素に分解し，支配が他者に移転した段階で，当該構成要素の消滅を認識し，貸借対照表から除くとともに，留保される構成要素はその存続を貸借対照表で認識するものである。そして，対象となった資産または負債の認識・認識中止は，時間に基づく分割や，性質に基づく分解を受けた後の各部分（構成要素）が移転したか否かで判断される（佐藤［2004］，44頁）。

それゆえ，ニューアプローチでは，リース契約の各構成要素（財産使用権，更新・解約・購入選択権，偶発リース料など）に対する支配が移転したか否かが問題となる（角ヶ谷［2008］，111-112頁）。そして，更新選択権や購入選択権が重要な価値を有しており，かつ，信頼性をもって測定し得る場合，借手はリース資産として計上されている使用権とは分離し，独立した別個の資産として認識することになる（Nailor and Lennard［2000］, pars. 3.10, 4D; 茅根［2002］，21頁）（図表2）。

図表2　財産使用権とオプションの認識

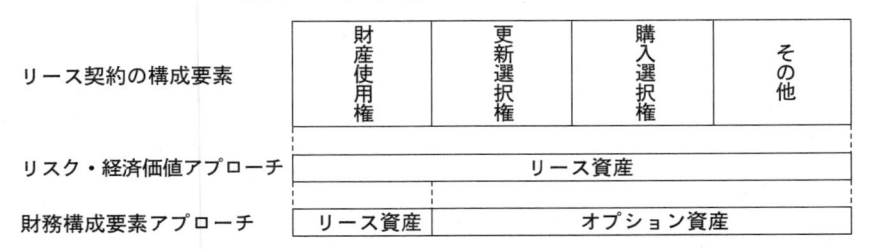

リース契約の構成要素	財産使用権	更新選択権	購入選択権	その他
リスク・経済価値アプローチ	リース資産			
財務構成要素アプローチ	リース資産	オプション資産		

セール・アンド・リースバック取引では，セール取引とリースバック取引のそれぞれをできるだけ細分化した構成要素に分け，移転した部分とそうでない部分とを判断することが重要になる。そして，リースバック取引がファイナンス・リース取引に該当するとした場合，リスク・経済価値アプローチでは，リース物件の売買取引そのものが存在しないとみなし，金融取引に基づく担保付借入としての会計処理，すなわち，単一取引処理法を適用する。他方，財務構成要素アプローチでは，リースバック取引を細分化した構成要素に分け，セール

取引と細分化したリースバック取引それぞれの構成要素の対応関係から，単一取引処理法を適用する場合には担保付借入と考えて処理する一方で，独立取引処理法を適用する場合にはセール取引とリースバック取引の売却価額と公正価値の関係から売却損益の認識を検討する（佐藤［2004］，44-45頁）。

しかしながら，リースは，当事者間でリスクと経済価値を共有する取引であるため，借手の多様なニーズを反映したサービスをパッケージ化した複雑なリースの場合には，サービスの対価であるリース料を構成要素ごとに分解することが可能か否かという適用可能性の問題が存在する（茅根［2002］，21-23頁）。

第 V 節　結　び

「旧基準」では，所有権移転外ファイナンス・リース取引について，所定の注記を条件に，通常の賃貸借取引に係る方法に準じた会計処理を容認してきた（企業会計審議会［1993］，三・1・(2)）。ところが，国際的には，日本特有の当該処理が国際的な基準と同等性を保てるか否かが問題視されてきた。本体情報と注記情報の別を問わなければ，情報提供の観点からは，情報の利用者が原則処理と同程度の情報を入手できることに変わりはなくとも，オンバランスとオフバランスとでは，財務制限条項等の財務比率計算上あるいは課税所得計算上で重大な差異をもたらす可能性がある。

日本特有の会計基準は，「旧基準」が制度化されるまで，関係諸法に開示規定はあるものの包括的な会計基準がなかったことに起因する。当時は，税法上のリース通達で規定された賃貸借処理が実務としての慣行であったが，これは，国際的な基準とはいいがたく，企業開示の不透明性の批判を受け続けてきたのである。

しかし，財務省が公表した『平成19年度税制改正の大綱』（2006年12月19日）および『平成19年度税制改正の要綱』（2007年1月19日）で，「リース取引関連税制」について，次のように定められた。

第 8 章　セール・アンド・リースバックの会計

① 所有権移転外ファイナンス・リース取引は，売買取引とみなす。
② 所有権移転外ファイナンス・リース取引の賃借人のリース資産の償却方法は，リース期間定額法とする。なお，賃借人が賃借料として経理した場合においてもこれを償却費として取り扱う。

　このことは，従来，原則処理とされてきた賃貸借処理を売買処理に改正し，所有権移転外ファイナンス・リース取引の会計上と税務上の取扱いを，理論上，統一させたことを意味している[8]。しかし，ニューアプローチの存在は，近い将来，「基準」に，さらなる改正を要請する契機となると思われる。
　現在，IASB と FASB は，財務諸表の作成者，監査人，利用者や有識者で構成される共同の国際ワーキング・グループ（Joint International Working Group）を組織し，リース会計基準の包括的な再検討に関するプロジェクトに取り組んでいる。当該プロジェクトは，リスク・経済価値アプローチに準拠し，ファイナンス・リース取引とオペレーティング・リース取引を別個に処理する現行基準を全面的に見直し，基本的に，すべてのリース契約を借手・貸手の財務諸表で認識する方向で改定することを目指すものである。具体的には，リース取引を資本化する論理に資産・負債アプローチを採用し，リース契約上の権利・義務（contractual rights and obligations）を構成要素に分け，使用権の売買とそれに付随するオプション等（更新選択権，購入選択権，偶発リース料）や残価保証を別個の資産・負債として認識する財務構成要素アプローチを採用し，以て，財務情報の目的適合性，表示の誠実性，比較可能性に資することを目指すものである。
　我が国の「基準」は，ある程度の国際的な平仄ははかれたものの，国際的なリース会計基準の見直しが今後加速した場合，国際的な会計基準統合（コンバージェンス）の流れとは大きく乖離する可能性があり，我が国リース会計基準は更なる改正が必要となると思われる。

参考文献

FASB, Statement of Financial Accounting Standards (SFAS), No. 13, *Accounting for Leases*, 1976.

FASB, Statement of Financial Accounting Standards (SFAS), No. 28, *Accounting for Sales with Leasebacks*, 1979.

FASB, Statement of Financial Accounting Standards (SFAS), No. 98, *Accounting for Leases*, 1988.

FASB, Preliminary Views, *Conceptual Framework for Financial Reporting: Objective of Financial Reporting and Qualitative Characteristics of Decision-Useful Financial Reporting Information*, 2006.

FASB, Exposure Draft, *Conceptual Framework for Financial Reporting: The Objective of Financial Reporting and Qualitative Characteristics and Constraints of Decision-Useful Financial Reporting Information*, 2008.

FASB, Discussion Paper, *Preliminary Views on Financial Statement Presentation*, 2008.

IASB, *IASB Working Group on Lease Accounting*, 2007.

IASC, International Accounting Standards (IAS), No. 17, *Leases*, 1982 (revised 2003).

IASC, *Framework for the Preparation and Presentation of Financial Statements*, 1989.

Imhoff, E. A., Lipe, R. C., and Wright, D. W., Operating Leases: Impact of Constructive Capitalization, *Accounting Horizons*, Vol. 5, No. 1, 1991, pp. 51-63.

Imhoff, E. A., and Thomas, J. K., Economic Consequence of Accounting Standards: The Lease Disclosure Rule Change, *Journal of Accounting and Economics*, Vol. 10, No. 4, 1988, pp. 277-310.

Kieso, D. E., Weygandt, J. J., and Warfield, T. D., *Intermediate Accounting*, eleventh edition, Wiley, 2004.

McGregor, W., G4+1 Special Report, *Accounting for Leases: A New Approach, Recognition by Lesses of Assets and Liabilities arising under Lease Contracts*, Financial Accounting Foundation, 1996.

Maines, L. A., Bartov, E., Fairfield, P. M., Hirst, D. E., Iannacori, T. E., Mallet, R., Schrand, C. M., Skinner, D. J., and Vincent L., Evaluating Concepts-Based vs. Rules-Based Approaches to Standards Setting, *Accounting Horizons*, Vol. 17, No. 1, 2003, pp. 73-89.

Nailor, H., and Lennard, A., G4+1 Position Paper, *Leases: Implementation of a*

New Approach, International accounting Standards Committee Foundation, 2000.

Nelson, M. W., Behavioral Evidence on the Effects of Principles- and Rules-Based Standards, *Accounting Horizons,* Vol. 17, No. 1, 2003, pp. 91-104.

Shipper, K., Principles-Based Accounting Standards, *Accounting Horizons,* Vol. 17, No. 1, 2003, pp. 61-72.

加藤久明『現代リース会計論』中央経済社, 2007年。

企業会計基準委員会（ASBJ）企業会計基準第13号「リース取引に関する会計基準」2007年3月30日（2007a）。

企業会計基準委員会（ASBJ）企業会計基準適用指針第16号「リース取引に関する会計基準の適用指針」2007年3月30日（2007b）。

企業会計審議会「リース取引に係る会計基準に関する意見書」1993年6月17日。

古賀智敏『価値創造の会計学』税務経理協会, 2000年。

古賀智敏『「著作権保護コンテンツ」知的資産の会計—マネジメントと測定・開示のインターラクション—』東洋経済新報社, 2005年。

古賀智敏「会計理論の変容と経済的実質主義」『會計』森山書店, 第172巻第3号, 2007年, 1-14頁。

財務省『平成19年度税制改正の大綱』2006年12月19日。

財務省『平成19年度税制改正の要綱』2007年1月19日。

佐藤信彦「セール・アンド・リースバック取引—リスク移転とオフバランス化」『企業会計』中央経済社, 第56巻第8号, 2004年, 41-48頁。

鈴木一水「リース資産・負債の会計」『国際会計基準と日本の会計実務—比較分析／仕訳・計算例／決算整理—［新版］』（神戸大学IFRSプロジェクト・あずさ監査法人IFRSプロジェクト編, 同文舘出版, 2005年) 137-159頁。

茅根　聡『リース会計』新世社, 1998年。

茅根　聡「リース会計基準の行方—G4＋1ポジション・ペーパーの提案に焦点を当てて—」『會計』森山書店, 第161巻第1号, 2002年, 12-27頁。

茅根　聡「わが国リース会計基準の改定問題をめぐって」『會計』森山書店, 第163巻第4号, 2003年, 72-84頁。

茅根　聡「リースのオンバランス化をめぐる新展開—わが国の改訂論議と国際的動向に焦点を当てて—」『JICPAジャーナル』日本公認会計士協会, 第16巻第5号, 2004年, 59-65頁。

茅根　聡「米国におけるリースのオフバランスシート問題の展開—SEC勧告とFASBの対応を中心に—」『會計』森山書店, 第170巻第6号, 2006年, 59-74頁。

角ヶ谷典幸「リース会計」『大学院学生と学部卒業論文テーマ設定のための財務会計論簿記論入門［第2版］』（新田忠誓編, 白桃書房, 2004年）第7章。

角ヶ谷典幸「リース会計基準と会計諸概念の変容」『経済学研究』九州大学経済学会，第71巻第5・6号，2005年，59-68頁。

角ヶ谷典幸「リース」『スタンダードテキスト財務会計論Ⅱ〈応用論点編〉[第2版]』（河﨑照行・齋藤真哉・佐藤信彦・柴健次・高須教夫・松本敏史編，中央経済社，2008年）第4章。

森川八洲男「リース資本化の二形態－「G4＋1」の提案内容（2000年）に言及して－」『会計プログレス』日本会計研究学会，第4号，2003年，1-10頁。

（注）
（1）[設例] は，ASBJ [2007b] の [設例7] を必要最小限の条件のみに簡略化したものであり，④の年間リース料は，現在価値を売却価額（170,000千円），期間を5年，借手（売手）が知り得る貸手（買手）の計算利子率を10%とした場合に算出される金額である。
（2）フルペイアウトとは，「当該リース物件の取得価額相当額，維持管理等の費用，陳腐化によるリスク等のほとんどすべてのコストを負担する」ことで，「自己所有するとするならば得られると期待されるほとんどすべての経済的便益を享受」できるとする概念をいう（ASBJ [2007]，第36項）。
（3）IAS 17では，売却代金が帳簿価額を下回る場合（売却損が発生する場合）の会計処理について言及していない。理論的には，リース物件の収益性が低下したことによって売却損が発生しているような場合には，IAS 16にしたがって減損処理（即時費用処理）すべきであると考えられる。売却代金が公正価値を示している場合には，むしろ，我が国基準のように長期前払費用を用いて，リース期間にわたって繰延処理すべきであると考えられる。
（4）当初認識時点では，次のように会計処理される。
　　　（借）現　金　預　金　×××　　（貸）預り金（または借入金）　×××
（5）「基準」は，セール・アンド・リースバック取引がファイナンス・リース取引に該当するか否かの判定の際，ファイナンス・リース取引の判定基準に準拠するが，「経済的耐用年数については，リースバック時におけるリース物件の性能，規格，陳腐化の状況等を判断して見積った経済的使用可能予測期間を用いるとともに，当該リース物件の見積購入価額については，実際の売却価額を用いる（ASBJ [2007b]，第48項）」とし，判定基準の経済的耐用年数基準・現在価値基準を修正している。
（6）解約不能とは，「法的形式上は解約可能であるとしても，解約に際し相当の違約金を支払わなければならない等の理由から，事実上解約不能と認められる」とする概念をいう（ASBJ [2007]，第36項）。
（7）資産・負債の定義および認識規準は，IASC の概念フレームワークでは，以下の

第8章　セール・アンド・リースバックの会計

ように規定される。

資産・負債の定義（IASC [1989], par. 49(a)(b)）
  (a) 資産とは，過去の事象の結果として特定の企業が支配し，かつ，将来の経済的便益が当該企業に流入すると期待される資源である。
  (b) 負債とは，過去の事象から発生した特定の企業の現在の義務であり，これを履行するためには，経済的便益を有する資源が当該企業から流出すると予想されるものである。

認識規準（IASC [1989], par. 83）
  ① 当該項目に関する経済的便益が企業に流入するか，または流出する可能性が高い。
  ② 当該項目が原価または価値を有しており，信頼性をもって測定することができる。

(8) 税法改正の具体的内容は，第2章第3節（注15）を参照されたい。

　なお，法人税法では，「譲受人から譲渡人に対する賃貸（リース取引に該当するものに限る。）を条件に資産の売買を行った場合において，当該資産の種類，当該売買及び賃貸に至るまでの事情その他の状況に照らし，これら一連の取引が実質的に金銭の貸借であると認められるときは，当該資産の売買はなかったものとし，かつ，当該譲受人から当該譲渡人に対する金銭の貸付けがあったものとして」取り扱う処理をなすことが要請されるため（法人税法第64条の2第2項），セール・アンド・リースバック取引の会計処理では，税務処理とのあいだに差異を生じる可能性を有することが想定されることになる。

終章
リース会計基準の展望

　本終章では，序章〜第8章までの総括として，オンバランスの論理，リース取引の認識時点および選択権（オプション）の会計処理について整理し，最後に大局的な観点に立って現行アプローチ（原価主義モデル）とニューアプローチ（公正価値モデル）の対比を行いたいと考える。

　なお，わが国の現行基準は企業会計基準委員会（ASBJ）から2007年3月に公表された企業会計基準第13号「リース取引に関する会計基準」および企業会計基準適用指針第16号「リース取引に関する会計基準の適用指針」である。以下では，前者を「基準」といい，後者を「適用指針」という。また，1993年6月に企業会計審議会から公表された「リース取引に係る会計基準に関する意見書」を「旧基準」という。

第 I 節　オンバランスの論理

　リース資産・リース負債[1]のオンバランスの論理は，大きく制度的に論じられてきた系譜と（理論的・）経済的に論じられてきた系譜とに分けて考えることができる。制度的系譜では，リース資産のオンバランスが割賦購入取引との類似性に基づいて，またリース負債のオンバランスが法的債務との類似性に基づいて正当化されてきた。一方，経済的系譜では，リース資産のオンバランスが財産使用権の取得を根拠にして，またリース負債のオンバランスが確実に支払うべき義務の発生を根拠にして正当化されてきた（FASB [1974], pars. 35-38; IASB [2007a], pars.41-44参照）。

以下，図表1を参考にしながら，順にみていくことにする。

図表1 オンバランスの論理

	リース資産	リース負債	特 徴	アプローチ
制度的系譜	割賦購入取引との類似性 (Installment) Purchase Model	法定債務との類似性 Legal Debt Model	タンジブル （物 件）	リスク・経済価値アプローチ（フルペイアウト）
経済的系譜	財産使用権の取得 Property Rights Model	確実な支払義務 Liability Model	インタンジブル （権利・義務）	構成要素アプローチ

（注）現行アプローチは制度的系譜に属し，ニューアプローチは経済的系譜に属する。

1 制度的系譜

現行アプローチでは，特別仕様物件に該当する場合を除くと，基本的に4つの指標すなわち①所有権移転条項，②割安購入選択権，③現在価値基準，④経済的耐用年数基準のいずれかに該当すれば，ファイナンス・リース取引であると判定され，借手は次の会計処理を行わなければならない。

［当初認識時点］

（借）リ ー ス 資 産 ×××（貸）リ ー ス 負 債 ×××

上記の時点ではリース物件（タンジブル）の所有権は借手に移転していないので，通常の購入取引のように所有権の移転をもってリース資産およびリース負債のオンバランスを正当化することはできない。

そこで，従来，リース資産のオンバランスは，「**割賦購入取引との類似性**」に基づいて正当化されてきた（ARB38, par.6; APB5, par.9参照）。つまり，割賦購入資産がオンバランスされる以上，実質的に割賦購入取引に相当するリース資産もオンバランスされなければならないと考えられてきた。

たしかに指標①（所有権移転条項）が存在すれば，リース終了時までに所有権が借手に移転し，当該取引は割賦購入に類似したものと考えられる。指標②

についても同様である。割安購入選択権が付与されていれば，割安で購入でき，選択権が行使される可能性は高い。そうであれば所有権は借手に移転し，当該取引は割賦購入に類似したものと考えられる。

ところが，厳密に言えば，指標③，④については割賦購入取引との類似性をもってオンバランスを正当化することはできない。指標①，②とは異なり，リース終了時までに所有権が借手に移転しないからである。指標①，②に加え，③，④までを前提とする場合には，割賦購入取引との類似性より些か広い説明概念が必要である。その説明概念こそが，現行アプローチの概念的柱を担う「フルペイアウト」（所有権に付随するリスクと経済価値の実質的移転，リスク・経済価値アプローチ）であると考えられる（APB7, pars.7-8,18; SFAS13, par.60; IAS17, pars.3, 5-6;「基準」，5項参照）[2]。

2 （理論的・）経済的系譜

リース資産の認識を財産使用権の取得を根拠にして正当化しようとする所説は，古くは，Myers [1962] にみられる。そこでは，「リース物件を使用する権利は，たとえ所有されていなくとも真の資産である。借手は当該リース物件からサービスを享受する。貸手が全ての義務を履行した段階で，資産を認識すべきである。」(p.40, 訳書, 67頁) と述べられている[3]。

また，借方の財産使用権の取得と貸方の支払義務の確実性を同時に根拠にする所説は，Lorensen [1992] にみられる。そこでは，「固定払いのオペレーティング・リース取引では，リース物件の支配（権）の借手への移転が，全ての支払を借手に無条件に要求するようになる前に生じる契約上の最後の事象である。支配（権）が移転したときに，借手には当該物件をリース期間にわたって使用する権利と引き換えに負債が発生する。そのような財産（使用）権はFASBの資産の定義に合致する。」(pp.75-76) と述べられている。

さらに，McGregor [1996] では，「ファイナンス・リース取引の全てとオペレーティング・リース取引のほとんどは，資産・負債の認識基準[4]をみたす。実際，解約不能なリース取引は資産・負債の認識基準をみたすであろう。」

（pp.16-17）と述べられている。

　以上のように，（理論的・）経済的には，財産使用権の取得および支払義務の確実性を根拠にして，基本的に全ての（長期の）リース取引をオンバランスすべきであると考えられてきた（Skinner=Milburn [2001], p.245; Rosenfield [2006], pp.490-491参照）。

3　ニューアプローチの特徴

　ところで，一般に，現行アプローチは「**実質優先思考**」（substance over form）に基づき，「**経済的実質**」（economic substance）が重視されていると言われている。これに疑いの余地はないが，はたして実質優先思考の「実質」と経済的実質の「実質」は完全に同義なのであろうか。現行アプローチでは，「所有権に付随する…」という文言に端的に示されているように，（法的）所有権に類似する何か（something akin to ownership）[5]，言わば「**法的実質**」（legal substance）――法的形式そのものではないが，それに類似する何か――が実質の意味内容として含まれている。

　このことは，法的実質が排除され経済的実質だけが考慮されるような状況を想定すれば，自ずと明らかにされるであろう。そのような状況では，ファイナンス・リース取引と解約不能なオペレーティング・リース取引の経済的実質（将来の経済的便益の獲得可能性）は変わらないので，両取引を区別する理由はなくなり，いずれもオンバランスされるようになるであろう。それに伴って，ファイナンス・リース取引とオペレーティング・リース取引を区別するための前述した4つの指標（①～④）も不要になるであろう。

　いま1つ，第8章で検討したセール・アンド・リースバック取引について振り返ると，法的に移転した物件とリースバックした物件の経済的実質は取引の前後を通じて同一であるので，法的実質を排除して考えるのであれば，両取引を区別する理由はなくなる。そのような状況では，現行アプローチが採用している売却取引とリースバック取引を区別する「**独立取引処理法**」ではなく，ニューアプローチが提唱している担保付借入部分だけを会計処理の対象とする「**単一**

取引処理法」が妥当するであろう[6]。

　このようにニューアプローチでは，現行アプローチにも増して経済的実質が重視されている。また，財産使用権および無条件の支払義務が概念フレームワークにおける経済性を重視した資産・負債の定義（将来の経済的便益，将来の経済的便益の犠牲）に合致することが強調されている（IASC［2000］；IASB［2007b］参照)[7]。

　なお，ニューアプローチは今日的会計観と符合する考え方であるが，その採用にあたってはなお検討すべき課題がある。たとえば，いつリース資産・リース負債を認識するのか（契約日か，引渡日か），リース契約を認識するのであれば，テイク・オア・ペイ契約（長期の売買契約）や長期の雇用契約など，他の契約も認識されるのか（契約会計との関連性），更新選択権や偶発リース料はどのように扱われるのか（オプション等の会計処理）などである（Skinner=Milburn［2001］, p.245参照)。これらの諸問題を次節以降で取り上げていきたい。

第 II 節　リース取引の認識時点

　ここでは，主に「認識」に関する論点を扱う。具体的に，まず，「未履行契約」の意味を明らかにする。次に，リース取引の具体的な認識時点を現行アプローチ（SFAS13，IAS17，「基準」）とニューアプローチに分けて整理する。最後に，Rouse［1994］を手がかりにして，「未履行契約」の認識を正当化（あるいは否定）する根拠を明らかにし，あわせて「未履行契約取引説」について言及する[8]。

1　「未履行契約」の意味

　一般に，契約はその締結から完了までの間に次の①〜③の3段階を経る。このうち，会計的には①だけが「**未履行契約**」（executory contracts）であると

解され，法的には①および②が未履行契約であると解される（Ijiri [1980], p.6; 茅根 [1998], 172-174頁参照）[9]。

① 完全未履行（wholly executory）；
　　双方ともに約束を全く履行していない段階（約束と約束の交換段階）
② 部分的履行（partially executory）；
　　双方ともに（またはいずれか一方が）約束を完全に履行していない段階（約束と履行の交換段階）
③ 完全履行（fully executed）；
　　双方が約束の全てを履行した段階（履行と履行の交換段階）

はたして，リース取引は未履行契約に該当するのであろうか。結論を簡潔に述べれば，当初認識時点を「**契約日**」（図表2，Ⅰの段階）と考えるのであれば，未履行契約に該当する。貸手，借手ともに，約束を全く履行していないからである。それに対して，当初認識時点を「**引渡日（物件借受証の受領日）**」（図表2，Ⅱの段階）と考えるのであれば，当該契約は部分的履行段階にあり，未履行契約には該当しない。リース物件の引き渡しによって，約束の一部が履行されているからである。

図表2　ファイナンス・リース契約の手順

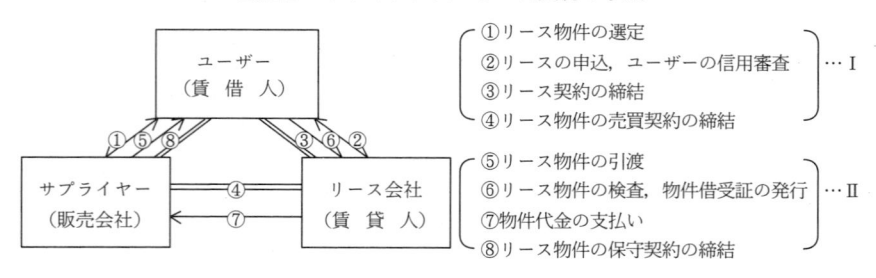

```
                  ユーザー
                 （賃借人）
           ①⑤⑧    ③⑥②
    サプライヤー  ④   リース会社
    （販売会社）  ⑦   （賃貸人）
```

①リース物件の選定
②リースの申込，ユーザーの信用審査　　…Ⅰ
③リース契約の締結
④リース物件の売買契約の締結

⑤リース物件の引渡
⑥リース物件の検査，物件借受証の発行　…Ⅱ
⑦物件代金の支払い
⑧リース物件の保守契約の締結

出所）リース事業協会「リースの基本」に加筆修正（http://www.leasing.or.jp/annai/index.html）

2 「当初認識時点」の特定

それでは，リース取引は具体的にいつ認識されるのであろうか。以下，現行アプローチ（SFAS13, IAS17,「基準」），ニューアプローチの順にみていくことにする。

SFAS13では，「**リースの開始日**（inception of the lease）とは，合意日（agreement）と確約日（commitment）のいずれか早い日をいい」(par.5b)，「借手は，**リース期間の開始日**（beginning of the lease term）に，……キャピタル・リースに係る資産・負債を認識しなければならない。」(par.10) と述べられている。ここでは，リースの開始日とリース期間の開始日との関係は明らかにされていない。

この点，〔2003年に改訂された〕IAS17では，リースの開始日（inception of the lease）とリース期間の開始日（commencement of the lease term）が次のように区別されている（IN7参照）。リースの開始日とは，「合意日と，重要な条項について当事者が確約した日のいずれか早い日をいう。リース取引は，当該日付をもって，オペレーティング・リース取引またはファイナンス・リース取引に分類される。そして，ファイナンス・リース取引に分類される場合には，当該日付をもって，リース期間の開始日に認識されるべき金額が決定される。」(par.4参照)。また，リース期間の開始日とは，「借手がリース物件を使用する権利を取得した日をいう。リース取引は，当該日付をもって，当初認識される。」(par.4参照)

IAS17では，両者を区別する理由が結論の背景において次のように説明されている。「改訂前のIAS17ではリースの開始日とリース期間の開始日が区別されていなかったが，タイムラグが生ずることがあるので，認識はリース期間の開始日に行い，測定はリースの開始日の金額に基づいて行うこととした。」(BC16参照)。「測定もリース期間の開始日の金額に基づいて行う方が合理的であったかも知れないが，リース債権やリース負債は公正価値で測定することが要請されているので，リースの開始日以降の日に測定を行うことはできない。」

（BC17参照）[10]

　一方，わが国の「基準」の立場はきわめて明確である。「リース取引開始日とは，借手が，リース物件を使用収益する権利を行使することができることとなった日をいう。」（7項)。「(リース取引開始日は,) 一般的には，当該リース物件に係る借受証に記載された借受日がそれに該当する場合が多いものと考えられる。」(37項。括弧内—筆者)

　図表3は，以上の事柄を整理して示したものである。

図表3　現行アプローチの認識時点

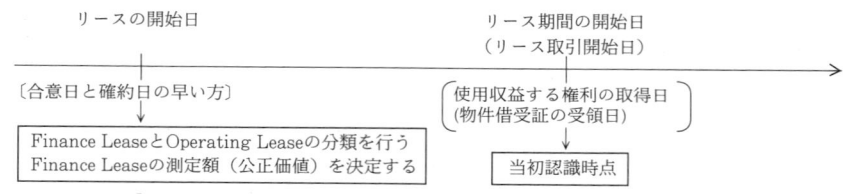

```
リースの開始日                        リース期間の開始日
                                    （リース取引開始日）
─────────────────────────────────────────────────────→
〔合意日と確約日の早い方〕          〔使用収益する権利の取得日〕
         ↓                         （物件借受証の受領日）
┌──────────────────────────┐              ↓
│Finance LeaseとOperating Leaseの分類を行う│      ┌────────────┐
│Finance Leaseの測定額（公正価値）を決定する│      │ 当初認識時点 │
└──────────────────────────┘              └────────────┘
cf. McGregor [1996] の認識時点        cf.「基準」, IASC [2000], IASB [2007c] の認識時点
```

（注）合意日（agreement），確約日（commitment）および契約日（signing）は厳密には相違すると思われるが，以下では，とくに区別する必要がない限り，契約日という用語を用いる。

　以上は現行アプローチでの取扱いであるが，ニューアプローチではどのように考えられているのであろうか。McGregor [1996] では，リース契約の締結によって借手，貸手ともに将来の経済的便益が発生するので，当初認識時点として契約日が想定されている（p.15参照）。他方，IASC [2000] では，契約段階ではいまだ未履行であること，（引渡）行為が資産・負債を生じせしめる最も重要な事象であることを根拠に，引渡日が想定されている（pars.2.10-2.17参照）。

　さらに，IASB[2007c]では次のように考えられている。リース取引が（解約不能で）無条件の（unconditional な）契約上の約束であれば，契約日に経済的資源・経済的義務（よって資産・負債）が発生する（par.23参照）。しかし，実際には，リース取引は引渡日に認識される。とりわけ計算利子率（lease rate）とそのときの市場利子率が一致している場合には，契約日の資産と負債

は同一金額になり，両者は相殺されていると考えられるためである。また，リース物件が引き渡されるまでは，当該リース契約は未履行であると考えられるからである（pars.31-32参照）。

以上より，現行アプローチでは原価主義モデルが前提とされているので，リース取引は引渡日を待って認識すべきであろう。それに対して，ニューアプローチでは二様の解釈が可能であろう。1つは，契約日に資産・負債の定義がみたされるので，その時点で認識すべきとする解釈であり，他の1つは，契約段階はいまだ未履行であるので，引渡日を待って認識すべきとする解釈である。

3 「未履行契約」の認識が正当化されるケース

ところで，現行の会計実務でも，未履行契約が認識されることがある。一般に，何を基準にして，未履行契約の認識が正当化されあるいは否定されるのであろうか。

Rouse [1994] によれば，資産は「権利の束」(bundles of rights) であり，具体的に「**使用権**」（使用収益に関する権利, the rights to use），「**転換権**」（財の形態変化に関する権利, the rights to convert），および「**譲渡権**」（財の売却に関する権利, the rights to alienate）から構成される。

しかし，3つの権利が常に一体となって備わっているわけではない。契約によって権利の一部が制約されたり，時間的なズレによって権利の一部が備わらないこともあるからである。所有権が資産のサブ・カテゴリーと解されているのはそのためである（p.17参照）。

以上の事柄を具体的な設例を用いながら確認したい。

設例1
- X1年12月31日に，A社〔売手〕はB社〔買手〕に商品を販売する契約を締結した。当該契約は解約不能である。
- 同日に，C社〔貸手〕はD社〔借手〕に物件をリースする契約を締結した。当該契約は解約不能なオペレーティング・リース取引である。

図表4は，①〜③の各ケースにおけるB社〔通常の購入契約の買手〕とD

社〔リース契約の借手〕の資産および権利内容を整理して示したものである。

figure表4　資産とその権利内容

	引渡日	支払日	B社〔買手〕	D社〔借手〕
① 完全履行	12/31	12/31	商　品 {a, u, c}	財産使用権 {u}
② 部分的履行	12/31	1/31	商　品 {a, u, c}	財産使用権 {u}
③ 完全未履行	1/31	1/31	財産購入権 {−} or {a}	財産賃借権 {−}

（注）a：譲渡権　　u：使用権　　c：転換権　　−：権利なし

まず，①（**完全履行**）は，契約の締結と同時に物件の引渡しと支払がなされるケースである。B社は所有権（3つの権利）を有するが，D社は財産使用権しかもたない。

次に，②（**部分的履行**）は，契約と同時に物件が引き渡されたが，いまだ未払いのケースである。B社は①と同様に所有権を有するが，D社はこの段階ではじめてリース物件の引渡しを根拠に使用権を有する。ただし，D社は当該物件を第三者に譲渡する権利（譲渡権）や，当該物件の外形を変化させる権利（転換権）はもたない。

最後に，③（**完全未履行**）は，引渡しも支払もなされていないケースである。B社は，将来，定められた条件で商品を購入する権利をもつ。しかし，当該権利を第三者に売却することも，その権利を使用して収益を獲得することも，契約内容を変えることもできない。3つの権利のいずれも有さないので，この段階での資産性は否定される。

ところが，当該権利の資産性が肯定される場合もある。売買する市場が整備されており，経営者が売買を意図としているような場合である。Rouse [1994] では先渡契約が例として挙げられているが（pp.17-18参照），売買目的有価証券やデリバティブも当てはまる。これらはいまだ未履行段階にあるが，譲渡権の存在を根拠に資産性が認められる。他方，D社は，将来，定められた条件でリース物件を賃借する権利をもつだけである。3つの権利のいずれも

終　章　リース会計基準の展望

有さないので，この段階での資産性は否定される。

　以上より，現行アプローチを前提とする限り，リース取引は引渡日（部分履行段階）を待って認識すべきことが確認されるであろう。しかし，かつて，契約日（未履行段階）での認識を主張する論者は枚挙に暇がなかったし，近年そのような論調に回帰しつつあることも事実である。最後に，そのような古くて新しい「**未履行契約取引説**」について触れておきたい。

　未履行契約取引説では，おおよそ次のように考えられている。つまり，資産は「将来の経済的便益（特定の企業が支配する資源）」である。将来の経済的便益が期待されまた支配されるのは，引渡日ではなく契約日である。したがって，リース物件は契約段階で認識すべきである（Rappaport [1965]; Wojdak [1969] 参照）。簡潔に言えば，この説では概念フレームワークを素直に適用する限り，リース取引は契約段階での認識が正当化されて然るべきであると考えられている（McGregor [1996], pp.15-16参照）。

　また，リース債権・リース負債は金融商品であるので，当初認識後も公正価値によって測定すべきであると主張されることがある（IASC [2000], chap.14; JWG [2000], par.2.56; AAA [2001], pp.290, 297）。これは，当初実効利子率（内在レート）が適用される利息法に代えて，市場利子率（外在レート）を前提とした公正価値法を適用しようとするニューアプローチの延長線上にある提案にほかならない。

　さらに，IASC [2000] が引渡日に回帰したのは，プロジェクトの範囲を制限しようとする実務的な理由によるものであって，理論的な理由によるものではないという指摘もある。加えて，リース取引が契約段階で認識されるようになっても，他の未履行契約がその段階で認識されるようになるわけではない（いわゆる「契約会計」に繋がるわけではない。）という指摘もある。リース契約は履行される可能性がきわめて高いが，他の未履行契約の履行可能性を確かめることは困難だからである（AAA [2001], p.294参照）[11]。

第Ⅲ節　選択権（オプション）の会計処理

　第Ⅱ節では主に「認識」に関する論点を扱ったが，本節では選択権（オプション）を題材にして，主に「測定」に関する論点を扱う。具体的に，まず，現行アプローチとニューアプローチに分けて，選択権に関する借手の会計処理を整理する。次に，第7章で説明した3つのアプローチ（4つの会計処理モデル）では選択権がいかに扱われるのかを簡単な設例を用いながら確認する。

1　選択権（オプション）の会計処理

　現行アプローチにおける**更新選択権（再リース）**，**割安更新選択権**および**割安購入選択権**の取扱いは次のようにまとめられるであろう。

　「現在価値基準の適用にあたっては，当該リース取引が置かれている状況からみて借手が・再・リ・ー・スを行う意思が明らかな場合を除き，再リースに係るリース期間（再リース期間）又はリース料は，解約不能のリース期間又はリース料総額に含めない。……経済的耐用年数基準の適用にあたっては，当該リース取引が置かれている状況からみて借手が・再・リ・ー・スを行う意思が明らかな場合を除き，再リース期間は解約不能のリース期間に含めない。」（「適用指針」，11-12項。傍点－筆者）

　簡潔に言えば，更新選択権を行使（再リース）することが明らかな場合には，再リース料をリース料総額に含めて認識し，そうでない場合には認識しない。認識しない場合の再リース料は，原則として，発生時の費用として処理される（同，29，114項参照）。以上は，SFAS13でもIAS17でも同様に扱われる（SFAS13, par.5f; IAS17, par.4参照）。

　また，わが国基準およびIASでは割安更新選択権についてとくに触れられていないが，SFAS13によれば，・そ・の・行・使・が・合・理・的・に・確・実（reasonably assured）であるとみなされれば，更新期間が解約不能なリース期間に含められる（pars.5e-5f参照。傍点－筆者）。

終　章　リース会計基準の展望

　さらに，割安購入選択権が付与されており，その行使が確実に予想される場合には，当該リース取引はファイナンス・リース取引（キャピタル・リース取引）であると判定される（「適用指針」，10項（2）；SFAS13, par.7; IAS17, par.4参照。傍点－筆者）。この場合には，言うまでもなく，割安購入選択権相当額がリース料総額の一部を構成することになる。

　他方，ニューアプローチでは選択権（オプション）がいかに取り扱われるのであろうか。ここでの論点は2つある。1つは，当初認識時点の段階でリース資産を財産使用権部分とオプション部分に区分して会計処理すべきか否かという問題であり，他の1つはいかなる場合に更新期間のリース料を認識すべきかという問題である。

　まず，第一の論点に関して，（財産）使用権モデルでは次のように考えられている。

　「更新選択権および購入選択権（とくに行使価額が公正価値よりかなり低い割安更新選択権および割安購入選択権）は当初認識時点において重要な価値を有するであろうから，十分な信頼性をもって測定できるのであれば，財産使用権とは区別して処理されなければならない。」（IASC［2000］, par.4.10参照；IASB［2007e］, par.7同旨）。ただし，権利行使が見込まれない場合，オプションの価値が小さいと考えられる場合，重要性に乏しい場合，あるいは信頼性に問題がある場合はこの限りではない（IASC［2000］, pars.4.9, 4.12参照）。

　このように例外はあるものの，使用権モデルでは，原則として，当初認識時点の段階で財産使用権部分とオプション部分が区分処理される。使用権モデルでは，構成要素アプローチがとられている以上，当然のことと思われる。なお，当該オプション部分は，権利行使前には減損処理の対象とされる。その後，オプションが行使されると，当該オプション部分は取り崩され，同時に新たなリース資産が認識され，減価償却される（IASC［2000］, pars.4.11, 4.14参照）。

　次に，第二の論点に関して，IASC［2000］では解約ペナルティ（更新しない場合の違約金）がない場合とそれがある場合に分けて検討されている。以下では，そこで示されている2つの設例を用いながら整理していきたい。

設例 2 —解約ペナルティがない場合—

● リース期間　3年
● 年々のリース料　5,000
● 年々のリース料は同額（5,000）で期間2年の更新選択権が付与されている。

設例 3 —解約ペナルティがある場合—

● 設例2に次の条件を追加する。

　解約ペナルティ料　4,000

　解約ペナルティがない場合には，更新期間に支払うべきリース料と取得される権利の価値がほぼ同額であり，オプションの価値は小さいと考えられる。また，権利行使されるまでは条件付きの（conditional な）権利・義務にすぎないので，更新期間の使用権・支払義務はリース資産・リース負債として認識されない。割引計算を度外視すれば，最低支払額15,000（＝年々のリース料5,000×3年）が当初認識時点のリース資産・リース負債の測定額とされる（IASC［2000］, pars.4.27-4.31; IASB［2007d］, par.10参照）。

　他方，解約ペナルティがある場合には，割引計算を度外視すれば，財産使用権の公正価値15,000とオプションの公正価値4,000が資産の測定額とされる。当初認識時点の処理と同様に，財産使用権部分は減価償却（期間3年，残存価額ゼロ）され，オプション部分は減損処理の対象とされる。また，最低支払額19,000（＝年々のリース料5,000×3年＋解約ペナルティ料4,000）がリース負債の測定額とされる（IASC［2000］, pars.4.34-4.42参照）。

　なお，オプションが行使された場合には，次の仕訳のように更新選択権が取り崩され，同時に新たなリース資産・リース負債が認識される（IASC［2000］, par.4.43参照）。

終　章　リース会計基準の展望

［当初認識時点］

（借）	機械装置(使用権)	15,000	（貸）	リ ー ス 負 債	19,000
	更 新 選 択 権	4,000			

［権利行使時点］

（借）	機械装置(使用権)	10,000	（貸）	リ ー ス 負 債	6,000
				更 新 選 択 権	4,000

　以上より，更新選択権（再リース），割安更新選択権および割安購入選択権の会計処理は次のように要約できるであろう。

　現行アプローチ（「基準」，SFAS13，IAS17）では，基本的に，権利行使する可能性が高ければ（probable であれば）認識され，そうでなければ認識されない。IASC［2000］では，基本的に，解約不能（non-cancelable）であれば認識され，そうでなければ認識されない。その要件が"probable"から"non-cancelable"に具体化されているが，認識基準自体に大差はない。両者の差異は，認識すべきリース料総額を財産使用権部分とオプション部分に分けて処理するか，一括処理するかという点にある。これは，前者ではリスク・経済価値アプローチがとられているのに対して，後者では構成要素アプローチがとられていることに由来する差異である。

　なお，IASB［2007d］では，オプションが無条件（unconditional）の状況にあれば認識され，条件付き（conditional）であれば認識されない（par.13参照）。前者は資産の定義（経済的資源の要件）をみたすが，後者はみたさないことがその論拠とされている[12]。

　以上の"probable"，"non-cancelable"および"unconditional"は認識にあたって高度の蓋然性を求めるものであり，その要件自体に大差はない。しかし，認識基準として発生確率（probability）を用いようとする説も台頭しつつある（IASC［2000］, par.4.21; AAA［2001］, p.294参照）[13]。このように蓋然性アプローチ（probable approach）から期待値アプローチ（probability approach）へと移行することになれば，認識の範囲が拡大するだけでなく，その測定額も大きく変わることになろう[14]。

231

2　具体的数値例

続いて,以上の事柄を具体的数値例(IASB[2007e] Appendix 1参照)を用いて確認する。なお,3つのアプローチ(伝統的アプローチ,現行アプローチおよびニューアプローチ)と4つの会計処理モデル(使用権モデル,総資産モデル,現行基準モデルおよび未履行契約モデル)については第7章で詳述したので,ここでは必要最小限の言及にとどめる。

設例4

- 機械設備のリース
- リース期間　3年
- 当初認識時点の測定額　10,000
- 割引率　10%
- 年々のリース料(期末払い)2,474
- 更新期間　2年(年々のリース料は同じ。)
- 3年後の残余価値(残余持分)5,121[現在価値3,847＝2,474 $(1.1)^{-4}$＋3,474 $(1.1)^{-5}$]
- 5年後の残余価値(残余持分)1,000[現在価値622＝1,000 $(1.1)^{-5}$]
- 5年間のリース料の現在価値　9,378[＝2,474 $(1.1)^{-1}$＋2,474 $(1.1)^{-2}$＋2,474 $(1.1)^{-3}$＋2,474 $(1.1)^{-4}$＋2,474 $(1.1)^{-5}$]
- 3年間のリース料の現在価値　6,153[＝2,474 $(1.1)^{-1}$＋2,474 $(1.1)^{-2}$＋2,474 $(1.1)^{-3}$]

ここで,更新選択権の価値をxとすると,3つのアプローチ(4つの会計処理モデル)における当初認識時点の測定額は図表5のようになる。なお,本設例は解約ペナルティが付与されていないケースである。

まず,使用権モデルでは,借手は財産使用権部分(6,153-x)とオプション部分(x)とに分けて会計処理する。本設例では解約ペナルティが付与されていないので,更新期間のリース料は認識しない。一方,貸手は受取リース料(2,474×3年)の現在価値(6,153)を金融資産(リース債権)として認識し,

終　章　リース会計基準の展望

図表5　当初認識時点の測定額

		ニューアプローチ		現行アプローチ〔現行基準モデル〕	
		〔使用権モデル〕	〔総資産モデル〕		伝統的アプローチ〔未履行契約モデル〕
				FLの会計処理	OLの会計処理
借手	機械設備（使用権）	6,153－x	10,000	6,153	非　計　上
	オプション	x			
	リース負債	(6,153)	(6,153or9,378)	(6,153)	発生ベース
	残余価値		(3,847or 622)		
貸手	リース債権	6,153	9,378or6,153*		発生ベース
	残余持分	3,847	622or3,847*		
	オプション	(x)			
	純投資額（リース債権）			10,000	
	機械設備				10,000

(注)・FL: Finance Lease　　OL: Operating Lease
　　・借手：残余価値（residual value, obligation to return）
　　　貸手：残余持分（residual interest, interest in residual）
　　・＊印は筆者が加筆したものである。

残余持分（3,847）を非金融資産として認識する。更新期間のリース料をリース債権に含めないのは，借手には更新する権利はあるが，その義務は存しないこととの整合性を図るためである（IASC［2000］, pars.16.4-16.6参照）。また，貸手は，借手の更新する権利（x）とバランスを図る必要から，更新に応じる待機義務（stand-ready obligation, x）を認識する（IASB［2007d］, par.22; ［2007e］, par.7参照）。

次に，同じくニューアプローチに属する総資産モデルでは，借手はリース物件の公正価値（10,000）を資産の測定額とし，それとリース料の現在価値との差額を残余価値とする（IASC［2000］, pars.3.13-3.19参照）。貸方総額は10,000であるが，その内訳――リース負債を6,153（9,378）とすれば，残余価

値は3,847（622）となる——は一意的には決まらない。むしろ，それらを一括してリース負債（10,000）と表示すべきとする見解もある（Monson［2001］参照）。

なお，IASB［2007e］によれば，貸手のリース債権は9,378であり，残余持分は622である（Appendix 1 参照）。しかし，借手に更新する義務がないこととの整合性を図るためには，解約不能期間のリース料（2,474×3年）の現在価値（6,153）だけをリース債権として認識し，残額（3,874）を残余持分として認識することも可能であると思われる。

最後に，現行アプローチ（現行基準モデル）についてみると，ファイナンス・リース取引に該当する場合には，借手は基本的に解約不能期間のリース料の現在価値（6,153）をリース資産・リース負債として認識する。また，貸手は通常の売買処理に準じた会計処理を行うことになるので，販売代金としてリース債権（10,000）を認識する。他方，オペレーティング・リース取引に該当する場合には，借手も貸手もリース料を発生ベースで処理するだけである。これは，伝統的アプローチで要請されていた会計処理でもある。

第Ⅳ節　現行アプローチとニューアプローチの比較

現行アプローチのもとでリース取引がオンバランス処理されるのは，次のようなケースである。つまり，借手に資金的余裕がないので，貸手（リース会社）に資金調達を肩代わりしてもらい，その資金でリース物件を購入するようなケース，すなわちその実質が金融付き売買（資金調達プラス購入）と考えられるようなケースである。そうであれば，現行アプローチのもとでは，リース負債は未払金あるいは借入金と同様にキャッシュ・インフロー（CIF，資金調達額）に基づいて測定され，リース資産は購入資産と同様にキャッシュ・アウトフロー（COF，資産購入額）に基づいて測定されているという解釈が成り立つであろう（図表6参照）。

また，現行アプローチ（現行基準モデル）では，リスクと経済価値が実質的に移転すれば，ファイナンス・リース取引に該当すると判定されて，オンバランス処理される。そうでなければ，オペレーティング・リース取引に該当すると判定されて，オフバランス処理される。このような二者択一的な（All or Nothing型の）会計処理は批判され続けてきた。つまり，借手にはオンバランスを回避しようとする誘因が本来的に存在するので，現行アプローチではファイナンス・リース取引でありながらオフバランス処理される事例が後を絶たないという根強い批判である（AIMR［1993］, pp.87-88; McGregor［1996］, pp.10-12参照）。

　ニューアプローチ（使用権モデル）は，上述の現行アプローチの問題を解消すべく提案されたものである。その基本的な考え方は，次の3点に集約される。第一に，ファイナンス・リース取引とオペレーティング・リース取引の区分を廃止し，基本的に全てのリース取引をオンバランスするような会計（処理）基準を設定すること。第二に，借手は，当初認識時点の段階でリース取引から生じる権利・義務を公正価値で測定すること。第三に，貸手は，リース債権（金融資産）と残余持分（非金融資産）に区分して会計処理することである（IASC［2000］, p.ⅲ参照）。

　かかるニューアプローチ（とくに使用権モデル）のもとでは，リース資産・リース負債が権利・義務と捉えられ公正価値（出口価値）で測定されるので，リース資産はキャッシュ・インフローに基づいて測定され，リース負債はキャッシュ・アウトフローに基づいて測定されると考えるのが自然であろう（図表6参照）。このように現行アプローチとニューアプローチは想定している貸借対照表観（キャッシュフローの向き）が正反対であるので，前者から後者へと移行すれば，会計諸概念が大きく変容する可能性がある。

　また，第Ⅱ節との関連で言えば，認識の対象がタンジブル（物件）からインタンジブル（権利・義務）に移行することに伴って，当初認識時点が引渡日（部分履行段階）から契約日（未履行段階）に早められる可能性がある。第Ⅲ節との関連で言えば，リスク・経済価値アプローチから構成要素アプローチへ

の移行に伴って，インタンジブル（権利・義務）の構成要素ごとに会計処理が使い分けられる可能性がある。

図表6　現行アプローチ（現行基準モデル）とニューアプローチ（使用権モデル）の比較

B/S 現行基準モデル		B/S 使用権モデル	
……… リース資産［COF］ ………	……… リース負債［CIF］ ………	……… リース資産［CIF］ ………	……… リース負債［COF］ ………
	………		………

（注）CIF: Cash In Flow　　COF: Cash Out Flow

　以上は，当初認識時の測定に関してであるが，近年，（貸手の）リース債権および（借手の）リース負債が金融商品であることに注目し，当初認識後もそれらを公正価値（出口価値）によって測定しようとする考え方がみられるようになった。これは，当初実効利子率が適用される利息法に代えて，市場利子率を前提とした公正価値法を適用しようとする提案であるが，この問題は第Ⅵ節で取り上げる。

　さらに，リース資産・リース負債の測定のあり方は，業績報告および損益認識パターンにも影響する。たとえば，割引率の変更（当初実効利子率から市場利子率への変更）によって発生する損益を当期純利益に含めるのか，それとも包括利益に含めるのか，後者の場合には再分類（リサイクル）するのか否かといった問題がある。また，Monson［2001］では，購入資産と総資産モデルの会計数値（損益認識パターン）は比較可能であるが，使用権モデルのそれは不安定であり比較が困難である旨が指摘されている。とりわけ経済的耐用年数に比べてリース期間が短期であるような取引をオンバランスする場合には，支払利息相当額と減価償却相当額の相対的関係が他のモデルとは逆転することが指摘されている（pp.280-284; 拙稿［2008］, 112-114頁参照）。

　総資産モデルは理解しやすい反面，問題も多い。第7章で指摘したように，残余価値が負債の定義をみたすかどうか，残余価値を割引額と非割引額のいず

れによって測定するのかという問題がある。しかも，このモデルの考え方を会計処理全般に適用するのであれば，持分比率が50％以下（たとえば10％）の会社についても，連結会計上，全部連結が要請されなければ整合性がとれなくなるであろう。加えて，総資産モデルと現行基準モデルはリース物件の経済的耐用年数とリース期間がほぼ等しい場合には類似した会計数値を生み出すが[15]，そうでない場合（残余価値・残余持分が大きい場合）には，貸借対照表価額（ひいては貸借対照表観）が大きく相違する。総資産モデルに移行することになれば，会計諸概念に大きな変容をもたらすことは間違いない。

なお，伝統的アプローチ（未履行契約モデル）はすっかり影を潜めた観があるが，議論に値しなくなったわけではない。現に，リース料総額あるいはリース取引に重要性がない場合などには賃貸借処理が認められている。そればかりではない。維持管理費用相当額および通常の保守等の役務提供相当額については，当初認識時点の段階では未履行であることを根拠に未履行契約モデルに沿った会計処理が原則的に行われている。

近年脚光を浴びている使用権モデルも総資産モデルもそれ自体が完結形態なわけではなく，いずれも未履行契約モデルと共存していることは強調されなければならないであろう。

第Ⅴ節　わが国基準の特徴―重要性規定と簡便的方法―

話は若干遡るが，わが国の「基準」では，所有権移転外ファイナンス・リース取引の例外処理（賃貸借処理）が廃止され，ファイナンス・リース取引は売買処理に一本化された。ただし，重要性が乏しいと認められる場合には次のような簡便的な方法が認められている。

①借手の所有権移転外ファイナンス・リース（「適用指針」31, 34-35項参照）
　㋐リース資産総額に重要性が乏しいと認められる場合（10％基準）：リース資産およびリース債務をリース料総額で計上し，支払利息を計上せずに減

価償却費のみを計上する方法（「**利子込み法**」）または利息相当額の総額をリース期間中の各期に定額ずつ配分する方法（「**定額法**」）

⑦個々のリース資産に重要性が乏しいと認められる場合（購入時に費用処理される物件，1年以内のリース取引，1件当たり300万円以下のリース取引）：「**賃貸借処理**」

②借手の所有権移転ファイナンス・リース（「適用指針」45-46項参照）

個々のリース資産に重要性が乏しいと認められる場合（購入時に費用処理される物件，1年以内のリース取引）：「**賃貸借処理**」

③貸手のリース（「適用指針」59-60項参照）

重要性が乏しいと認められる場合（10％基準）：「**定額法**」。ただし，リース取引を主たる事業としている企業は簡便的な取扱いは適用できない。

ここでは，次の設例を用いて，原則的方法（売買処理）と簡便的な方法（利子込み法，定額法，賃貸借処理）の違いを確認する。なお，借手の会計処理を中心にみていくことにする。

設例5

- 解約不能なリース期間　3年
- 借手の見積現金購入価額（貸手の購入価額もこれと同じ。）27,000
- 割引率　10％
- 年々のリース料（期末払い）10,000　［リース料の現在価値　24,869］*1
- 残余価値（残余持分）　2,836　［残余価値（残余持分）の現在価値　2,131］*2

現在価値の計算　　*1 $24,869 ≒ 10,000(1+0.1)^{-1} + 10,000(1+0.1)^{-2} + 10,000(1+0.1)^{-3}$

　　　　　　　　　*2 $2,131 ≒ 2,836(1+0.1)^{-3}$

- リース物件（機械装置）の経済的耐用年数　3年
- 減価償却方法　定額法

このとき，費用認識のパターンは図表7に示す通りである。

図表7より，売買処理（利息法）は，簡便的な方法（利子込み法，定額法，賃貸借処理）に比べて，契約の初期の段階で費用が多く計上されることが明ら

終　章　リース会計基準の展望

図表7　費用認識のパターン

	売買処理（利息法）			利子込み法	定　額　法			賃貸借処理
	営業費用 （減価償却費）	営業外費用 （支払利息）	合計	営業費用 （減価償却費）	営業費用 （減価償却費）	営業外費用 （支払利息）	合計	営業費用 （リース料）
第1年度	8,290	2,487	10,777	10,000	8,290	1,710	10,000	10,000
第2年度	8,290	1,736	10,026	10,000	8,290	1,710	10,000	10,000
第3年度	8,289	908	9,197	10,000	8,289	1,711	10,000	10,000
合計	24,869	5,131	30,000	30,000	24,869	5,131	30,000	30,000

かとなる。第1年度を例にとると，売買処理の費用額は10,777であり，簡便的な方法の費用額は10,000であり，前者の方が777だけ費用が多く計上されていることがわかる。

一般に，利息法を適用すると，トップ・ヘビー型の費用認識パターンとなり，リース負債残高がリース資産残高を上回り（図表8参照），流動比率や負債比率などの財務比率が悪化することが知られている。このような影響が借手のオンバランス回避行動を誘発してきたことは言を俟つまでもない（拙稿［2004］，186-188頁参照）。

「旧基準」（1993年公表）では，所有権移転ファイナンス・リース取引は売買処理によらなければならなかったが，所有権移転外ファイナンス・リース取引は所定の注記を条件にして例外処理（賃貸借処理）が認められていた。借手は，ファイナンス・リース取引に該当しないように契約内容を工夫したり，例外規

図表8　リース資産残高とリース負債残高

	売買処理（利息法）			利子込み法			定　額　法			賃貸借処理
	リース 資産残高	リース 負債残高	差額	リース 資産残高	リース 負債残高	差額	リース 資産残高	リース 負債残高	差額	残高
当初認識時点	24,869	24,869	—	30,000	30,000	—	24,869	24,869	—	非計上
第1年度末	16,579	17,356	777	20,000	20,000	0	16,579	16,579	0	
第2年度末	8,289	9,092	803	10,000	10,000	0	8,289	8,289	0	
第3年度末	0	0	0	0	0	0	0	0	0	

（注）・リース資産残高は，減価償却累計額を控除した金額である。
　　　・リース負債残高は，流動負債（未払リース負債）と固定資産（リース負債）の合計額である。

定を利用してオンバランスを回避してきた経緯がある。

一方,「基準」(2007年公表)では,所有権移転外ファイナンス・リース取引の例外処理が廃止され,ファイナンス・リース取引は売買処理(利息法)に一本化されたが,新たに重要性の規定が設けられた。簡便的な方法(利子込み法,定額法)による場合には,リース資産・リース負債のオンバランス(同額両建計上)こそ回避できないが,損益計算の影響は賃貸借処理による場合と変わらない。

「基準」では,「この基準の改正(例外処理の廃止)が行われることにより,現状の国際会計基準第17号「リース」と平仄が合い,国際的な会計基準間のコンバージェンスに寄与することとなる。」(34項。括弧内－筆者)と述べられている。はたして,原則的処理(売買処理)よりも簡便的処理(賃貸借処理)を適用する企業の方が多い場合にも,コンバージェンスが図られたと言えるのであろうか。重要性規定の存在はコンバージェンスの有り様を左右するかもしれない。

第Ⅵ節　原価主義モデル(利息法)から公正価値モデル(公正価値評価法)へ

第Ⅳ節で触れたように,近年,(貸手の)リース債権および(借手の)リース負債が金融商品であることに注目し,当初認識後も公正価値(出口価値)によって測定しようとする考え方がみられるようになった(IASC[2000], chap.14; JWG [2000], par.2.56; AAA [2001], pp.290, 297)。これは,当初実効利子率が適用される利息法に代えて,市場利子率を前提とした公正価値法を適用しようとするニューアプローチの延長線上にある提案である。

検討に先立ち,第Ⅴ節で用いた設例(**[設例5]**)に基づいて,公正価値モデルを前提とする「公正価値法」と原価主義モデルを前提とする「利息法」の違いを確認する。ここでも借手の会計処理を中心にみていくことにする。

当初認識時の測定額は，図表9に示す通りである。

図表9　当初認識時点の測定

		ニューアプローチ		現行アプローチ
		〔使用権モデル〕	〔総資産モデル〕	〔現行基準モデル〕
借手	リース資産	24,869	27,000	24,869
	リース負債	(24,869)	(24,869)	(24,869)
	残余価値		(2,131)	
貸手	リース債権	24,869	24,869	
	残余持分	2,131	2,131	
	純投資額			27,000
	機械設備			

（注）総資産モデルの貸方は，リース負債（24,869）と残余価値（2,131）に分けて表示されているが，それらを一括してリース負債（27,000）と表示することも考えられる。

これまで，ニューアプローチ（使用権モデル，総資産モデル）と現行アプローチ（現行基準モデル）のいずれについても原価主義モデルを前提にしてきたが，公正価値モデルでは，金融商品は公正価値で（再）評価され，非金融商品は原価に基づいて評価される（IASC［2000］, Chap.14参照）。具体的には，金融商品（図表9網掛け部分）は公正価値法により，非金融商品のうちリース資産は減価償却および減損処理の手続きに従い，残余価値（残余持分）は利息法の手続きに従う。

たとえば，上記の設例で，当年度末（第1年度末とする。）に市場利子率が5％に下落したとしよう（以後，5％のまま変化しなかったとする。）。このとき，公正価値モデル（公正価値法）および原価主義モデル（利息法）の計算結果は，図表10のようになる。

図表10　公正価値法と利息法の比較

	公正価値法	利　息　法	差　　額
I　貸借対照表価額（リース負債）			
当初認識時点	24,869（10%）	24,869（10%）	－
第 1 年度末	18,594（ 5%）	17,355（10%）	1,239
第 2 年度末	9,524（ 5%）	9,091（10%）	433
第 3 年度末	0	0	
II　純損益（支払利息，評価損）			
第 1 年度	2,487	2,487	0
負債評価損	1,239	－	1,239
第 2 年度	930	1,736	△806
第 3 年度	475	908	△433
合　計	5,131	5,131	0

（注）括弧内は割引率である。

　公正価値モデルによる場合，第 1 年度の仕訳は次のようになる。

［当初認識時点］

（借）機 械 装 置	24,869	（貸）リ ー ス 負 債	24,869

［第 1 年度末］

（借）減 価 償 却 費	8,290	（貸）減価償却累計額	8,290

　　＊ 24,869÷3年≒8,290

（借）リ ー ス 負 債 　　　支 払 利 息	7,513 2,487	（貸）現　　　　　金	10,000

　　＊ 支払利息：期首元本24,869×割引率10%≒2,487
　　　リース負債返済額：リース料10,000－支払利息2,487＝7,513

（借）リース負債評価損	1,239	（貸）リ ー ス 負 債	1,239

　　＊ $\{10,000(1+0.05)^{-1}+10,000(1+0.05)^{-2}\} - \{10,000(1+0.1)^{-1} + 10,000(1+0.1)^{-2}\} = 1,239$

（借）リ ー ス 負 債	9,070	（貸）未払リース負債	9,070

　　＊ ワンイヤールールに基づく流動負債（未払リース負債）への振替

終　章　リース会計基準の展望

　原価主義モデルと異なるのは，上記の網掛け部分の仕訳である。公正価値モデルでは，「公正価値評価─損益処理」が想定されているので，借方のリース負債評価損（1,239）は第1年度の損益として処理される。

　ただし，公正価値モデルを前提にする場合であっても，公正価値で評価されるのはリース負債だけである（貸手の場合にはリース債権だけである。）。リース資産は非金融資産とみなされるので，原価主義モデルと同様に「減価償却＋減損処理」のスキームに従う。

　このようにリース負債（貸手の場合にはリース債権）だけを公正価値評価し，その差額を発生年度の損益に含めることが要請されるようになれば，損益のボラティリティが増幅するであろう。それを回避するためには，損益計算は原価主義モデルにより，負債（資産）評価は公正価値モデルによるハイブリッド・モデルを講ずることが考えられる。その場合には，次のような仕訳が行われる。なお，第2年度末，第3年度末の仕訳はリサイクル（再分類調整）に相当する。

［第1年度末］

（借）リース負債評価差額　　　　　1,239	（貸）リース負債　　　　　1,239
─その他包括利益─	─負　債─

［第2年度末］

（借）支　払　利　息　　　　　806	（貸）リース負債評価差額　　　　　806
─当期純利益─	─その他包括利益─

［第3年度末］

（借）支　払　利　息　　　　　433	（貸）リース負債評価差額　　　　　433
─当期純利益─	─その他包括利益─

　筆者には，本章で取り上げたリース会計基準を巡る古くて新しい諸問題，すなわちオンバランスの論理，リース取引の認識時点，選択権の会計処理あるいは現行アプローチとニューアプローチの是非についてはいまだ各説が紛紛とした状態にあると思われる。

　しかし同時に，利益をストック差額と捉えようとする「資産・負債アプローチ」，金融資産と非金融資産に区分しようとする「構成要素アプローチ」およ

び権利・義務（インタンジブル）に注目しようとする「（財産）使用権モデル」がコンバージェンスという名のもとに一体となって，徐々にリース会計基準のあり方を形成しつつあるようにも思われる。

原価主義会計と整合的な「利息法」から公正価値会計と整合的な「公正価値法」に向けた流れもこのようなモーメントのなかで理解することができるであろう。第Ⅳ節で指摘したように，原価主義モデルを前提とする場合であっても，現行アプローチからニューアプローチへと移行すれば，会計諸概念が大きく変容する可能性がある。公正価値モデルを前提とするニューアプローチへと移行することになれば，なおさらのことである。

公正価値モデルに移行すれば，配分の手続き（減価償却および減損処理）は不要になる。また，残価保証額，選択権（オプション）および偶発リース料は公正価値で（再）評価されるようになる。さらに，下方修正（損失の認識）だけでなく，上方修正（利得の認識）もされるようになるので，会計数値の信頼性に疑義が生じるであろうし，損益のボラティリティも増幅するであろう。公正価値評価と原価評価あるいは包括利益と純利益の並存を前提として議論するのであれば，本章で示したようなリサイクル（再分類調整）を前提とした会計処理を行うのも1つの方策であろう。

リース会計基準を巡る諸問題は，定義・認識・測定・業績報告など会計（学）全般にわたっていることだけは間違いない。

参考文献

Accounting Principles Board (APB), *APB Opinion No.5, Reporting of Leases in Financial Statements of Lessee,* September 1964.

―――, *APB Opinion No.7, Accounting for Leases in Financial Statements of Lessors,* May 1966.

American Accounting Association (AAA), Commentary: Evaluation of the Lease Accounting Proposed in G4+1 Special Report, *Accounting Horizons,* Vol.15, No.3, 2001, pp.289-298.

American Institute of Accountants (AIA), *Accounting Research Bulletin (ARB) No.38, Disclosure of Long-Term Leases in Financial Statements of Lessees,*

1948.

Association for Investment Management and Research (AIMR), *Financial Reporting in the 1990s and Beyond,* 1993, AIMR（八田進二・橋本尚共訳『21世紀の財務報告』白桃書房, 2001年）.

Black, H.C, J.R.Nolan, and J.M.Nolan-Haley, *Black's Law Dictionary, 6th ed.,* West Publishing, 1990.

Financial Accounting Standards Board (FASB), *Discussion Memorandum, an analysis of issues related to Accounting for Leases,* July 1974.

―――, *Statement of Financial Accounting Standards (SFAS) No.13, Accounting for Leases,* November 1976.

Ijiri, Y., *Recognition of Contractual Rights and Obligations (An Exploratory Study of Conceptual Issues),* FASB, 1980.

International Accounting Standards Board (IASB), *History of Lease Accounting (Agenda Paper 2),* February 2007a.

―――, *Asset and Liability Definitions—Existing Versions and Working Drafts of Proposed Revisions (Agenda Paper 4),* February 2007b.

―――, *Initial Recognition of Assets and Liabilities in Lease Contracts (Agenda Paper 8),* February 2007c.

―――, *Identification of Assets and Liabilities arising in a Lease with a Lessee Option to Renew (Agenda Paper 9),* February 2007d.

―――, *Analysis of Different Accounting Models for a Lease with a Lessee Option to Renew (Agenda Paper 10),* February 2007e.

―――, *Analysis of Different Accounting Models for a Simple Lease (Agenda Paper 12B),* March 2007f.

International Accounting Standards Committee (IASC), *International Accounting Standards (IAS) No.17, Leases,* 1982 (revised 2003).

―――, *Framework for the Preparation and Presentation of Financial Statements,* 1989.

―――, *Discussion Paper: G4+1 Position Paper: Leases: Implementation of a New Approach,* IASC, February 2000.

Joint Working Group of Standard-Setters (JWG), *Draft Standard, Financial Instruments and Similar Items,* 2000.

Lorensen, L., *Accounting Research Monograph No.4, Accounting for Liabilities,* AICPA, 1992.

McGregor, W., *Accounting for Leases: A New Approach, Recognition by Lessees of Assets and Liabilities Arising under Lease Contracts,* FASB, July 1996.

Miller, M.C., and M.A.Islam, *The Definition and Recognition of Assets,* Australian Accounting Research Foundation, 1988（太田正博・J.ロック訳『資産の定義と認識』中央経済社，1992年）．

Monson, D., The Conceptual Framework and Accounting for Leases, *Accounting Horizons,* Vol.15, No.3, 2001, pp.275-287.

Myers, J.H., *An Accounting Research Study (ARS) No.4, Reporting of Leases in Financial Statements,* AICPA, 1962（松尾憲橘監訳・古藤三郎訳『アメリカ公認会計士協会 リース会計』同文舘出版，1973年）．

Rappaport, A., Lease Capitalization and the Transaction Concept. *The Accounting Review,* Vol.40, No.2, 1965, pp.373-376.

Rosenfield, P., *Contemporary Issues in Financial Reporting,* Routledge, 2006.

Rouse, P., The Recognition of Executory Contracts, *Accounting and Business Research,* Vol.25, No.97, 1994, pp.15-21.

Skinner, R.M., and J.A.Milburn, *Accounting Standards in Evolution,* 2nd ed., Prentice Hall, 2001.

Wojdak, J.F., A Theoretical Foundation for Leases and Other Executory Contracts. *The Accounting Review,* Vol.44, No.3, 1969, pp.562-570.

加藤久明『現代リース会計論』中央経済社，2007年．

佐藤信彦「セール・アンド・リースバック取引―リスク移転とオフバランス化―」『企業会計』56（8），中央経済社，2004年8月，41-48頁．

茅根　聡『リース会計』新世社，1998年．

角ヶ谷典幸「リース会計論」新田忠誓編著『財務会計論簿記論入門』（第2版），白桃書房，2004年，201-249頁．

―――，「リース」河﨑照行・齋藤真哉・佐藤信彦・柴健次・高須教夫・松本敏史編著『スタンダード 財務会計論 II応用論点編』（第2版）中央経済社，2008年，87-114頁．

（注）
（1）ニューアプローチでは現行アプローチの債務概念を超えた広い負債概念がとられるので，本章では，「リース債務」ではなく「リース負債」という広い勘定を用いることにする．
（2）「基準」では，「法的には賃貸借取引であるリース取引について，経済的実態に着目し通常の売買取引に係る方法に準じた会計処理を採用しており，これはファイナンス・リース取引と資産の割賦売買取引との会計処理の比較可能性を考慮したものと考えられる．」（29項）と述べられている．しかし，厳密には，割賦購入取引説より些か広い説明概念がとられていると考えられる．

（3）SFAS13では，最終的に受け入れられなかったが，「所有に伴うリスクと便益の全てが実質的に移転したか否かにかかわらず，財産使用権が移転すれば，それに関連する資産と負債を財務諸表に反映させなければならない。」(par.68) という見解が紹介されている。
（4）資産・負債の認識基準は，①将来の経済的便益が流入・流出する可能性が高いこと，および②信頼性をもって測定できることである(IASC［1989］, par.83参照)。
（5）Miller=Islam［1988］, par.5.13（訳書，121頁参照）。
（6）詳細は，佐藤［2004］, 44-47頁；拙稿［2004］, 210-215頁；IASC［2000］, chap.7参照。なお，独立取引処理法は，経済的実質だけでなく法的実質も考慮して，売却取引(①)とリースバック取引(②)に分けて会計処理する考え方である。一方，単一取引処理法は，担保付借入(③)という経済的実質だけに注目して会計処理する考え方である。

　　　独立取引処理法：（借）　現　　　金　×××　（貸）機 械 設 備　×××　…①
　　　　　　　　　　（借）機 械 設 備　×××　（貸）リース負債　×××　…②
　　　単一取引処理法：（借）　現　　　金　×××　（貸）借　入　金　×××　…③

（7）将来の経済的便益概念は（法的）所有権に基礎をおく概念とは対置されるべきものであり，サービス・ポテンシャル(service-potentials)と軌を一にする経済的な資産概念である。このことを想起すれば，ニューアプローチが概念フレームワークの資産・負債の定義を強調するのは当然のことと思われる。
（8）リース取引は未履行契約であるので，オフバランス処理すべきとする説と，未履行契約であってもオンバランスすべきとする説が混在している。以下では，前者を「未履行契約モデル」と呼び（たとえば，IASB, 2007f, pars.29-36参照），後者を「未履行契約取引説」（たとえば，加藤, 2007, 111-116頁参照）と呼ぶ。
（9）法的解釈は，たとえば，Black et al.［1990］, p.570（"Executory contract" の項）参照。
（10）公正価値モデルを前提とするのであれば，リース債権やリース負債をリース期間の開始日の公正価値で評価し，リースの開始日以降の差額を損益処理することも可能である。しかし，IAS17では，原価主義モデルが想定されているので，そのような会計処理を行うことはできない。
（11）しかし，「蓋然性」（将来の経済的便益が流入または流出する可能性が高いこと）だけを問題にするのであれば，契約内容如何によって，通常の購入契約，テイク・オア・ペイ契約あるいは長期の雇用契約などの未履行契約についても認識すべきケースがでてくると思われる。
（12）IASB［2007b］では，Conditional および Unconditional が次のように定義されている（par.21参照）。
　　　①条件付き（conditional）：契約の履行が，発生するかどうか確かでない事象に

　　　　依存している状況

　　②無条件（unconditional）：契約の履行が，時の経過だけに依存している状況
(13) たとえば，解約ペナルティがなくても，年々のリース料を5,000，更新期間を2年，行使される確率を40％と仮定すれば，更新選択権4,000（＝5,000×2年×40％）が認識されることになろう。
(14) たとえば，現行の会計制度上，認識されていない偶発リース料（optional and contingent lease payments）が認識されるようになるであろう。また，当初認識時の測定，当初認識後の測定，いずれについても，公正価値が好んで用いられることになろう。現に，AAA［2001］では，そのような提案がされている。
(15) 現行基準モデルを総資産モデルと未履行契約モデルのハイブリッド・モデルと捉える場合には（第7章，図表4参照），暗にこのようなケースが前提とされていると考えられる。

索　引

あ行

維持管理費用相当額 …………………… 37, 182
インタンジブル（ズ） …………………… 173, 235
売上高利益率 …………………… 123, 124
オフバランスシート・ファイナンシング … 32, 116
オフバランス化 …………………… 116
オフバランス効果 …………………… 116
オペレーティング・リース（取引） … 34, 65, 171
オンバランス化 …………………… 115
オンバランス回避行動 …………………… 32, 173
オンバランスの論理 …………………… 217

か行

蓋然性アプローチ …………………… 231
解約不能 …………………… 34, 207
　　　　　　　→ノンキャンセラブル
割賦購入取引 …………………… 49, 199, 218
完全未履行 …………………… 222
完全履行 …………………… 222
簡便的方法 …………………… 237
期待値アプローチ …………………… 231
金融サービス（取引）説 …………………… 11, 16, 23
金融取引 …………………… 193
繰延販売利益 …………………… 74
繰延リース利益 …………………… 70, 72, 123
経済的帰結論 …………………… 125
経済的実質 …………………… 35, 64, 90, 171, 198, 220
経済的耐用年数基準 …………………… 35, 206, 218
計算利子率 …………………… 68
原価主義モデル …………………… 187, 240
現行アプローチ …………………… 50, 166, 234
現行基準モデル …………………… 170
現在価値基準 …………………… 35, 66, 206, 218

原則主義 …………………… 207
減損処理 …………………… 179
更新選択権 …………………… 228
公正価値モデル …………………… 240
構成要素アプローチ …………………… 166, 235
　　　　　　　→財務構成要素アプローチ
固定資産回転率 …………………… 110
固定長期適合率 …………………… 109
固定比率 …………………… 109
コンバージェンス …………………… 45, 240

さ行

財産使用権 …………………… 51, 193
財産使用権モデル …………………→使用権モデル
細則主義 …………………… 207
再分類調整 …………………………→リサイクル
財務構成要素アプローチ …………………… 53, 208
　　　　　　　→構成要素アプローチ
財務制限条項 …………………… 116
財務弾力性 …………………… 142
再リース …………………… 228
サプライアー …………………… 10
残価保証額 …………………… 182
残余価値 …………………… 138, 168
残余権 …………………… 147
残余持分 …………………… 138, 173
自己資本比率 …………………… 108
自己資本利益率 …………………… 111
資産・負債アプローチ …………………… 52, 207, 243
実質優先思考（主義） …………………… 31, 198, 200, 220
重要性規定 …………………… 237
償却原価法 …………………… 175
条件付権利 …………………… 161
使用権モデル …………………… 137, 168

249

所有権移転外ファイナンス・リース（所有権移転外ＦＬ）……………………35, 67
所有権移転（条項）（基準）………36, 66, 218
所有権移転ファイナンス・リース（所有権移転ＦＬ）……………………………34, 67
所有権売買説……………………………10
シンセティック・リース……………49, 205
税制改正…………………………………47
総資産モデル………………………137, 169
総資産利益率…………………………111
総資本回転率…………………………110
存続論……………………………86, 104

た行

待機義務………………………………149
耐用年数基準……………………………66
　　　　　　→経済的耐用年数基準
単一取引処理法……………………198, 220
タンジブル（ズ）…………………173, 235
賃借サービス説…………………………17
賃借料支払義務…………………………17
賃貸（借）サービス説………………12, 20
賃貸借取引………………………………41
賃貸物件供与義務………………………21
賃貸料請求権……………………………21
定額法……………………………74, 103
テイク・オア・ペイ契約……………221
伝統的アプローチ…………………165, 237
当座比率………………………………107
当初認識後の測定……………………174
当初認識時の測定……………………171
特別仕様（物件）（規準）…………36, 66
独立取引処理法……………………196, 220

な行

ニューアプローチ…………50, 167, 207, 234
ノンキャンセラブル……………………66
　　　　　　→解約不能

は行

売却損益………………………………194
廃止論……………………………86, 104
売買契約………………………………193
売買取引…………………………38, 193
売買取引説………………………………9
ファイナンス・リース（取引）……33, 65, 171
負債比率………………………………108
部分的履行……………………………222
フルペイアウト………34, 66, 166, 201, 219
返却義務………………………………141
法的実質………………………………220
法的所有権………………………31, 193

ま行

未実現利益控除法………………………67
未履行契約……………………………221
未履行契約取引説……………………227
未履行契約モデル…………………170, 237
無条件の権利…………………………140

ら行

リース・サービス享受権………………24
リース・サービス享受権償却…………24
リース・サービス収益…………………25
リース・サービス説……………………13
リース・サービス提供義務……………25
リース期間の開始日…………………223
リース契約……………………………193
リース債権………………………………68
リース投資資産…………………………68
リース取引開始日……………………224
リースの開始日………………………223
リース物件所有権売買説………………14
リース物件賃借権………………………17
リース物件賃借権償却…………………17
リース物件賃借費………………………26

リース物件賃貸収益……………………27
リース物件売買益………………………19
リース物件利用権売買説………………15
リース料支払義務………………………24
リース料受領権 ………………………147
リサイクル ……………………………243
リスク・経済価値アプローチ…48, 166, 200, 219
利息相当額………………………………38
利息法 ………………………38, 68, 175

流動比率 ………………………………107
利用権売買説……………………………11
例外処理…………………………………1
例外法…………………………… 85, 117

わ行

割安更新選択権 ………………………228
割安購入選択権（基準）………36, 66, 218, 228

《編著者紹介》

佐藤信彦　（さとう　のぶひこ）

　　1981年　公認会計士第2次試験合格
　　1982年　明治大学商学部卒業
　　1988年　明治大学大学院商学研究科博士後期課程退学
　　現　在　明治大学大学院会計専門職研究科教授
　　著書・論文
　『業績報告と包括利益』（編著）白桃書房，2004年
　「金融負債の流動化の方針」「金融負債の測定と報告企業の信用リスク」醍醐總責任編集・田中健二編著『金融リスクの会計』東京経済情報出版，2004年
　『国際会計基準制度化論〔第2版〕』（編著）白桃書房，2008年

角ヶ谷典幸　（つのがや　のりゆき）

　　1989年　慶應義塾大学商学部卒業
　　1989年　公認会計士第2次試験合格
　　1995年　一橋大学大学院商学研究科博士後期課程単位修得退学
　　現　在　九州大学大学院経済学研究院准教授
　　著書・論文
　「リース会計」井上良二編著『制度会計の論点』税務経理協会，2000年
　「金融商品会計論」「リース会計論」「退職給付会計論」新田忠誓編著『財務会計論簿記論入門〔第2版〕』白桃書房，2004年
　『割引現在価値会計論』森山書店，2009年

《著者紹介》

加藤久明　（かとう　ひさあき）

　　1999年　立命館大学大学院経営学研究科博士課程修了
　　現　在　関西大学大学院会計研究科准教授　博士（経営学）（立命館大学）
　　著書・論文
　『現代リース会計論』中央経済社，2007年
　「リース会計基準の新旧比較」『立命館経営学』第46巻第4号，2007年11月
　「リース・オンバランス化の論理と現行基準の問題点」『現代社会と会計』第2号，2008年3月

髙橋　聡　（たかはし　さとし）

　　2004年　神戸大学大学院経営学研究科博士後期課程修了
　　現　在　西南学院大学商学部准教授　博士（経営学）（神戸大学）
　　論　文
　「無形価値の認識とバリュー・レポーティング」『産業経理』第61巻第3号，2001年10月
　「移転価格税制と無形資産の価値評価」『會計』第163巻第1号，2003年1月
　「知的資産報告の可能性」『會計』第170巻第6号，2006年12月

佐藤　恵　（さとう　めぐみ）
　　2009年　横浜国立大学大学院国際社会科学研究科博士課程後期修了
　　現　在　千葉経済大学経済学部専任講師　博士（経営学）（横浜国立大学）
　　論　文
　　「リース取引オンバランス化の会計思考」『産業経理』第67巻第2号，2007年7月
　　「リース会計における外延的接近と内包的接近―使用権モデルにおける当初認識時点の検討―」
　『福島大学商学論集』第76巻第4号，2008年3月
　　「リース取引における残余価値の機能―残余価値の資本コストが損益計算に与える影響―」
　『横浜国際社会科学研究』第13巻第4・5号，2009年1月

編著者との契約により検印省略

平成21年8月10日 初版発行	**リース会計基準の論理**

編著者	佐 藤 信 彦
	角ヶ谷 典 幸
発行者	大 坪 嘉 春
整版所	ハピネス情報処理サービス
印刷所	税経印刷株式会社
製本所	株式会社 三森製本所

発行所　東京都新宿区下落合2丁目5番13号　株式会社　税務経理協会
郵便番号 161-0033　振替 00190-2-187408　電話(03)3953-3301(編集部)
FAX (03)3565-3391　(03)3953-3325(営業部)
URL http://www.zeikei.co.jp/
乱丁・落丁の場合はお取り替えいたします。

© 佐藤信彦・角ヶ谷典幸 2009　　　Printed in Japan

本書を無断で複写複製(コピー)することは、著作権法上の例外を除き、禁じられています。本書をコピーされる場合は、事前に日本複写権センター(JRRC)の許諾を受けてください。
JRRC〈http://www.jrrc.or.jp　eメール:info@jrrc.or.jp　電話:03-3401-2832〉

ISBN978-4-419-05276-8　C1063